中国少数民族设计全集

The Design Collection of Chinese Ethnic Minorities

水族

中国少数民族设计全集编纂委员会 编

山西人民出版社 人民美术出版社

图书在版编目（CIP）数据

中国少数民族设计全集. 水族／中国少数民族设计全集编纂委员会编；潘淘洁等著. —太原：山西人民出版社，2019.9
ISBN 978-7-203-10851-1

Ⅰ.①中… Ⅱ.①中…②潘… Ⅲ.①水族-民族文化-研究-中国 Ⅳ.①K28

中国版本图书馆 CIP 数据核字（2019）第 120777 号

中国少数民族设计全集. 水族

编　　者：	中国少数民族设计全集编纂委员会
著　　者：	潘淘洁　杨昌儒　潘朝霖　梁盛平
责任编辑：	翟丽娟
复　　审：	吕绘元
终　　审：	姚　军
装帧设计：	谢　成

出 版 者：	山西人民出版社　人民美术出版社
地　　址：	太原市建设南路 21 号
邮　　编：	030012
发行营销：	0351-4922220　4955996　4956039　4922127（传真）
天猫官网：	https://sxrmcbs.tmall.com　电话：0351-4922159
E — mail：	sxskcb@163.com　发行部
	sxskcb@126.com　总编室
网　　址：	www.sxskcb.com

经 销 者：	山西出版传媒集团·山西人民出版社
承 印 者：	山西出版传媒集团·山西新华印业有限公司
开　　本：	889mm×1194mm　1/16
印　　张：	20.5
字　　数：	250 千字
印　　数：	1—1 000 册
版　　次：	2019 年 9 月　第 1 版
印　　次：	2019 年 9 月　第 1 次印刷
书　　号：	ISBN 978-7-203-10851-1
定　　价：	290.00 元

如有印装质量问题请与本社联系调换

中国少数民族设计全集编纂委员会

总　主　编　（按年龄排序）
　　　　　　　张夫也　王立端　戴晋明　廖　军　王　琥　李豫闽　过伟敏　顾　平
　　　　　　　王　强　李　岗
执 行 主 编　王　琥
编 务 统 筹　张明山

中国少数民族设计全集编辑工作委员会

主　　　任　刘伟冬
编　　　委　（排名不分先后）
　　　　　　　王　琥　王　峰　王　强　王立端　王浩滢　白　波　过伟敏　许　星
　　　　　　　许边疆　李　岗　李　丽　李豫闽　成光虎　肖　飞　余　强　汪传跃
　　　　　　　罗　力　杨明朗　陈　述　陈见东　邱　珂　胡万明　顾　平　郑　静
　　　　　　　郭立忠　姬　莹　张夫也　张泽国　张明山　张秋平　张耀引　梁盛平
　　　　　　　樊　进　谢　玮　熊　伟　熊　微　熊建新　蔡克中　葛　芳　鞠　斐
　　　　　　　魏　洁　廖　军　戴晋明

中国少数民族设计全集出版工作委员会

主　　　任　胡彦威　周　伟
执 行 主 任　姚　军　欧京海
编 务 统 筹　阎卫斌　周小龙
编　　　辑　（排名不分先后）
　　　　　　　王新斐　史美珍　冯　昭　冯灵芝　吉　昊　吕绘元　刘小玲　任秀芳
　　　　　　　孙　琳　孙宇欣　李广洁　李建业　李　靖　员荣亮　张小芳　张志杰
　　　　　　　张书剑　何赵云　陈俞江　吴春华　武　静　周小龙　柳承旭　郝文霞
　　　　　　　赵　玉　赵晓丽　席　青　秦继华　高　雷　郭向南　阎卫斌　崔人杰
　　　　　　　傅晓红　蔡咏卉　翟丽娟　樊　中　薛正存　魏　红　魏美荣
整 体 设 计　谢　成

中国少数民族设计全集·水族

本册著者 潘淘洁（水族） 杨昌儒 潘朝霖（水族）
梁盛平
参与撰写 潘小慧（水族） 王炳江（水族） 古慧婕
胡晓斐 何晓倩（水族）

求同存异　和合共荣

刘伟冬

中华民族，是一个由56个民族组成的大家庭。在漫长的文明发展史中，汉族和各少数民族都为中华文明的繁荣发展贡献了自己的聪明才智。纵观中华文明史，其实就是一部各族群之间"求同存异，和合共荣"的文化演进史。

从根子上讲，4000年前的"中国"，仅指北方中原地区，居住在这里的相传是上古时期黄帝部落和炎帝部落的后裔，故而自称"炎黄子孙"。其时的"中国"，不过是黄河中下游（西起陇山，东至泰山）区域。在千年发展与民族融合之后，尤其是晋末"衣冠南渡"，南迁的中原汉族与南方百越民族彻底融合，来自北方的鲜卑等民族融入汉族，使汉族前所未有地壮大发展，逐渐形成后来疆域辽阔、人口众多、物产繁盛、文化昌明的中华民族的主体族群。特别值得强调的是，自从作为一个民族整体之后，中华民族就从未中断过自己的民族发展史——这在世界历史上是硕果仅存、独一无二的。

中华民族具备兼容并蓄、虚心好学的民族天性。仅以设计学范畴的事例讲：在数千年文明发展历史中，中华民族在不断向外输出优秀的文明成果（如烧造之陶瓷砖瓦、营造之榫卯斗拱、织造之丝绸刺绣、锻造之"失蜡"分模等），影响全人类的日

常生活与生产方式的同时，也不断地吸纳域外各民族的优秀文明成果，如汉魏之印度佛教和西域音乐、隋唐之西亚服饰和家具、宋元之东洋印染和漆艺、明清之西洋机器与建筑……在中华民族内部，这样的文化交流更是从未停止过，而且是风生水起、枝繁叶茂，愈发流畅、深入，中华民族各族群之间"求同存异，和合共荣"的文化大演进，共同创造了中华民族极为灿烂辉煌的造物文明历史。仍以设计学范畴为例：原本是匈奴人发明的单足绳圈，被晋代的汉族人设计成铁质双镫；最早是鲜卑人原创的毡毯卷边，被晋代的汉族人改造成"高桥马鞍"，这宗中国式马具设计案例，被誉为"13世纪中国传入欧洲的最重要文化成果"（李约瑟语）。再如，西域（今新疆地区）是全世界最早的皮靴生产地，哈尼族为主的红河地区出现了全世界最早的梯田。再如，全世界最早的"干栏式建筑"和全世界最早的稻米人工育种、栽培，均起源于长江中下游的百越地区；全世界最早的竹藤编结器物起源于闽越地区……由中华民族共同创造、发明，后来又影响了全人类文明进程的优秀造物设计案例很多，不胜枚举。几千年中华民族的文明史，就是各种文化多元融合、共同发展的最好例证。不了解中华民族内部各族群的文明交流史，就无法真正理解中国文化史，也不能理解为什么中华民族总是能在逆境中成长强大。甚至可以说，能否完整地理解中华民族的文化史，是检验每一个当代中国知识分子（特别是文史哲专业的学者）文化立场的"试金石"。

随着改革开放的逐渐深入，各民族地区的经济与社会状态已发生了天翻地覆的变化。令人遗憾和担心的是，由于各地区政策执行力度不平衡，保护措施不得力，少数民族的文化特性正在逐步衰退，有些地区的少数民族文化特征甚至已经消失殆尽，仅仅存在于徒具形式，充满口号、标语的民族文化村旅游景点中。有学者预言，再不加快整理抢救工作，中国的少数民族可能在物质形态和文化内涵的特征上，若干年后将不复存在。

从少数民族地区反映古代中国社会某些面貌的文化遗存看，这些少数民族之所以一直与汉族地区差距巨大，存在多方面的原因，其中历代汉族统治者对少数民族的歧视政策是主要原因。此外这些地区本身就处于偏僻荒地，不是沙漠就是山区，自然条件远不及汉族聚集地区，社会发展水平滞后。20世纪50年代，有相当比例的少数民族在当时仍处于原始农耕社会或奴隶制社会，不要说通电、通水、通汽车，不少人一辈子连铁器长什么样都没见过。部分少数民族聚集地的各种自然条件也较差，缺肥少水，基本生活来源，一靠老天爷恩赐的"望天收"农作物；二靠家庭手工作坊制作些竹藤编结物和土织、土陶等土特产来换取粮食；三靠养猪、兔、羊和鸡、鸭、鹅等家禽来换取日用品，如灯油、农具、衣物和油盐酱醋等；四靠为土司、头人和大户们出卖劳力（社会底层奴隶身份），年老即被抛弃。中华人民共和国成立后，党和政府在这些地区实行社会主义改造，打倒以土司、巫师和头人为首的剥削阶级，将土地和生产资料一律收归集体所有，解放了全体少数民族民众，使他们历史上第一次有了自由劳作和生活的权利。

中华人民共和国成立之初，党和政府就高度关注民族事务问题，为如何保护、关心各少数民族制定了一系列方针、政策，也为当代中国社会处理民族问题、保护民族文化树立了光辉典范。中央人民政府政务院于20世纪50年代初发布了《关于民族事务的几项决定》，为新中国民族政策奠定了最初的思想基础，其主要内容是：一、各大行政区军政委员会（人民政府）须指导各有关

省、市、行署人民政府认真推行民族区域自治及民族民主联合政府的政策和制度，并随时向政务院报告推行经验，请示者须事前向政务院请示。二、各大行政区军政委员会（人民政府）须指导各有关省、市、行署人民政府认真并有计划地实行政务院在1950年颁发的《培养少数民族干部试行方案》，并将该项工作进行情况定期加以检查，每半年向政务院报告一次。中央民族学院及西北、西南、中南各军政委员会和新疆省人民政府的民族学院，必须依计划实行，并向政务院报告。三、政务院于1951年下半年适当时间将同时召开有关少数民族的卫生、教育及贸易三个专业会议，责成政务院文教委员会、中财委指导中央卫生部、教育部、贸易部开始筹备，并责成中央民族事务委员会协助进行。有关部门如农业部、文化部也须派人参加。四、责成中央人民政府各委、部、会、院、署、行注意建立有关民族事务的业务。五、在政务院文教委员会内设民族语言文字研究指导委员会，指导和组织少数民族语言文字的研究工作，帮助尚无文字的民族创立文字，帮助文字不完备的民族逐渐充实其文字。六、扩大中央民族事务委员会委员名额，责成中央民族事务委员会提出补充名单的建议，并于1951年下半年召开中央民族事务委员会扩大会议，检查与总结关于推行民族区域自治及民族民主联合政府的经验。

20世纪50年代，中央人民政府和政务院，曾多次组织"中央慰问团""土改工作队"和"普查工作队"等，花费大量人力和物力，深入各少数民族地区，进行了大量较为翔实的社会历史调查。50年代这轮由政府统筹、由中央民委组织行政领导和人类学、社会学专家学者以及民族同志组成工作队与考察队的少数民族大考察活动，1953年正式启动，1956年结束（个别地区延期至1958年才结束）。直接成果之一，就是为1956年国务院公布的55

个少数民族的正式定名和划分,提供了可靠的依据。

从当时考察的资料看,各少数民族的社会发展水平参差不齐,不少民族呈现类似汉族曾经历过的各种历史发展状况,为我们今天考察、了解并研究过去的历史以及各学术分支问题,提供了绝好的活体范本。比如以"设计发生学"研究为例,以山寨(村落)为主的初级社会组织形态,原始手工业在农耕环境中的地位,原始造物的手工技艺与设备、工具等,都是我们极感兴趣的研究对象。

在西北、西南和东北各少数民族聚集地区,有些古时流传下来的本民族手工造物技术,迄今仍保存良好。其吸收了汉族和其他兄弟民族的技术长处之后演变出来的各时段手工造物技术,则印证了各民族互相融合、取长补短的史实。更有些原始手工艺,特别具有艺术和历史研究价值。以维吾尔族人为例,本世纪初,笔者在新疆喀什城艾格孜艾日克老街看到几样手工艺绝活:其一是整条街的维吾尔族乐器店,除了热瓦普、曼陀林和冬不拉等少数维吾尔族知名乐器外,全是些笔者叫不上名来却似曾相识的弹拨乐器和拉弦乐器,于是从心里认可了"西域古乐成就了中国传统民乐"这句话所言不谬。其二是亲眼所见一个拖着鼻涕的不到10岁的维吾尔族小男孩,拿着电砂轮在铜壶上信手飞快地刻着精美细腻的图案,一不要底稿,二没有图纸,真是佩服得五体投地,也相信了"汉族人长于热铸,西域人长于冷锻"这个说法。其三是在喀什近郊著名的大巴扎"金器一条街"上看见近百家金店生意红火,家家门前毡毯上都围坐着一群金店伙计和顾客,正在热烈讨论、共同设计着花样繁多的未来金饰嫁妆,感受到了"中国传统样式的金银首饰工艺,最富有创意的设计和最先进的工艺制作,原来在维吾尔族人手里"这句大实话。还有,笔者

求同存异 和合共荣

在云南景洪县城集市上，曾亲眼见过景颇族老乡用古老的"焖烧法"烧出的红彤彤的土陶——跟笔者一知半解的仰韶彩陶的烧制工艺几乎一模一样。还有，笔者在大西北甘陕宁各省亲眼所见的回族、保安族、裕固族和东乡族老乡巧手做出的那些花样繁多、样式复杂的面塑造型，真是个个精妙绝伦。这方面的事例实在太多了。

50年代的少数民族地区社会大普查，以及半个多世纪以来社会各界对其丰富而珍贵的考察、研究，意义深远，价值极为重大。这些地区客观上保存的较为完整的、与数千年前中国原始社会最初形态近似的许多社会特征，为我们研究社会的最初形态形成和当时的经济、文化、政治的基本状况以及"设计发生学"的相关课题，提供了珍贵的类型学"活化石"范本，价值非凡。改革开放以来，这些少数民族地区也获得了前所未有的巨大发展，人民生活日新月异；但与此同时，少数民族地区的民族性在不可避免地愈发衰减、退化，甚至消失。如果我们再不采取保护措施，若干年后，各少数民族的许多宝贵民族文化遗产将无法挽救地彻底消亡，这部分同属于全人类精神财富和中华民族集体智慧的宝藏，我们将再也看不到了。

在"设计发生学"问题上，我们一向秉持文化多元论的观点，认为人类文明是全世界人民共同创造的，各国家、地区、民族均做出过大小不一、形态各异的贡献；同理，中华民族的灿烂文明是中国的各族人民共同创造的，每个民族都对中华传统文化做出过贡献，也都应当得到尊敬和肯定。中国的各少数民族在中华文明漫长的演化过程中，都曾经以自己独特而充满智慧的文明成果，补充、完善甚至改良着中华文明。比如，古代西域的龟兹古国各民族创造或引自西亚的弹拨乐器和拉弦乐器以及音律、曲

式,彻底改造了中国古代音乐,新创作出代表中国古乐精髓的江南丝竹;南疆的维吾尔族和北疆的哈萨克、塔塔尔、塔吉克等族首创了制革术,并引进古波斯革皮书籍装帧术和制靴术、制毡术、毛衣编结术;海南岛的黎族率先种植棉花并纺织棉布,传入内地后棉织业逐渐形成中国古代手工行业的"天下第一营生"……保护少数民族的民族文化特性,就是保护我们的历史遗产,就是传承我们的文明。我们应进一步发扬文化兼容的优良传统,把振兴中华的百年民族复兴梦,逐步落实为将大中华建设成为中国各民族共同拥有的美好家园。

由上千名来自全国各高等艺术院校的教授、研究生组成的55支团队参与编撰的《中国少数民族设计全集》(55卷),正是有识之士基于对各少数民族的民族文化特性正在快速衰减、消亡的严重现实问题的深切忧虑而进行的抢救、发掘、整理中国少数民族文化遗产的重要文化工程。经过两年精心筹划,六年努力写作,在国家出版基金管理部门的支持下,在山西人民出版社和人民美术出版社的策划和组织下,目前《中国少数民族设计全集》的书稿编撰工作已基本完成,即将付梓。在长达八年的漫长过程中,全国兄弟院校各团队涌现出的各种可歌可泣的事迹经常感动着笔者,并不时鞭策着全体作者克服千难万险,一路向前。有的分卷作者身患绝症仍不眠不休地忘我工作,有的分卷作者遭遇各种意外仍坚持工作。特别是,很多民族同志公而忘私、不计较个人得失,有人不惜将自己赚钱的企业关张歇业,全身心地投入各自所负责分卷的繁重编撰工作中;有人义无反顾地将自己珍藏多年的本民族实物、资料和研究成果无偿提供给相关分卷作者。大家万众一心,克服各种复杂得难以想象的困难,以确保这部凝聚了众人八年心血的巨著,能按计划如期完成。借此机会,笔者谨

求同存异 和合共荣

代表本丛书编委会全体成员,向领导、编辑和作者们表示衷心的感谢!

作为一项文化创举,笔者深信《中国少数民族设计全集》必将在未来岁月的长期检验中,愈发显现其非凡的、独特的文化价值。

2017年夏季于南京

前言

中国水族人口411847人（据2010年第六次人口普查），主要生息于黔桂交界的龙江、都柳江上游地带，以及云南东部。贵州省是水族的大本营，三都县是全国唯一的水族自治县，此外，水族还分布在与三都毗邻的荔波县、独山县、都匀市及黔东南的榕江、丹寨、雷山、从江、剑河等县。①在广西壮族自治区的南丹、宜山、融水、环江、都安、河池等县市也有水族村落分布。水族先民创造了自己的语言文字、与众不同的历法、岁时节日及古朴的民风民俗。

一、水族的族称与历史

水族历史悠久，其先民发祥于睢水流域，南迁融入百越族群，秦汉之际溯源迁至都柳江、龙江上游的闭塞山区，在唐代形成单一民族，传承发展自己富有浓郁特色的文化。

"水族自称'睢'，因发祥于睢水流域而得名，故民间有'饮睢水，成睢人'之说。对于水族的来源，民间和学术界有殷人后裔说、百越（两广）源流说、江西迁来说、江南迁来说等说法，实际都是针对水族发展史上某一时段或某一分支而论，都有一定的历史性与合理性……大约在殷商之后，水家先民从中原往南迁徙，逐步融入百越族群之中，逐步形成了以中原文化、百越文化为主流的，南北民族融合的二元结构形式。岭南地区以及东南沿海一带，古代居住着许多部落，史学界统称为'百越'。水族先民南迁之后可能融入骆越支系中，然后逐步发展成为单一民族。因此，水族社会保留着殷商文化圈和百越族群的浓郁文化遗存。水书是夏商文化的孑遗，属水族的精神支柱。"②

　　水族大本营在贵州，是贵州十七个世居主体民族之一。近年来，随着民族研究事业的发展和水族文化研究的进一步深入，尤其是水书文化研究的深入，众多从事此项研究的专家学者在肯定水族来源于"骆越"的同时也指出，在进入骆越社会之前，古代水族先民已经有了漫长的发展史和文明史。归纳要点为：（1）水族先民不是直接渊源于古代的"骆越"族群；（2）水族先民兴起于中原地区，并在睢水流域生活了很长时间，经历了夏商时代中原地区华夏诸族的初始文明。殷商时期，他们以文化贞人的身份为王族集团提供占卜服务，属殷商社会的文化阶层；（3）水族先民作为殷商亡民，融入百越族群之后，为了生存不但隐瞒了自己的历史，而且刻意融入骆越社会，以谋求生存和发展；（4）秦统一六国之后，派国尉屠睢发兵50万征伐岭南，受战乱影响，水族先民离开邕江流域的"岜虽山"，涉渡红水河，辗转迁徙定居黔桂边境，并从骆越母体中脱离出来，开始向单一民族方向发展，至唐时形成单一民族——水族。[③]

　　水族族称，由"睢"变"水"，始于唐代设置的抚水州。开元年间，唐朝在今黔桂交界的环江一带设置主要安抚水族先民的抚水州，宋代沿袭。这是中央王朝对自称"睢"族群的确认，标志水族以单一民族身份跻身于中华民族之林。族名从此以"水"代"睢"。据《唐书·地理志》、《唐书·南蛮传》载："贞观三年（629年），东谢蛮首领谢元深入朝……以其地在应州，拜元深为刺史，领黔州都督府。""贞观三年，以东谢首领谢元深地置县五：都尚、婆览、应江、陀隆、罗恭。""开元中，置莪、劳、抚水等羁縻州。"据考证，应州及都尚县、婆览县均在今三都水族自治县境内。从贞观三年至开元年间（629年～741年）的一百多年时间里，唐王朝相继在水族地区设置经制应州、羁縻抚水州、莪州、劳州、环州，以及都尚县、婆览县等建制，对推动水族成为单一民族、促进水族地区政治经济和文化发展都产生了深远影响。

1956年，国务院批准成立三都水家族自治县。后因一些人士认为"水家族"不妥，请求更名为"水族"，国务院批复同意。1957年，成立三都水族自治县。此后，水族学界人士认为"水家族"称谓更准确。1989年，获准成立贵州省水家学会。目前，水族、水家族两种称谓并行使用。

水族是富有革命精神的民族。在水族历史上，出现了一些可歌可泣的著名人物，如中国共产党一大代表邓恩铭、清咸同年间抗清起义的领袖潘新简、水族史学奠基人潘一志等。邓恩铭是中国共产主义先驱战士，是建党时唯一的少数民族成员，是中国共产党早期著名的革命活动家、工人运动领袖之一，是中共首任青岛市市委书记、山东省委执行书记，1931年光荣就义。

二、水族语言文化及节庆

水族先民带着自己的文化与尊严举族迁徙，在交通闭塞的黔桂交界大山深处，较完整地保存了自己的传统文化时至今日。

水族有本民族语言和传统文字。水语属汉藏语系壮侗语族侗水（侗台）语支。在壮侗语族中，水语的内部差异比较小，有三洞、潘洞、阳安等三个土语区，相互沟通无碍。在壮侗语族中，就声母而言，大多数语言的声母只有30个左右，但是，水语有复杂庞大的声母、韵母系统，声母71个，韵母55个～80个。这是水族先民南迁之后，南北语言交汇出现的语言发展现象。语言学大家李方桂先生为国际语言学界公认的美洲印第安语、汉语、藏语、侗台语权威学者，他曾出版《水话研究》、《水话词汇》两部著作，认为水话与中原古音关系是"本皆同源，历时久而差异遂增"。南开大学博导曾晓渝教授出版水语研究专著三部，在《汉语水语关系论》中认定汉语水语关系是："同源→分化→接触吸收。"④专家学者认为水语

保留着中原大量古音是"母语遗存"现象。⑤在甲骨文问世之前39年的咸丰十年（1860年），清代贵州大儒莫友芝在《红岩古刻歌》中，从训诂学、版本学、文字学等角度，首次研究水书与中原文化的关系，认为水书是"疑先秦最简古文也"、"声读迥与今异而多合古音。"

水书是用水语释读的文字、书籍的通称，水语称为"泐睢"。水书中保留着图画文字、象形文字、抽象文字兼容的特色。水书是水族天文历法、信仰文化、民间知识杂糅的典籍，被誉为水族的"易经"、"百科全书"。水族地区通用汉文。民国年间，岑家梧、张为纲等著名学者深入水族地区对水书进行研究，岑家梧教授在《水书与水家来源》一文中也提出："水家似为古代殷人之一支，原住中原一带，其后逐渐南迁黔桂，因与台语系族杂处，而语言风俗上，受台语系之影响，即今日之状态。否则至少水书与古代殷人甲骨文之间，定有若干姻缘关系。""水书是水家固有之文化。"张为刚教授在《水家来源试探》中则直言："今之水家，盖即殷之遗民无疑。"

水族婚姻沿袭传统习俗，恪守同宗血缘不娶、异宗异姓氏族开亲的原则。水族聚居区多为同宗同姓的村寨，内部禁婚。由无数血缘氏族村寨组合成不同的婚姻集团，俗称"怀奴"，即血缘氏族家庭兄弟姐妹之意。水族大多数地区丧葬，凡是亡人未入土安葬之前均忌荤吃素，不能啖食畜兽禽类油肉，而以鱼为主祭品。丧葬禁忌"南低宇"，意为禁食同一血缘氏族屋檐下的悼丧肉。这些，都跟古代婚姻集团有着千丝万缕的联系，并影响制约水族年节，如端节、卯节等。平时，男女青年难以和其他婚姻集团的人员接触，大多利用赶场天、端节、卯节、六月六洗澡节等寻求与异性相识交往，或利用婚丧嫁娶等机会进行社交。因此，"父母之命，媒妁之言"依旧影响着水族婚姻，门当户对、明媒正娶仍是婚俗的主流。以前，水族青年恋爱、婚姻难以完全自主的现象依然存在。随着社会的发展，读书识字和外出务工的人数增加，自由婚恋逐步推广。

水族崇拜鱼，鱼是大部分水族地区的图腾崇拜物。水塘养鱼、稻田养鱼是水族地区的重要技能与特色，饭稻羹鱼成为水族的传统习俗。

水族有本民族历法，水历以稻作物候为主要依据制定，岁时节日依据水历测定日期。例如水族最盛大的节日——端节（2006年入选国家级首批非遗名录），是在水历年终岁首时段欢度，正值桂花飘香、稻谷成熟时节，是水族辞旧迎新、庆贺丰收、祭祀祖先、聚会亲友的盛大年节。端节分7批过节，历时52天，是世界上批次最多、历时最长的年节。《说文解字》释："年，谷熟也。"古代"谷熟庆典曰过年"。端节是古代血缘氏族部落谷熟庆典的遗风，准确诠释了汉字"年"的本义。水族端节一定要登高赛马，并有固定的赛马坡。端节赛马讲究裸骑，即为"不鞍而骑"[6]的习俗。中国直至汉代才出现马镫，大大增加了人在马背上的稳定性。但是，当时水家先民早已离开中原夏商文化圈地域，裸骑是水族先民征战的遗风。

卯节，是端节之外部分水族地区的年节。端节是庆贺稻作丰收的谷熟庆典，而卯节是祈祷预祝稻作丰收的节日。两者是水族稻作物候历法的重要依据，是自然农业稻作物候历的重要节日。卯节时段选择在水历9月~10月（对应农历五六月），信仰辛卯日为上吉，丁卯日至凶。卯节重大活动有两项，一是祭祀祖先及谷神；二是开放三天，让未婚青年到卯坡自由对歌择偶，相率成婚。这是以粮食生产、人口生产为核心内涵的年节。

苏宁喜节（水语音译）意为"水族历法四月丑日节"，时间对应阴历腊月丑日。苏宁喜节是水族的妇幼节，过节地区主要为三都县和勇村、独山县火寨等地。在这一天，妇女和儿童是节日的主角，祭祀生育神"生母娘娘"，妇女受到特别的尊敬，儿童则唱着歌提着竹篮挨家挨户讨年饭，度过一个幸福的节日。

霞节，或称敬霞、借霞，是水族敬奉雨水"霞神"，祈求风调雨顺、五谷丰登的节日，是悠久的稻作文化"祈雨谷实"的信仰，逐步演化为血缘氏族村落隆重的祈雨节。敬霞的年份不尽统一，有的间隔6年，逢丑未年过；有的间隔12年，逢子年过；也有每两年过一次的。敬霞时段选择在水历9月～10月，具体日期不尽相同，主要靠水书先生选择吉利日辰。每个敬霞组织由8股～12股组成，每股由不同村寨或不同支系、宗族组成。各户均摊祭祀所需的大米、酒水、经费等，筹办耍龙纸扎及购买母猪、禽畜祭品。过去各股有块公田为敬霞提供一定物质保证。主持敬霞的人由各股轮流选派德高望重的长者担任。霞神还分真假，公开祭祀假霞神，秘密祭祀真霞神。祭祀完毕就把真霞神请到山洞中隐秘收藏，祈求镇守当地，使雨水调匀，年岁丰稔。

水族岁时节日以其古朴性、奇特性，受到高度重视，已有端节、卯节、霞节入选国家节日志。

水族民间文学丰富多彩，可分为韵文体和散文两大类。韵文体的作品为说唱结合的曲艺"旭早"、歌谣类。散文体按其内容和形式，可分为神话、传说、故事、寓言、童话、谚语、谜语等类别。水族创世纪神话与传说，是水族先民在远古时期的文学创作，这些题材重大、范围广阔、内容深邃的远古时期创世纪神话与传说，是水族文学史上最光辉和灿烂的作品。⑦

水族传统纺织品，全靠自种、自纺、自织、自染。植物纤维以

棉、麻为主，颜色以蓝色为主，染料来源于以马蓝沤制而成的靛青染料。面料装饰工艺主要有蜡染和镂版印花两种，另外水族普遍流行刺绣工艺，马尾绣是其中最耀眼的一颗明珠。水族有传统集体制作酒曲的悠久历史，佳酿九阡酒就是在这样的传统中代代传承。

三、水族村寨与建筑

水族聚居的中心地区地处云贵高原侧面梯级大斜坡南端、向广西丘陵地过渡的地带，属贵州省黔南自治州的东南部及黔东南自治州南部边缘。

水族生息的自然环境，山坡丘陵占全境总面积90%以上，是个典型的"九山半水半分田"的山区。境内地貌形状大致有三种类型，即深切割的中山地貌类型，岩溶地貌低山丘陵盆地类型，低山地貌丘陵河谷类型。

水族聚居村落分布呈现出三种态势：第一，坝区多环山聚落，田园居中；第二，丘陵和坝区连接处以串珠状的聚落分布较为明显；第三，山区聚落分布上呈现绕湾溜脊，或背山占崖，或雄据山巅的状况。⑧

水族居住的环境，为云贵高原横断山脉地带，沟壑纵横，为此，村寨多为依山建筑，四周喜植竹子树木，茂林修竹环绕、苍松翠柏护卫，加之喜欢养鱼，禾仓之下就是鱼塘，喂鱼防火两相宜。

水族村寨大多是同血缘氏族聚居，其规模大小往往受四个方面制约：一是周边田土面积的养育容量，二是水源条件，三是村寨的地势地形，四是家族人口的多少。因此，村寨规模小的有几户，大的则几十户，甚至数百户不等。

水族人起房造屋，通常要请水书师以主人的生辰八字择吉行事。水族传统的民居结构，大多属于"人楼居，梯而上"、"上以自处，下居鸡豕"的干栏式结构建筑。⑨建筑底层大多作为喂养

家禽牲口，安装石碓、石磨及堆放杂物之用，二层之上为主要居住区。干栏式建筑形式尤为适合水族聚居的丘陵山地，既省去平整土地的劳动，又节约了用地，同时还具有防潮、防虫蛇、防盗的优点。屋舍的覆顶材料则依据家境经济条件决定，宽裕的用青瓦，拮据的用杉树皮、茅草等。

水族屋舍起造的每一步都要遵从水书师的择吉方案行事，往往要在新屋基边上用晒席搭建一小间专用的祭祀场所，保佑起造过程安全顺遂。对于中柱、大梁的砍伐、搬运、制作等要求更为严格，例如砍伐时树尖要朝山头方向，不能让人畜跨越或垫坐踩踏。大梁是家庭尊严的象征，处于房子正中最高位置，是稳固房子关键部位，水族有卖房不卖梁的习俗源于此。起房立柱，通常选用卯时。"卯者茂也"，在水书中含有生育、开启、发达之义。木匠师父还要迎请分管起造的水书创始人"六夺公"到场保佑，并以鱼肉酒饭祭祀。新房上梁之后，主人家用染过的布匹从大梁上垂挂下来，将驮着谷穗、新衣、布匹、秤、口袋等物品的马匹以及水牛牵进新屋，当天即在堂中生火，以烟大火旺为荣，取巫术相似律以期实现人丁发达、财源广进的目的，同时省掉择吉乔迁的繁琐过程。⑩

水族村寨建设选址，通常要依据水书的规范，选择坐山朝向，注重风水，其内涵实际是以人为本，结合信仰、总结经验、优化环境，在安全的前提下力图取得更合理舒适的生存空间的反映。水族建筑不仅仅是实用居所，也是水族物质民俗、社会民俗、精神民俗、信仰民俗、艺术民俗、语言民俗等多项内容的综合载体。

四、水族生活生产方式

（一）水族服饰

据考，在清代以前，水族男子仍留满头长发，服饰形式主要是大领衣，宽边领连襟。清兵入关后，强制要求易服改装。水族服装与

汉族服装一样被迫改革，剃发留长辫，老年人头戴缎子红结帽，穿大襟无领的蓝布长衫，袖宽20厘米左右，也有少数上套马褂，下装穿蓝布大裤脚的便裤，冷天有的套上青布棉套裤；青壮年男性多半穿长衫或大襟无领的短衣，青布包头或戴小帽。老少都穿布袜，元宝盖布鞋。民国以后，有的长衣、短衣都加衣领，有的短衣则开对襟。这些形式，除青年包头是本民族特点外，其余随着年代小有改变，但大体上与汉族并无区别。

水族妇女服饰则有很强的民族辨识度，是水族服饰文化的典型代表。清代老年妇女穿青色无领对襟短大衣，长裙或长裤短裙，或不穿裙而前后系两块围腰布；民国之后，日常裙装逐渐消失。青壮年妇女大多穿蓝色、青色大襟无领长衫及长裤，上衣的肩部一周、袖口、下摆边缘以及长裤的膝盖下方约20厘米处都镶有一道阑干花边。后来下摆四周不镶边，只镶肩部、衣袖和裤脚，有的地区裤脚也不镶边。妇女的发式，老年人挽一个发髻在脑后，发髻上插一柄木梳，包青黑色头巾；而中青年妇女则将头发盘于脑后，侧面插一柄木梳或是长银钗，再以白色头巾包裹，黔东南地区则用格纹头巾。在结婚或逢盛大节庆和参加重大丧事"开控"的时候，有的青壮年妇女会插上满头银发簪，并穿裙子，所以裙子其实是中青年妇女的礼服。水族妇女的银饰种类繁多，有银梳、银钗、银耳环、银项圈、银手镯、银压领、银冠等。

水族女性服饰按地域大致分为七种主要款式：

一是以三都水族自治县的水龙、中和、塘州、三洞、廷牌以及独山县本寨水族乡一带为代表，上衣为蓝色及膝无领长衫，宽衣大袖，青黑色长裤，绣花围腰配银质围腰链，以花边或马尾绣装饰衣服肩部、衣襟边缘、袖口及裤脚，美观典雅庄重，头包长条白色或青色头巾，脚穿各式绣花鞋。

前言

二是以三都县的都江镇，黔东南州的榕江县、雷山县、从江县以及广西融水等地为代表，着蓝色长衫，靛青色长裤，但衣岔开口较高，衣襟较窄小，衣服更贴身，盘发于顶以格纹方巾包头，用挑织的花带束腰，脚穿绣花鞋。

三是以荔波县、三都县九阡一带为代表，全身服装均以青黑色布料制成，长衫长裤，通身没有任何装饰，异常简洁，仅以挑织花带束腰、银质项圈装点，头巾也是青黑色，两端留长穗为装饰，脚穿布鞋。

四是以都匀市内外套地区为代表，上着蓝色短衫，下着青色长裤，衣襟、袖口、裤脚等用阑干花边装饰，头包黑色长巾之后，再用白色毛巾横扎于脑后，绣花围腰不是挂在脖子上，而是折叠后反拴于腰间，让绣花胸牌翻过来作装饰。脚穿绣花鞋。

五是以云南省富源县古敢水族乡为代表，蓝色或花格子大襟短上衣，青色长裤，或蓝布上衣配蓝色裙子以小方形围腰束腰，头戴以竹篾为骨架的圆盘头巾，衣襟、袖口、裤脚等用细花边装饰，脚穿绣花鞋。

六是以三都县牛场、普安等地为代表，由于受周边民族文化的影响，除了以白色、青色长头巾包头之外，其余服饰与周边苗族、汉族差别不大。

七是以六盘水、毕节地区为代表，因为水族人口相对较少且杂居时间长，服饰与周边彝族、布依族、汉族已十分相似。

水族服饰以绿色、青色等冷色调为主，主要与青色染材易于获取有关，通过栽种马蓝、蓼蓝沤制染材，到采棉纺纱织布，再到印染成衣，自给自足，对外无所需求。服饰中的绚丽装饰主要通过各式各样的刺绣体现。水族服饰的色彩与居住环境及染料源有关，与人们的审美情趣和不同的年龄段有密切的关系，形成了独特的民族风格。

(二)水族刺绣

挑花刺绣编织普遍流行于水族各地区村寨,有着悠久的历史传统和广泛的群众基础,是观赏与实用并举的手工艺,是水族现存最具有生命力的传统艺术,其制作者又是绣品的使用者,水族人民至今仍喜爱制作刺绣,并视之为本民族聪明智慧的结晶。⑪

水族刺绣针法多样,较有特色的有马尾绣、编织绣、布贴绣等。由于明代调北填南,明永乐十一年(1413年)设置贵州布政使司,贵州正式成为省一级的行政单位。贵州建省,水族聚居区的三都县设置烂土长官司,内地游商不断涌入,中原地区的刺绣文化随之传入,对水族刺绣的发展产生了重要影响,同时带来各种新技艺、新材料,各种汉族题材图案、花样、款式等也逐步融入水家绣品之中。水族刺绣中大量的汉文化元素,如"寿"字纹、佛家八宝各种器物等,相信与这一时期中原文化的输入有关。

宋代至明代,中央王朝要求水族地区上贡朱砂、战马、环刀等物。水族养马与其先民在中原地区依赖马的生活习俗有关,水族南迁之后在每年的年节仍流传着登高赛马展骑技作为重要的娱乐活动,并且保留着裸骑的古俗。南方民族中仅水族有这样的年节赛马活动。马尾绣作为水族刺绣中最耀眼的明珠,以马尾丝作为独具特色的原材料,也充分体现了水族人对马的特殊情感。

水族刺绣是漫长的小农经济社会发展的产物,在自生自灭的环境中以家庭、家族的形式传播。水族刺绣与水族历史渊源及迁徙融入百越族群所形成的南北二元文化结构有关,因此遗存有中原的古文化因子及百越文化的记忆。

(三)水族银饰

水族银饰品种多样,头饰如银花、银簪、银梳等,服饰配件

如项圈、围腰链、压领、针线筒、五兵吊挂，儿童配饰如银佛片、银铃、手镯等不胜枚举。在水族地区有条件的人家，都力争为女儿储备一套银饰品作为嫁妆，用银累计可达七八斤重。在盛大节日或走亲访友活动中，妇女要是没有佩戴银饰，就会感觉低人一等。此外，历史上水族男子也佩戴银饰，有手镯、项链、头花、项圈、戒指、命圈等，现常见的有项圈、手镯、戒指等。

水族传统银饰均由手工打制，经过锤、打、冲、压、拉、刻、錾、拉丝、掐丝、焊接、白矾煮洗等数十道工序方能完成。其中妇女戴于胸前的压领，是水族银饰中最华丽、工艺最为复杂的，造型层次分明、立体感强，深受广大水族妇女和收藏者的喜爱。

（四）水族印染

水族的印染，主要有以蜡防染的蜡染和用豆浆糊做防染浆的镂版印花两种，图案美观大方，色彩素静淡雅，题材丰富多彩，主要用于床单、被面、枕巾、门帘、包袱布等，受到水族人们的普遍欢迎和喜爱，代代相传。

水族蜡染的风格独特，属于丹都型，主要分布在三都县与丹寨县交界地域，手法自由奔放，图案丰富而夸张，题材以龙、鱼、虾、凤、鸟、喜鹊、蝴蝶、蝙蝠及石榴、花草等动植物纹样为主，各式鸟纹尤其变化多样，流传地区主要是黔南州三都县北片区，黔东南州丹寨县、雷山县的水族村寨。蜡染是以蜡防染的一种传统印染技艺，水族蜡染以蜡刀蘸取熔化的蜂蜡绘于布上，然后入蓝靛缸中浸染数次，漂洗后以水沸煮，除去蜡质即可。

水族镂版印花与普遍流行于中国大部的蓝印花布工艺大致相同，将厚纸板镂刻出图案，涂上桐油使之防水耐用。印染图案时将镂空的模板放在白布上，然后刷上豆浆糊与石灰调和而成的防染糊，待晾干后放入蓝靛缸中浸染数次，最后把防染糊刮去，反复漂洗即可

现出蓝底白花的图案。水族镂版印花的纹样受汉族蓝印花布影响较大，多是有吉祥含义的凤鸟、牡丹等。

水族印染图案与水族日常生活息息相关，因而它所反映的内容往往以吉祥如意、和睦幸福以及原始图腾崇拜图案作为一种实用性的艺术来表现。其创作手法多采用象征性的符号，以摹仿性的借喻和传感性的隐喻来展现先民们内在的生命活力和韵律。

（五）水族剪纸

传统水族剪纸主要是作为平绣刺绣图案的底样而存在的，用于服饰中的围腰、衣袖、衣肩、背扇、童帽等处。剪纸底样可以是自己画、自己剪，也有妇女间相互交换，也可以在市集上购买。十里八乡总有几位会画能剪的好手，根据当地刺绣的风格，画好适合各类块面的剪纸底样，再将3张～10张纸用线订在一起，用尖头剪刀一次剪出，有些经验丰富的能手甚至无须画样，操着剪刀直接就剪。赶集时各种剪纸底样铺开一地，供妇女们挑选。这也是水族刺绣图案题材长期大体保持不变的原因之一。

水族剪纸生活气息浓厚，风格朴实，题材绝大部分来源于日常生活，花鸟、瓜果、鱼虫、走兽以及几何纹样都是常见图案，风格灵动优美，线条细腻流畅，具有鲜明的民族特色。水族刺绣中，平针绣中细密的丝线完全覆盖住剪纸底样，因为底样的厚度而产生了浅浮雕的效果，装饰意味浓郁。

（六）水族乐舞

水族也是能歌善舞的少数民族之一，水族的民间乐器主要有铜鼓、大皮鼓、芦笙、唢呐等，多在节庆与丧葬时使用。[12]这些乐器中历史悠久、独具民族特色的要数铜鼓和芦笙。

铜鼓是一种历史悠久的打击乐器。铜鼓在水族地区通常和木质大革鼓联合演奏，演奏时，用绳索系住铜鼓的一耳或两耳悬吊起

来，离地30厘米左右，演奏者二人，一人右手执鼓槌弯腰敲击鼓面中心的太阳芒纹，左手执竹节或木棍敲打鼓腰作伴音；另一人双手持木桶，对着鼓腹一前一后地递送，鼓动空气，调节铜鼓的声效，使音调发生强弱高低的变化，增加演奏的效果。水族地区过去曾称为"铜鼓王国"，中华人民共和国成立之初，每个村寨都有铜鼓，多者达四五面。1958年大炼钢铁，仅三都县土产公司搜缴上送的铜鼓就达2800多面。

芦笙，宋史称"水曲"，水语称为"补音"或"补苗"，意为音管、管乐，或称苗乐，是一种用系列竹管制成的簧管乐器。水族芦笙舞《水曲》，有作为贡舞进入宫廷演出的记载。《宋史·蛮夷四·西南诸夷》载："至道元年（995年），西南牂牁王龙汉僜遣使龙光进率西南诸蛮贡方物，太宗召见，令作本国歌舞，一人捧瓠笙，声如蚊蚋。须臾，数十辈连袂宛转，以足顿地为节。以虎尾加于首，为上饰。询其曲，则曰水曲。上封汉僜为归化王。意者，部落酋长，骤膺天子之封，荣宠无可伦比。以其曲名，曾为帝王下问，汉僜遂借曲以名其族欤。"[13]《宋史》记载水族先民参与"西南诸蛮"进京贡方物，因表演"水曲"博得皇上欢心，率队官员"借曲以名其族"。其实设置抚水州，就是安抚水家或睢家群体的建制。可见，"水曲"与水家或水族源远流长。

水族的传统舞蹈还有铜鼓舞、斗角舞等。铜鼓舞多在节日、祭祀或丧葬时演出。舞者穿着彩色舞衣，腰系白鸡毛彩裙，头缠红色或深灰色包头，踏着雄健的步伐，应着鼓声，循着拍节，旋转跳跃，联臂欢呼。有时，铜鼓舞还插入斗牛表演，更增加演出效果与趣味性。

（七）水族丧葬习俗

水族的治丧体现了"慎终追远"及"祖灵崇拜"的观念。"慎终

追远"、"轻生重死"反映水族对治丧活动的极度重视,有的人家甚至倾其所有,不惜负债累累为逝者举办吊丧、修坟活动。相邻的布依族有俗语称:"布依有钱做生意,水家有钱修墓地",正是水家治丧习俗的体现。

事死如事生,隆葬、久祀是水族丧葬的重大特点。水族丧葬是各种习俗中保留原始信仰最为冗繁的、完整的重大礼仪活动。

水族大多数地区有丧葬忌荤习俗,即在亡人未入土深葬之前,要禁食畜兽禽类油肉,不忌鱼虾类,而以鱼为主要祭祀供馔。亲属获悉噩耗就忌荤,直到安葬之后才能开荤。

阳宅是活人居所,阴宅是亡人肉身与灵魂安息的殿堂。水族隆重的治丧追悼活动催生了闻名于世的石棺墓建筑、楼阁碑石雕建筑艺术,造就了水族吊丧纸扎工艺、素祭的面塑斋菜艺术。水族石棺墓地表之上有的累建三四层,地表下有一二层,地下一层安埋尸骸,地上1层~3层存储陪葬品,是典型的干栏式建筑的缩影。2013年黔南水族石板墓群入选第七批全国重点文物保护单位名录[14],这是西南地区唯一入选的墓葬文化,水族墓葬艺术的历史价值、文化价值、艺术价值由此可见一斑。

(八)水族传统农耕习俗

水族种植水稻有悠久历史,形成了众多的稻作习俗。水族历法以稻作物候为依据,水族的卯节与端节,就是因稻作种植与收割而形成的盛大年节。

过去,人们认为在稻作生产关键阶段,博得稻神欢心才能获取稻作丰收,因此从浸种到收割,都依据水书择吉行事。水族崇拜鱼,鱼是大多数水族地区的图腾崇拜物。水塘养鱼、稻田养鱼是水族地区的重要技能与特色,人民运用田鱼产卵和用稻草团分卵繁殖的技能,避免了洪水及野兽对渔业的危害,使鱼稻获得双丰收。[15]所

以，饭稻羹鱼成为水族的传统习俗。

水族地区的农业生产建立在小家庭的基础之上，但是农忙时邻里总是自觉自发地互相帮忙。中华人民共和国成立前，一些水族山寨在分配猎物时，还遗存"上山打猎，见者有份"的原始集体劳作遗风。水族有集体制作酒曲的悠久历史，通常还保留着由年长妇女领队，大家上山采集草本药材，集体熬制曲汁，再分给每户去制作酒曲的习俗。水族地区著名的佳酿九阡酒，就是在这样的传统中传存下来的。

水族在漫长的历史进程中长期居于偏远的欠发达之地，这种落后与封闭对社会发展而言不是好事，但对传统器物、民间手工艺的传承而言，却得到了一个天然的保护罩，使之不太受时代发展、社会变迁的影响，让我们至今还能看到这些在普通民众中传用、传承多年的日常创造。这些传统器物、手工艺都是日常生活不可或缺的一部分，是以各类工具、必需品的形式出现的。若干代的水族人总结出了特定的造型、纹样、色彩、工艺形式等，使之形成一种程式化而世代相传，从中传递出的文化信息如此丰富多彩，使我们能够推想他们的衣食住行、日常起居，能够感受到他们的思想意识、审美情趣，能够分享节日的欢愉，也能体会丧葬的沉重。借本系列图书编撰之机，从器物设计、视觉赏析的角度对水族传统设计文化图解文论，对水族文化在新时期、新领域的深入研究具有积极意义。

注释

①水族简史编写组主编：《水族简史》修订版，民族出版社，2008。

②中国少数民族修订编辑委员会主编：《中国少数民族》，民族出版社，2009。

③李平凡、颜勇：《贵州世居民族迁徙史》，贵州人民出版社，2011。

④曾晓渝：《汉语水语关系论：水语里汉语借词及同源词分层研究》，商务印书馆，2004。

⑤潘朝霖、韦宗林：《中国水族文化研究》，贵州人民出版社，2004。

⑥（宋）欧阳修、宋祁：《新唐书》，中华书局，1975。

⑦中国少数民族修订编辑委员会主编：《中国少数民族》，民族出版社，2009。

⑧石国义：《水族地区生态环境文化与经济》，载潘朝霖《中国水族文化研究》，贵州人民出版社，2004。

⑨中国少数民族修订编辑委员会主编：《中国少数民族》，民族出版社，2009。

⑩中国少数民族修订编辑委员会主编：《中国少数民族》，民族出版社，2009。

⑪潘淘洁：《水族刺绣中蕴含的古文化信息》，《贵州民族学院学报》哲学社会科学版，2012年第1期。

⑫王华：《中国少数民族音乐》，中国人民大学出版社，2010。

⑬（元）脱脱等：《宋史·蛮夷四》，中华书局，1977。

⑭余湖波：《水族石板墓群被列入国务院第七批"国保"级单位》，《黔南日报》2013年5月9日。

⑮中国少数民族修订编辑委员会主编：《中国少数民族》，民族出版社，2009。

目录

第一章　水族传统建筑

水族村寨　002
水族干栏式木楼　005
水族杉皮屋　008
水族石板墓　012
水族八字门石雕墓　015
水族韦氏石雕墓　018

第二章　水族传统服饰

水族马尾绣背带　024
水族布贴绣背带　028
水族女装上衣　031
水族女子婚嫁盛装　035
水族女装百褶裙　038
水族马尾绣围腰　040
水族男子长衫　042
水族男子头巾　045
水族女式钉子鞋　047
水族男式钉子鞋　049
水族翘尖马尾绣花布鞋　051
水族马尾绣银佛童帽　054
水族马尾绣荷包　058

第三章　水族传统餐饮

葫芦勺　062
水族竹编葫芦酒坛　066
水族夯土灶台　068

　　广菜　071
　　木姜子　073
　　野韭菜　075
　　水族酸汤　077
　　水族鱼包韭菜　079
　　水族九阡酒　082
　　水族铸铁鼎罐　084

第四章　水族传统生活用具

　　水族独木楼梯　088
　　水族原木矮凳　090
　　水族草编矮凳　092
　　水族木制组合式火锅圆桌　094
　　水族三足铸铁锅架　096
　　水族竹编腰箩　098
　　水族竹木抬架　101
　　水族竹编挑箩　104
　　水族四方提篮　108
　　水族木制油柴灯架　111
　　水族竹箱　114
　　水族铡刀　116
　　水族竹制水烟筒　119
　　水族皮鼓　121
　　水族麻江型铜鼓　124
　　水族长号　128
　　水族竹制中音芒筒　131
　　水族芦笙　134

  水族大铜锣　137

第五章　水族传统生产工具

  水族炕谷箩　140
  水族木梭子　143
  水族辫带凳　145
  水族捣布石及捣布槌　148
  水族倒纱车　151
  水族石磨　154
  水族步犁　157
  水族木耙　160
  水族木制四踏板织机　162
  水族打谷桶　165
  水族鱼笱　167

第六章　水族传统手工艺

  水族手工纺织棉布　170
  水族豆浆染枕巾　173
  水族蜡染床单　176
  水族套绣玩具祥云神虎　180
  水族铜皮竹丝王冠　183
  水族银冠　185
  水族鸟头银簪　187
  水族双鸟吊坠银发插　190
  水族围腰银链　193
  水族银梳子　195
  水族银压领　198

　　水族银腰坠　201
　　水族盘花银手镯　204
　　水族银项圈　207
　　水族蓑衣　210
　　水族木制嵌骨马鞍　213
　　水族牛角雕花火药盒　215
　　水族皮铠甲　217
　　水族牛角雕饰品　220
　　水族鸟形牛角雕火药盒　223
　　水族鱼形牛角雕烟盒　225
　　水族剪纸工艺及工具　227
　　水族蜡染工艺及工具　230
　　水族刺绣工艺及工具　234

第七章　水族传统民俗和宗教造像

　　水族水书及水书习俗　240
　　水族水书铜钱　243
　　水族吞口　247
　　水族祭神杆　249
　　水族新式神龛（祭台）　251
　　水族石卜及道具　254
　　水族卵卜及道具　256
　　水族草卜及道具　259
　　水族婚礼行序及用器　262
　　水族丧葬行序及用器　265
　　水族端节礼俗行序　268
　　水族卯节礼俗行序　271

　　水族霞节礼俗行序　274
　　水族苏宁喜节礼俗行序　277
　　水族铜鼓舞行序、用器与服饰　280
　　水族大门挡巫术　282
　　水族祭伞　285

后　记　287

第一章 水族传统建筑

水族村寨

图一　榕江县故衣村水族村寨主图

水族主体群落至迟在秦汉时期就定居在苗岭山脉以南、珠江水系的都柳江和龙江上游一带，所处地理条件并不算优越。但水族人民因地制宜、因势利导，使生活和居住的空间与自然环境融合。水族世居人口连成片的地区，大多是中低山丘陵的坡地、宽谷地带和山间盆地，尽量依山傍水，聚族而居。有条件的会尽量选择平地建造，或随地形在半山腰建造，少数在山顶建村。其聚居村落分布呈现出绕湾溜脊、沿沟环谷的特点，主要有三种态势：一是山间平坝地带多环山聚结村落，田园居中，被屋舍包围；二是丘陵和平坝地区连接处以连串散布的聚居村落为主；三是山区聚居村落分布得较为密集，从山脚递次向山顶铺开，黑瓦青山相互掩映，层次分明。平地建寨以横向并联为主，山坡丘陵建寨则以纵向阶梯式布局为主。

水族人在建筑选址方面对祖先的尊崇度很高，因此，现在水族村寨大多是同姓同宗同血缘的宗族聚居，异姓杂居或单村独户的情况较少见。村寨的规模大的多达上百户，一般是几十户，小的仅有几户人家。水族是传统农耕民族，村寨的面积会根据耕地面积而定，有些耕地就在屋舍周边不远，而有些地理条件不佳的村寨耕地则会较为分散。因水族主要聚居山区多变的地貌特点，水族村寨并没有严格的规划，布局比较自由，村寨的结构主要取决于地势环境。一个村落包含民居、公共空间（道路、歇凉地、宗教设施）、寨门与寨墙、水塘、墓地等元素。村寨多依山傍水，四周多古树、寨内村脚多有鱼塘，屋舍周围喜植果木。

水族村寨选址的必要条件有以下几点：一是获取水源容易，无论是河流或者地下水；二是能就近获得建造房屋的木材，因为水族地区建筑大多是木结构干栏式建筑；三是尽量靠近耕地，以便耕种；四是较少野兽出没。

"地善则木茂，宅吉则人安。"风水观念对水族人的村寨选址、房屋起造的影响很大，为了趋吉避凶、人畜安康、福泽后代，水族人在举行此类重大活动之前，都会恭请水书师（水族社会中的智者、知书的文化人）看方位、择时辰、定吉凶。而在"水书"（被视为水族的《易经》）中有专门的《起造卷》，从中可以洞察水家先民对建筑起造的基本观念与思路，即祈吉避凶、天人合一、融入自然怀抱的基本理念。水族先民在缺乏现代地质学、水文学、气象学、建筑学知识的时代，凭着原始的、长期的社会经验积累来解释和解决起造中遇到的诸多问题。水书《起造卷》主要反映了水家先民在起造方面的意识、观念与追求，尤其是企盼获得超自然力的支持与帮助的功利目的。但是当水家先民从走出岩洞，告别土穴，搭起茅棚起，到依树积木，发展为干栏居屋，无不反映他们克服困难、总结经验、勤劳奋斗的精神。他们在自我生生不息的奋斗之中，存在企求超自然力在暗中护佑的思想是可以理解的，这在全世界的文明发展过程中也是很普遍的现象。

图片来源
图一、图三、图六　潘淘洁　摄影
图二、图四至图五　胡晓斐　制图

图二　三都县水懂村水族村寨布局

图三　三都县塘州乡水族村寨内的道路

图四　三都县水族各村寨分布

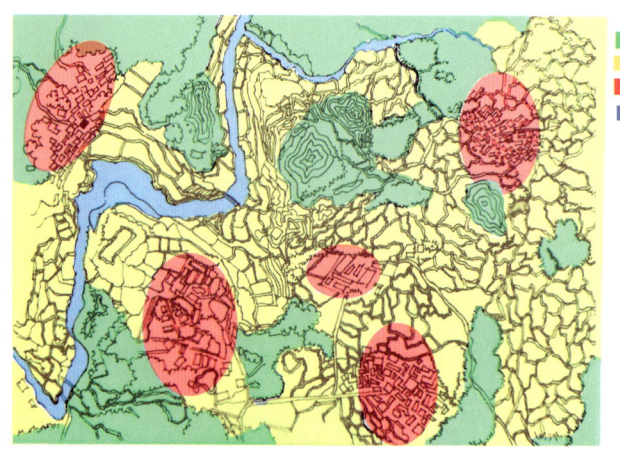

图五　水族村落典型布局示意图

山地丘陵
耕地
居住区
河流

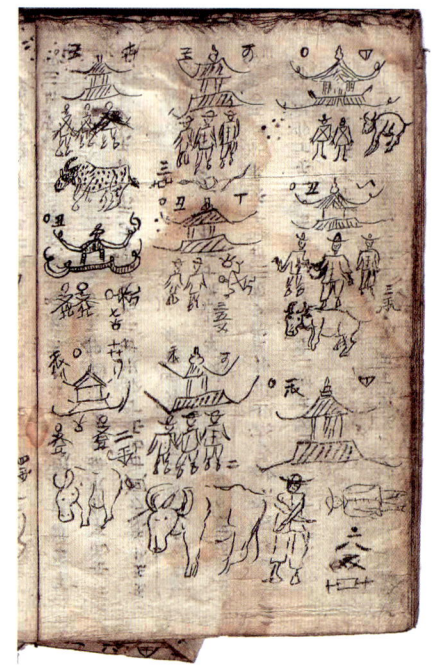

图六　水族水书《起造卷》中记述有关村落布局、房屋营造的忌宜

水族干栏式木楼

图一　榕江县故衣村的水族半干栏式建筑主图

干栏又称"麻栏",是我国南方古代民族的一种住房形式,水族干栏式建筑实际就是全部或部分架空于地面之上的木屋。立柱架屋,下虚上实,其下部以木柱或石块垒叠作为支柱,将上部主体置于底架之上,使主要居住区域抬离地面。干栏式木楼是由树居或称"巢居"的居住方式演变而来的。"干"是水语"楼"的谐音,"栏"是水语"家"的谐音,"干栏"在水语中意即楼房。

水族的干栏式民居,一种是修建在平地上的全干栏结构,一种是修建在坡地上的半干栏式结构。全干栏结构是先用粗大的木柱和厚实的木板构筑一个一人多高的平台,然后再于其上修建木结构的一层平房或二层楼房。而所谓的半干栏结构,也就是底层仅有部分架空,其余部分是依山势构筑于土石山体上。在山体上先砌出一个相当于屋基一半的平台,再于地势较低一侧,用木柱支撑或石块垒筑,构筑另一半平台,使两个平台处于同一水平面上,构成整个屋基,然后再于这个屋基上修建木结构的一层平房或二层楼房。半干栏式的木楼常常将入口大门堂屋设计为"面山背水",因此,人不用楼梯就可从山体一侧进入主要居住层。另外,由于二层有部分楼面其实也就是山石地面,因此很多家庭直接在屋内的地面上挖坑做火塘,或

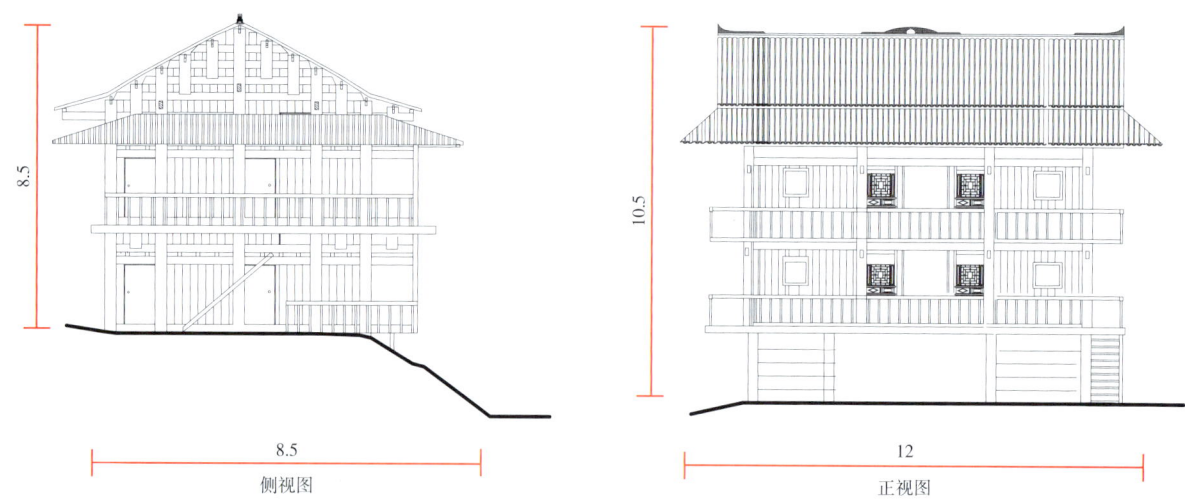

8.5		12
侧视图		正视图

图二　榕江县故衣村的水族半干栏式木楼结构、尺寸示意图（单位：m）

图三　三都县水尾乡水族干栏式建筑

图四　水族干栏式木楼主屋之外搭建的简易晾晒台

埋入火盆与地面齐平。

水族干栏式木楼采用穿斗式结构，楼上楼下立柱互不连通，对主构木材的长度要求低得多。这也是水族建筑与周边苗、侗、布依等族建筑的主要区别。在水族聚居的山地，地形多变，气候多雨潮湿，虫蛇野兽出没，干栏式建筑无疑非常适用于这样的环境。贵州古代干栏建筑没有实物留存，但在贵州省博物馆收藏有赫章、兴仁等地出土的东汉干栏建筑陶质模型，与水族干栏建筑有明显的亲缘关系，水族地区的干栏式建筑至今仍保持着古老的营造方式，堪称传统民居的"活化石"。

无论是干栏建筑还是吊脚结构，水族民居多为四柱三间两进，一楼一底，或二楼一底，屋顶样式有悬山、歇山两种形式，主体建筑的屋顶以歇山顶居多。以往用茅草、杉树皮覆顶的较多，生活条件改善后用小青瓦的多了起来。

水族的干栏民居，楼下架空层一般不住人，主要用于圈养牲口，安置碓磨，堆放柴草，存放农具等。立面围合材料较为简陋，有树皮、捆扎成束的秸秆或扎成排的小树枝等。主要居住层在二楼，通风、干燥、安全，由楼梯、走廊、堂屋、卧室等基本要素组成。楼梯是上下层的交通要道。堂屋是家庭的中心，也是所占面积最宽的区域，是水族家庭迎客、聚会、教化、进餐的场所。它与其他空间直接相连，是室内空间中的必经之地。堂屋设有供桌，供奉祖宗牌位，常年摆有祭品，有些家庭还会摆放铜鼓，节庆时敲击庆贺。卧室、灶间一般分布在堂屋的左右两侧，有一定的私密性，外人一般不得随意进入。室内空间中的零碎之地和阁楼一般是作储藏之用。有些家庭为了扩大使用面积，会在主屋一侧凌空扩展出偏屋或晾台，在下方使用多根立柱支撑，可以住人也可以作晾晒粮食、衣物之用。

图片来源
图一、图三至图五　潘淘洁　摄影
图二　胡晓斐　制图

图五　三都县坝街乡忙常村水族全干栏式建筑

第一章　水族传统建筑

水族杉皮屋

图一　榕江县三江乡水族杉皮屋主图1

　　杉皮是指从杉树树干上剥下来的外皮，杉皮屋就是用杉树皮做屋顶覆盖材料的小木屋。杉树属松科，常绿乔木，高者可达30米，树干端直，树形整齐，树干适合用作建筑的主材。水族主要聚居地分布在亚热带山区，杉树是常见易得的建筑材料。由于杉树树干笔挺粗壮，因此杉树皮较容易大片完整地剥离下来，并且具有一定的韧性，因此水族人在修建如仓库、厕所、主屋的偏厦等小型棚舍时，常用其覆盖屋顶。

　　杉树皮从树干上剥下来后，首先要用重物压平整，然后晒干。用作覆盖屋顶的杉树皮一般被整理为宽约30厘米，长约1米的条状。杉皮屋的结构方式和吊脚楼并无两样，用木柱做支撑构件，柱底垫石块，屋顶多为悬山式，只是椽条上的覆盖材料由瓦片换成了杉树皮。加工好的杉树皮被依次纵向排列在屋顶的椽条上，中间垫上稻草，树皮的长度要大于檩条间的宽度，以便在树皮之上、檩条的位置处钉一根木条或竹条，使树皮与檩条固定在一起，服帖在屋顶。由于杉树皮较之瓦片要宽大得多，因此杉皮屋顶的椽条比瓦顶屋的间距要宽得多，架设速度更快，成本更低。

　　杉皮屋的体量都不大，一般长度和宽度都不超过3米，单层，高度3米左右。不设窗户，立面围合较规整，用木板横向钉在立柱之间，也有用杉树皮纵向围挡的，还有的

图二　榕江县三江乡水族杉皮屋主图2

用竹条、秸秆等围合立面。立面围合的高度根据使用需要而定。

瓦片是需要专门烧窑制作的,并不是水族一般家庭能够自产自用的建筑材料。加之以往水族地区交通不便,瓦片较之杉树皮而言珍贵难得。因此,虽然杉树皮的防水、防风性能和耐用性都远不如瓦片,但为了节约成本,杉皮屋还是被广泛建造使用。

图片来源
图一至图二、图五至图六　潘淘洁　摄影
图三至图四　胡晓斐　制图

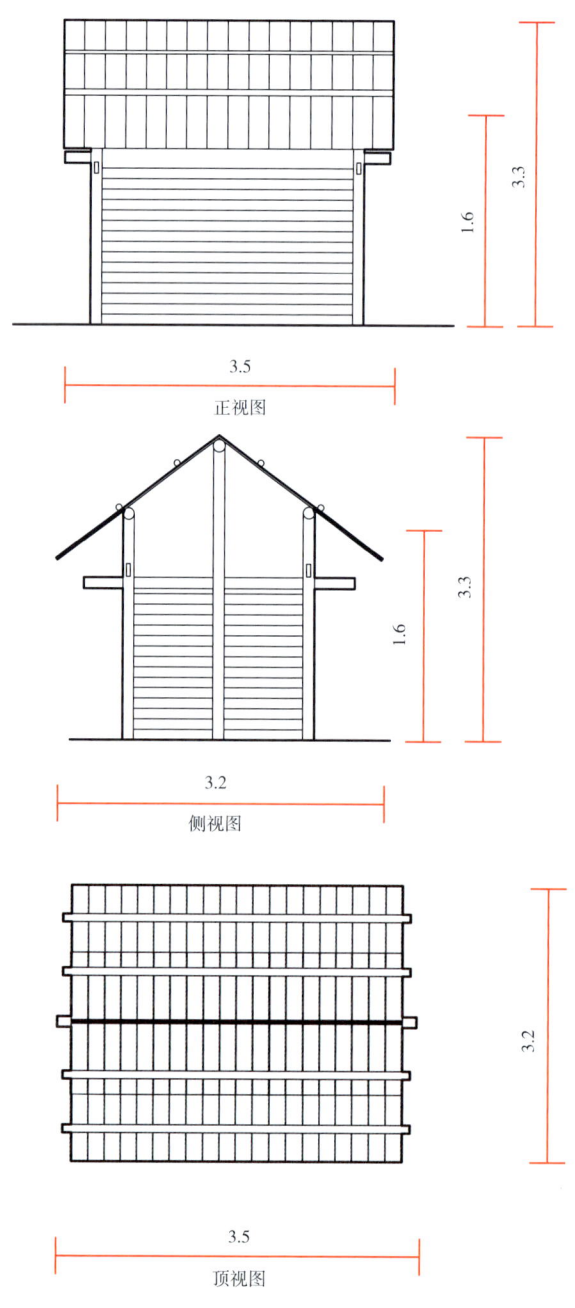

图三　榕江县三江乡水族杉皮屋三视、尺寸图(单位:m)

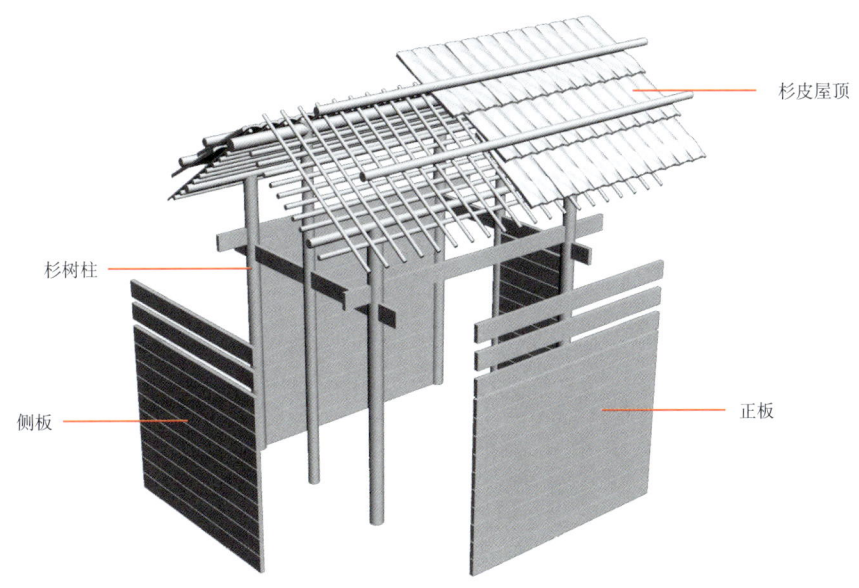

图四　榕江县三江乡水族杉皮屋构造解析图

图五　水族杉皮屋原材料图

图六　水族杉皮屋屋顶铺装图

水族石板墓

图一　荔波县水浦村水族石板墓主图（西南角）

水族是一个多神信仰的民族，人们相信祖先的灵魂会保佑后代安康无虞，因此视死如生，会尽力为祖宗建造带有精美石雕的墓葬建筑，对丧葬的重视程度在周边少数民族中是最高的，习俗也是最复杂的。

本案例采集自荔波县水浦村，是典型的无碑式仿木结构建筑坡屋顶造型的双层石板墓，据推断大约建造于清朝初叶。整座墓坐落在矩形厚石板之上，长度为150厘米（不计地面石板），宽110厘米，高135厘米。石板墓上下两层四面均用整块石板围挡，底层石板之外另有六根方形石柱支撑中间的隔板，前后两端四根石柱外侧还有装饰性的曲线造型石块（西南角的缺失）；上层纵向围板略长出横向围板，正面左右两侧还有对称的牛角形石块，起辅助支撑作用；顶部前后各有一块石板雕刻着水族典型的龙头鱼身拱葫芦造型，中段则是用三块长条状石板模仿木建筑的坡屋顶样式，石块已断裂。这座石板墓的四周围板上饰有内容丰富的浅浮雕，画面内容十分具体，造型写实，情节生动，例如东侧底层围板上就分别雕刻了麒麟、鸟雀、游龙和列队奏乐的人形，靠近中层隔板处还装饰了几何纹样。

在贵州少数民族传统石雕中，水族墓葬石雕具有明显的代表性，出现了大量结构复杂、彰显财富、内涵丰富的石构墓葬和造型精美的石雕艺术作品。时至今日，很多水族人在世时就花费巨资雕琢墓碑，为后事做准备。随着国家丧葬制度改革的不断推进，水族墓葬艺术也必将随之走向衰落。

图片来源

图一至图二、图五至图六　潘淘洁　摄影

图三至图四　胡晓斐　制图

图二　荔波县水浦村水族石板墓主图（东北角）

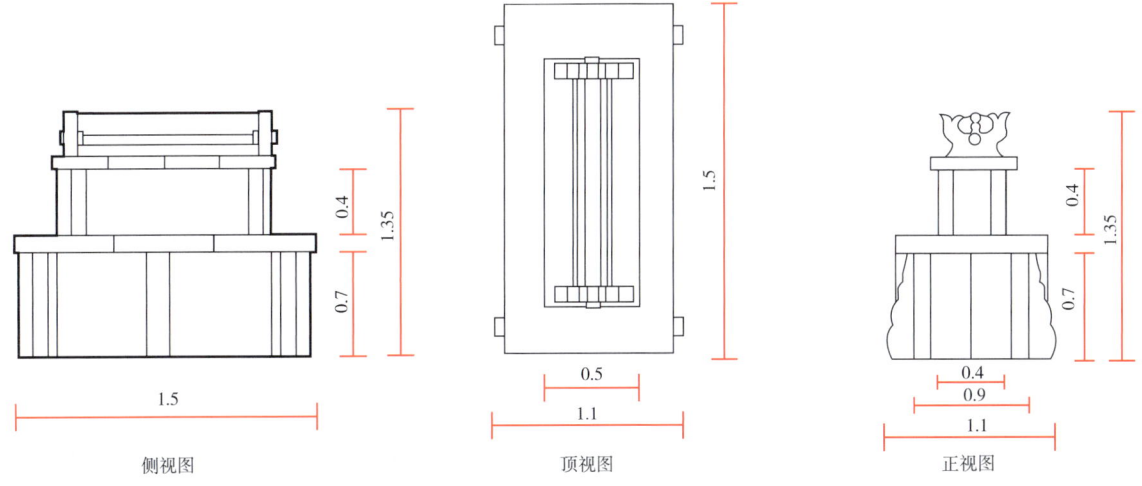

图三　荔波县水浦村水族石板墓三视、尺寸图（单位：m）

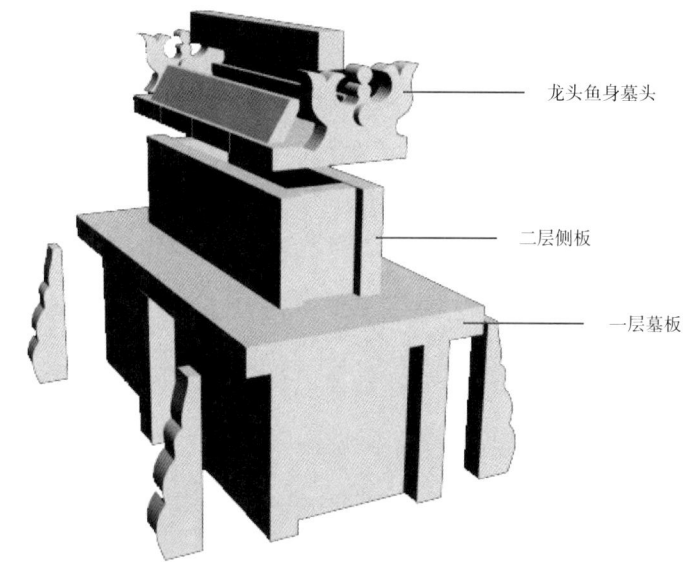

图四　荔波县水浦村水族石板墓东北角解析图

图五　荔波县水浦村水族石板墓东侧下层壁板上的麒麟立鸟图

图六　荔波县水浦村水族石板墓东侧下层壁板上的龙和双人奏乐图

水族八字门石雕墓

图一　三都县板告村水族八字门石雕墓主图

　　八字门石雕墓是水族比较常见的墓碑形式，因墓碑左右两侧有雕花石碑呈外敞内收的"八"字形而得名。本案例采集自三都县三洞乡板告村，碑文"韦母牙谦寿藏"，为生碑，即墓主健在时便已修建。墓主生于民国十六年丁卯（1927年），殁于2007年，寿享81岁。

　　这座八字门石雕墓前方以整块青石板铺设作为碑石的地基，其上矗立着墓门主碑、刻字石柱、八字门石柱，其上再逐级叠压雕龙石板、石雕檐口墓头、双鱼托葫芦石雕墓顶，通高216厘米。碑后坟冢以凿成弧形的条石组合垒砌成直径320厘米的圆形墓体，高约120厘米。圆形墓体正后方空缺60厘米，使坟上的封土与后山龙脉地气相接。这是当地的一种习俗，若是平地孤坟，其后围石可不留缺口。这座墓的特别之处在于用水文字镌刻墓联，这在水族地区也并不多见。水文字墓联的意译为：德馨百年子孙旺，寿享千秋月日春。

　　这座墓碑顶部的双鱼托葫芦石雕造型是水族墓葬的一大特色。大葫芦位处墓碑中轴线的最高位置，两侧各有一只龙头鱼身的鱼儿张开嘴巴托住葫芦底部，这种双鱼托葫芦的造型与水族神话故事有关。传说在洪水滔天的时代，躲藏于葫芦中的兄妹俩得大鱼顶托护佑，幸免于灭顶之灾而成为再造人烟的始祖；再加上水族先民生活的地域渔业发达，人鱼关系密切，渗透到文化信仰的核心。葫芦属瓜类，瓜多子，鱼的繁衍能力极强，又是图腾崇拜物，"鱼瓜互化，物之变也"。水族艺人综合了多层美好的民俗意蕴，把象征人口增殖的葫芦和繁衍能力极强的鱼巧妙组合成双鱼托葫芦石雕造型，期冀后裔瓜瓞延绵、繁荣昌盛。

图片来源
图一　潘淘洁　摄影
图二至图五　胡晓斐　制图

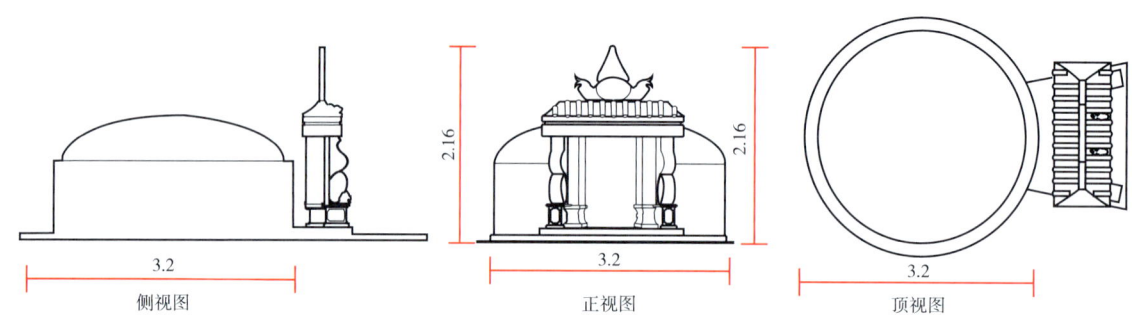

图二　三都县板告村水族八字门石雕墓三视、尺寸图（单位：m）

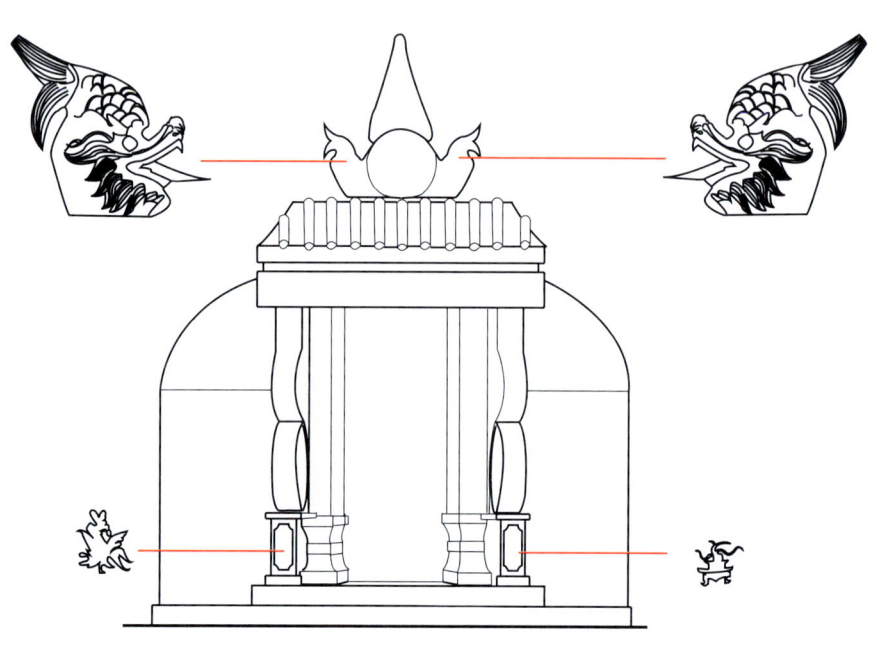

图三　三都县板告村水族八字门石雕墓局部石雕纹样

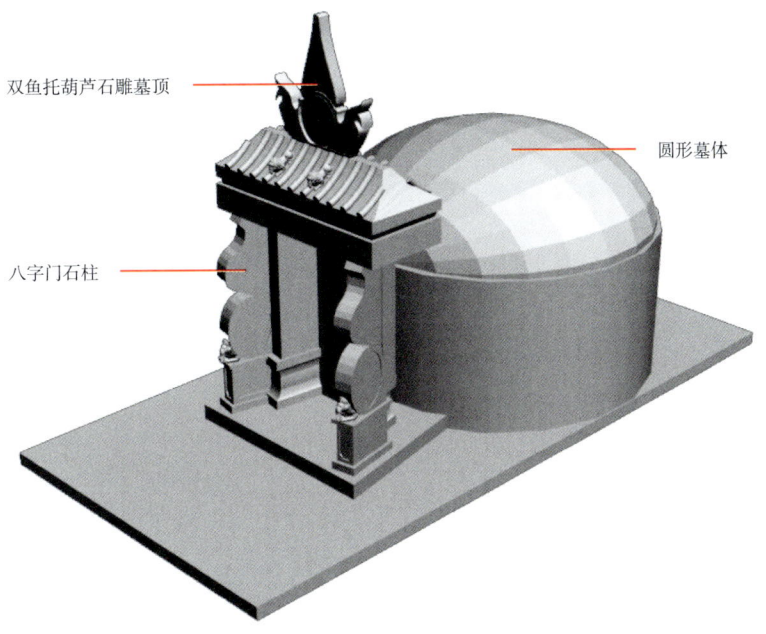

图四 三都县板告村水族八字门石雕墓墓碑解析图

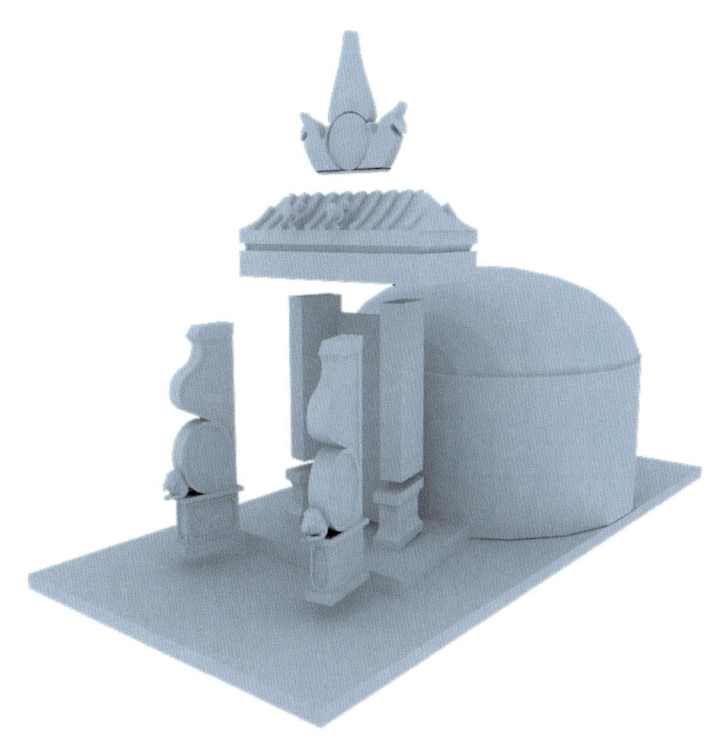

图五 三都县板告村水族八字门石雕墓透视效果图

第一章 水族传统建筑

水族韦氏石雕墓

图一　三都县拉佑村水族韦氏石雕墓主图

拉佑村"韦公文轩寿藏",系三都县拉佑村水族韦廷彬(字文轩)的生碑石雕墓。墓主生于光绪八年(1882年),殁于民国二十九年(1940年)。生碑立于民国二十五年(1936年),三年之后墓主安葬于此。

墓碑为6柱5楼庑殿顶牌楼式青石结构,通阔3米,进深5米,高3.4米。各楼瓦脊角端分别置有浮雕石龙头鱼尾6条,龙头相对,鱼尾起翘。碑顶为双鱼托葫芦石雕的"山"字形,中为葫芦状,寓意福禄兼备,以及瓜瓞延绵,生育不息。各檐口雕有龙凤图案。墓门枋上浮雕一对高浮雕盘龙戏珠,栩栩如生,各额枋上浮雕瓜果蔬菜图案。6根石碑柱刻有行书、楷书3副对联。其中一明柱联下联为:"百年始半途。"碑门正中上端镌刻"德延寿"三个大字,点明生碑为长寿祝福。6柱上有6对石狮子大小各异,其中5对倒悬,异常生动。供台高120厘米,长200厘米,宽70厘米。上坎边檐雕刻着花鸟虫鱼。正中墓主牌铭之上是八仙过海,吹拉弹唱,各显神通。两侧墓记,记录墓主"其先以兵燹自赣来黔"的迁徙历程。在石碑可视面刻有人、兽、花、草及图案及二十四孝等百余种。拉佑石雕墓设计精巧,布局合理,雕镂精细,造型生动、保存完好。顶部采用了水族传统的双鱼托葫芦图案造型,墓门枋上那近乎全雕的龙图案更是灵异精美，水族鱼图腾崇拜等各类图案得到充分展示。

碑文为"省立模范中学毕业宗谊韦廷楠撰并书"。韦廷楠，号绍桥，是水族地区著名文人，三洞乡良村人，时属荔波县。碑文字迹凝练稳重，文笔洗练，行书楷书字体交互使用。该墓由三都县阳安村（原属荔波县）水族著名石匠艺人莫汝卿设计下墨，莫绍瑜领衔雕刻，历时3年完工。石雕设计精巧、工艺精细，是水族地区难得的石雕艺术杰作。

1942年之后建造的独山县天星村著名的水族韦占科的石雕墓，即仿此墓形制建造，从石料开采到雕刻打磨，不算辅助的小工，每天有工匠十余名同时劳作，用去白银（钱币）2万两，仅一块墓基石便用了32个壮年劳力抬运，由此可见这一类型的墓葬建筑耗费的人力物力是十分巨大的。

图片来源
图一、图五至图八　潘淘洁　摄影
图二至图四　胡晓斐　制图

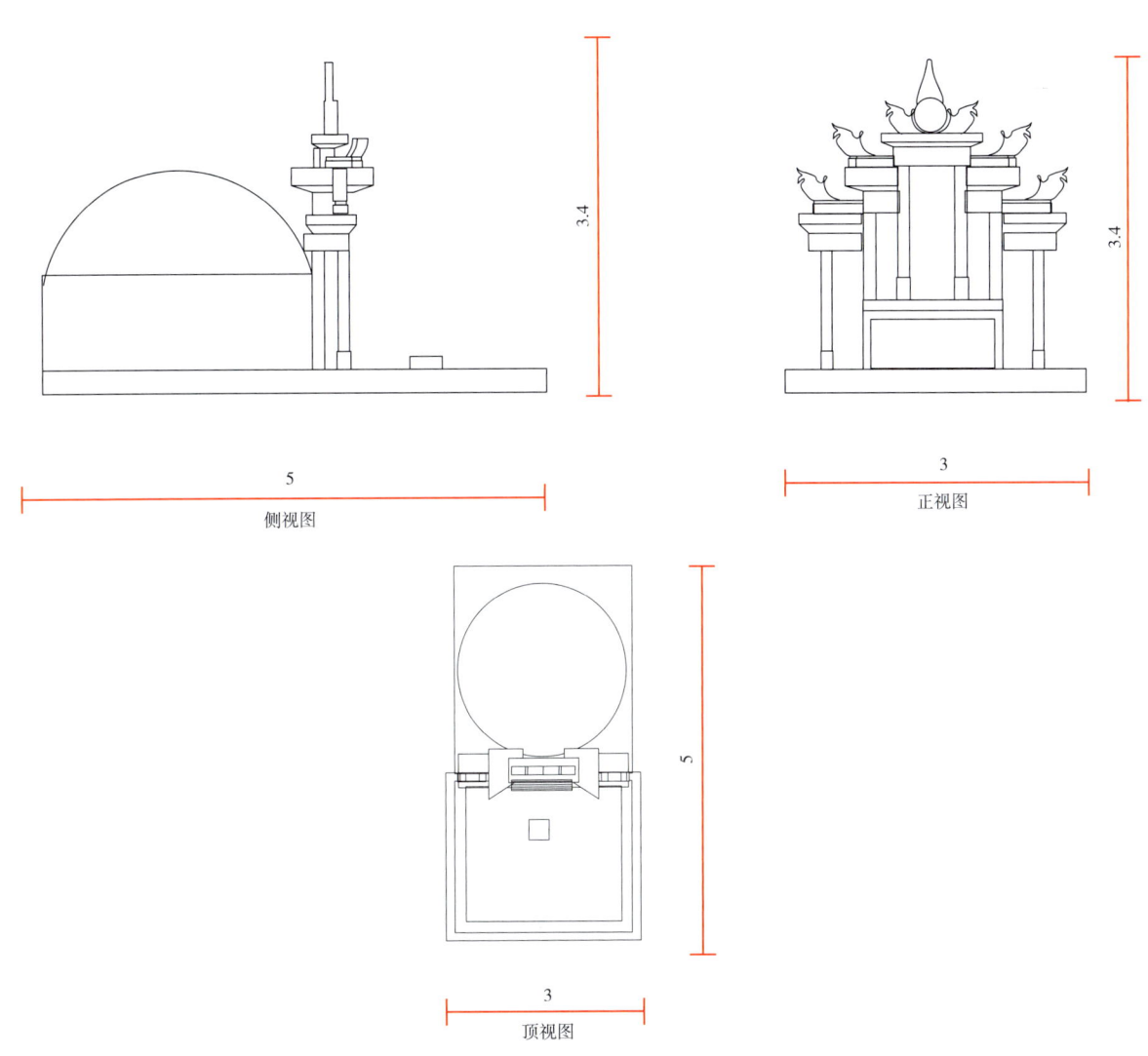

图二　三都县拉佑村水族韦氏石雕墓三视、尺寸图（单位：m）

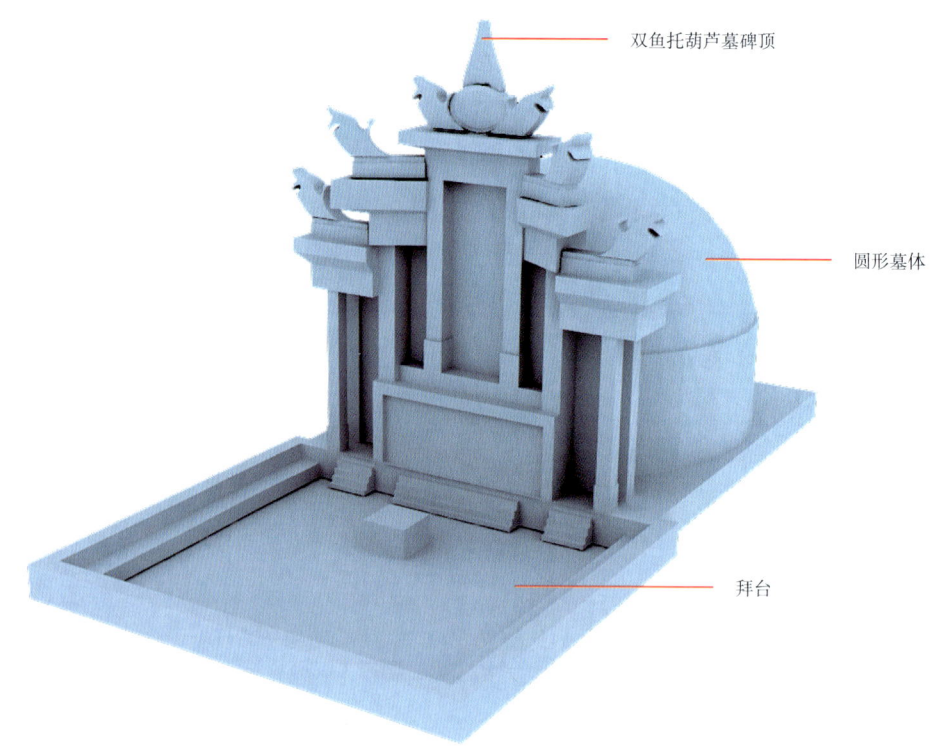

图三　三都县拉佑村水族韦氏石雕墓结构名称图

图四　三都县拉佑村水族韦氏石雕墓全纹样解析图

图五　水族墓门正中上端镌刻"德延寿",其下八仙过海形态生动

图六　水族墓主"韦公文轩寿藏"铭文端庄稳重,底纹浮雕游龙神态逼真

图七 水族墓门左右上方横头镌刻凤凰,此为右侧栩栩如生的飞凤图案

图八 韦氏石雕墓顶部造型

第二章 水族传统服饰

水族马尾绣背带

图一　三都县塘州乡水族马尾绣背扇主图

背带也称背扇，是将婴幼儿背负在成人背上的育儿袋，也就是移动的襁褓，是水族妇女重要的生活用品，无论下田干农活还是在家操持家务，都可以用背带将婴幼儿背在背上，而无须专人看护。

这件马尾绣背扇采集自贵州省三都县塘州乡，总体呈"T"字形，含背扇手总宽171cm，长100cm，中间纵向的是主体部分，顶端左右两侧连接背扇手，末端还接有长长的细布条方便捆绑。主体部分分为上、下两部分，上部总体呈倒梯形，刺绣构图丰满，花样繁复，下部图案较为疏松。所采用的刺绣技法主要有马尾绣、辫带绣、拉锁子绣、编织绣等；纹样题材主要有各式蝴蝶、鸟雀、花卉、葫芦、蝙蝠、云纹、太阳纹、寿字纹、方胜、双钱、几何纹样等；背扇的色调以暖色系为主，上部以红色绸缎作绣底，下部以酱红色为底，橙绿相间的几何纹样编织绣围边贯穿始终，使得背扇整体色调统一、轮廓清晰、结构突出。

背扇在使用时，成人首先弯腰将幼儿面朝背背负在背上，然后将背扇覆盖在孩子背上，再将背扇手越过肩部拉向前胸，在胸前呈"X"形交叉，之后将与背扇手连接的细布条环绕到幼儿的臀部下方，同时把背扇的下部包在外面，再次水平交叉后回到成人腰部前方，打结固定即可。水族的背扇上部都衬有多层浆过的布壳，因此厚实挺括，相当于为幼儿的上半身提供了一圈保护壳和靠背。而下部则相对较为柔软，经细布条一勒，便可兜住幼儿的臀部，形成坐面。

背扇是水族刺绣中最具代表性的绣品，刺绣图案幅面大，构图独特，内容题材丰富，绣法多样，几乎涵盖了水族刺绣的所有工艺类型，并且有很多技艺是只用在背扇上的。水族妇女制作背扇的一针一线都寄寓了深情厚谊，蕴藏着母亲对孩子浓浓的爱意。

图片来源

图一、图四至图七　潘淘洁　摄影
图二至图三　古慧婕　制图

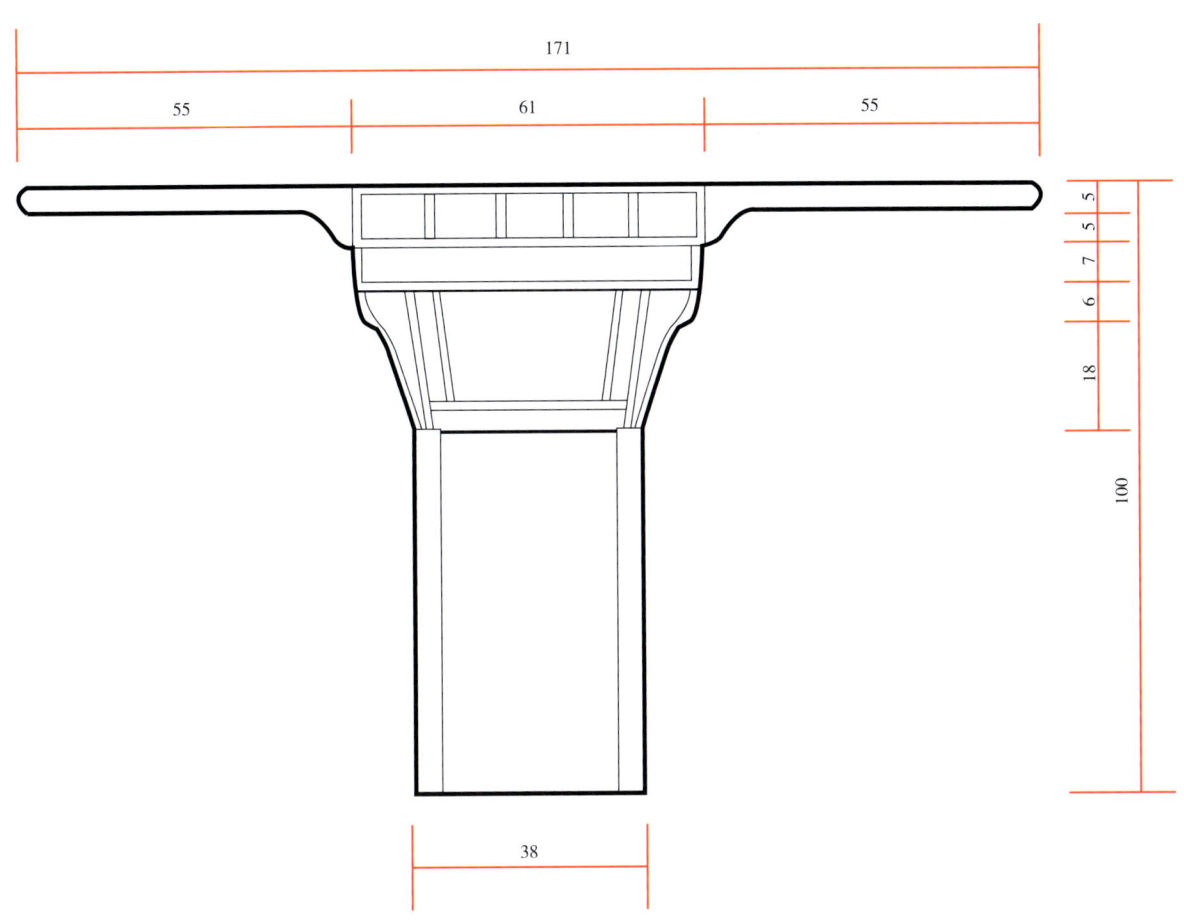

图二　三都县塘州乡水族马尾绣背扇展开正视、尺寸图（单位：cm）

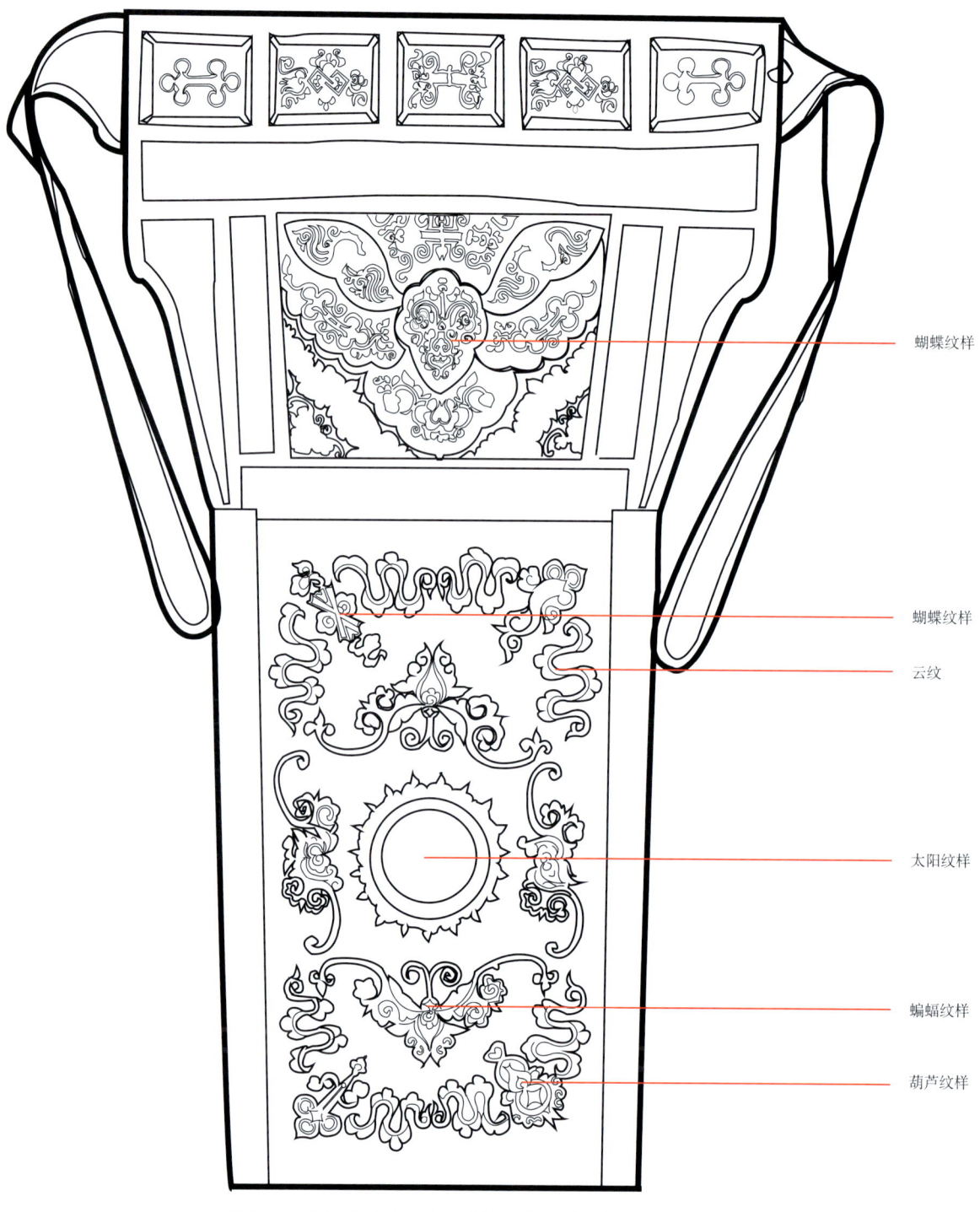

图三　三都县塘州乡水族马尾绣背扇纹样解析图

图五 三都县塘州乡水族马尾绣背扇下部编织绣部分表现的鸟、蝶、花卉、几何纹样

图四 马尾绣背带使用效果示意图

图六 三都县塘州乡水族马尾绣背扇中心大蝴蝶细节图

图七 三都县塘州乡水族马尾绣背扇下部太阳纹图案

第二章 水族传统服饰

水族布贴绣背带

图一　三都县三洞乡水族布贴绣背带主图

　　布贴绣也被称为"拼布绣"、"剪贴绣"，是水族刺绣中颇具特色的一种刺绣技法，顾名思义就是将彩色缎面或棉布按所需的花纹图案剪下来，再贴于底布上，再用绗针、刺针、锁边等其他针法沿图案周边缝合。

　　该案例采集自三都县三洞乡，全部采用布贴绣的技法制作，可算水族布贴绣背带中的精品。这件布贴绣背带含背带手共宽181厘米，高91厘米，分成方形的上部、长方形的下部及左右"L"形的背带手几部分。刺绣的题材以蝴蝶、花卉和鸟雀图案为主，造型多样而生动、组合巧妙、疏密有致；色彩方面以深红色和黑色为底，玫红、大红为主色调，辅以蓝绿色点缀，背带手的两端及腰部以蓝黄强对比色作嵌套云纹装饰，总体协调又不失活泼；水族布贴绣的每一片布均用金箔条及红丝线锁边，层层相扣，工巧细腻。

　　刺绣背带在水族人看来是十分珍贵的礼物，新婚时送出祝愿早生贵子，生育时送出期望孩童健康成长。水族人认为鱼虾象征着水族的子孙后代，在水族地区探问婴儿的性别时，通常会满含祝福地问"你得鱼娃还是虾娃"，就是以鱼娃和虾娃分别指代男孩和女孩。这件布贴绣背带的中心部分便绣有一对生动的虾形图案，满含对孩子的美好祝愿。

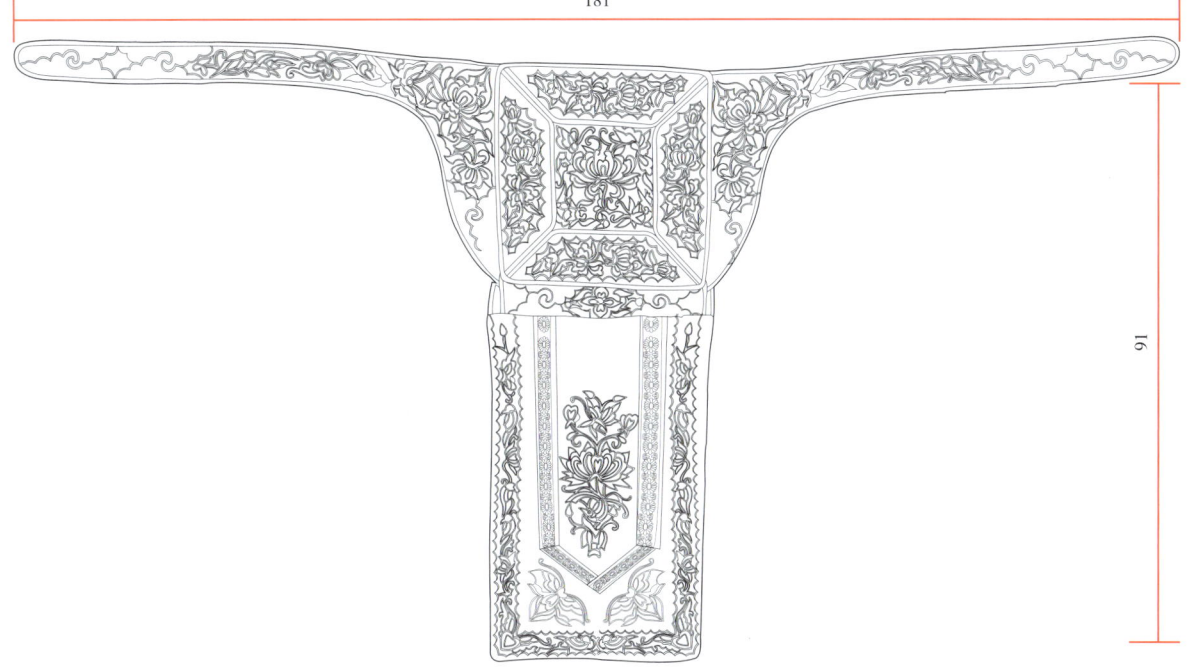

图二　三都县三洞乡水族布贴绣背带展开正视、尺寸及纹样图（单位：cm）

水族的布贴绣除了本例所示这种将各部分小布块组合缝合的之外，还有一种镂空布贴绣，是将与底布颜色不同的面料根据纹样需要镂空后，同样用金箔锁边的方式与底布拼在一起。前者是做加法，这种镂空的布贴绣是做减法，由于工艺原因，无法描绘过于细致的图案，大多是镂出小的几何块状，图案因此被高度提炼和概括，反而形成了十分独特的效果，很有现代设计感。

图片来源

图一、图五至图七　潘淘洁　摄影
图二　胡晓斐　制图
图三至图四　潘淘洁　摄影　胡晓斐　制图

图三　三都县三洞乡水族布贴绣背带下部鸟蝶花卉图案

图四　三都县三洞乡水族布贴绣背带的对虾图案

图五　三都县三洞乡水族布贴绣背带手末端的嵌套云纹

图六　三都县三洞乡水族布贴绣背带下部边角的蝴蝶图案

图七　水族镂空布贴绣背带（局部）

水族女装上衣

图一　三都县塘州乡水族女装无领右衽大襟上衣主图（正面）

水族地区女装上衣普遍是无领右衽大襟款式，这种款式流传已久，虽然不同地区所选面料、颜色不同，装饰部位、纹样也略有不同，但均为左前襟掩向右腋下系扣，将右襟掩覆于内的形式。上衣采用平面裁剪方法，身躯部分是上窄下宽的梯形，宽衣大袖，衣长至大腿中部。上衣左右两侧自胸部以下并不缝合。领口呈圆形，领围狭窄，衣领与颈部严密贴合，从领口到右腋下共有一字盘纽4枚~6枚。

本案例采集自贵州省三都水族自治县塘州乡，大约是21世纪初制成。三都县的水龙、中和、三洞、廷牌、塘州等区域的水族女装可算是水族最具代表性的类型。这一类型的女装上衣在领口周围、袖子末端、下摆边缘、左右开衩边缘均有刺绣绲边装饰，称之为"阑干"，大多采用马尾绣技法。刺绣一般分两圈，外沿的较宽，约5厘米，内圈的较窄，约2厘米。刺绣绲边不仅作为服装的装饰，也强调了服装的裁剪结构。该地区的女上装通常会搭配围腰穿戴。而三都县的九阡、扬拱及荔波县的水尧、永康、佳荣等地的水族女上衣则非常朴素，选用自织自染的紫黑色回纹布料，通身不着任何装饰，盛装时佩戴银项圈。

总体而言，水族女装呈现的是一种含蓄、素雅、庄重的美。水族女装的面料大都是自家织染的土布，颜色以蓝、绿、黑为主；水

图二 三都县塘州乡水族女装无领右衽大襟上衣主图（背面）

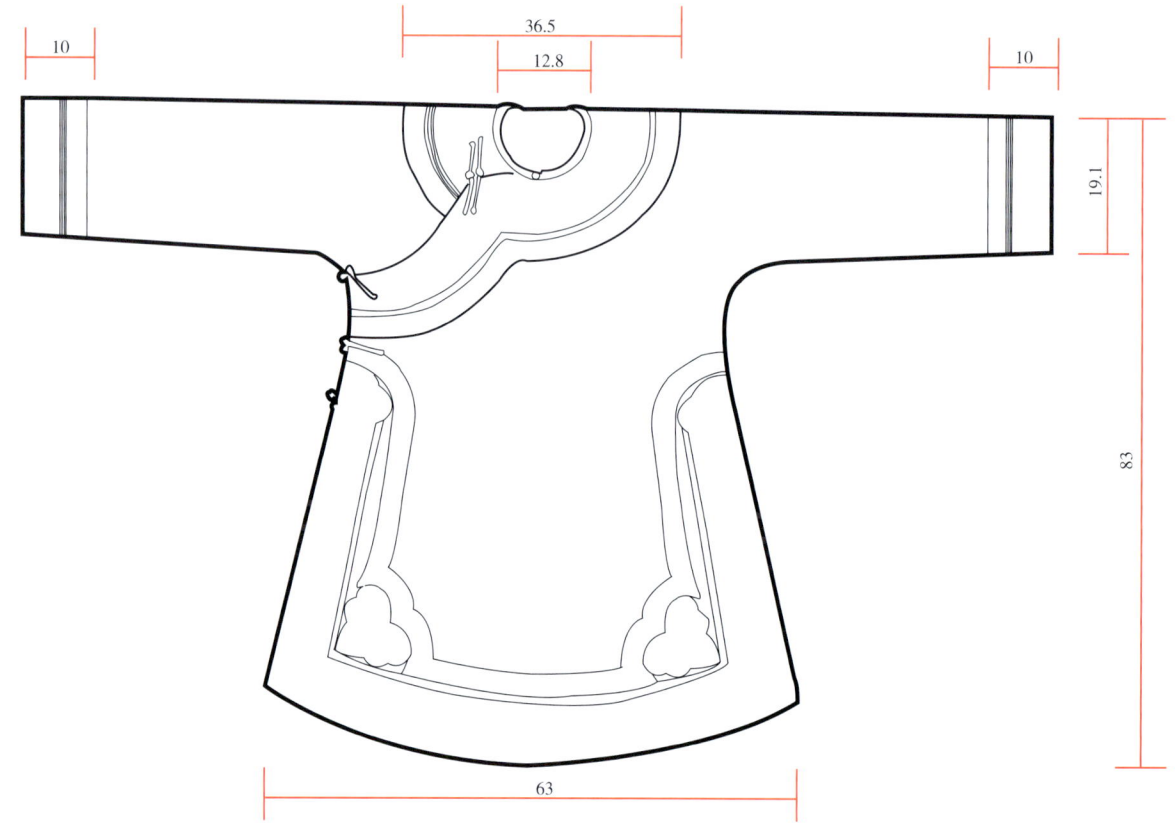

图三 三都县塘州乡水族女装无领右衽大襟上衣展开正视、尺寸图（单位：cm）

族的刺绣技艺精、流传广，但是在衣装上的刺绣装饰却用得非常克制。

图片来源
图一、图五至图八　潘淘洁　摄影
图二　胡晓斐　制图
图三至图四　古慧婕　制图

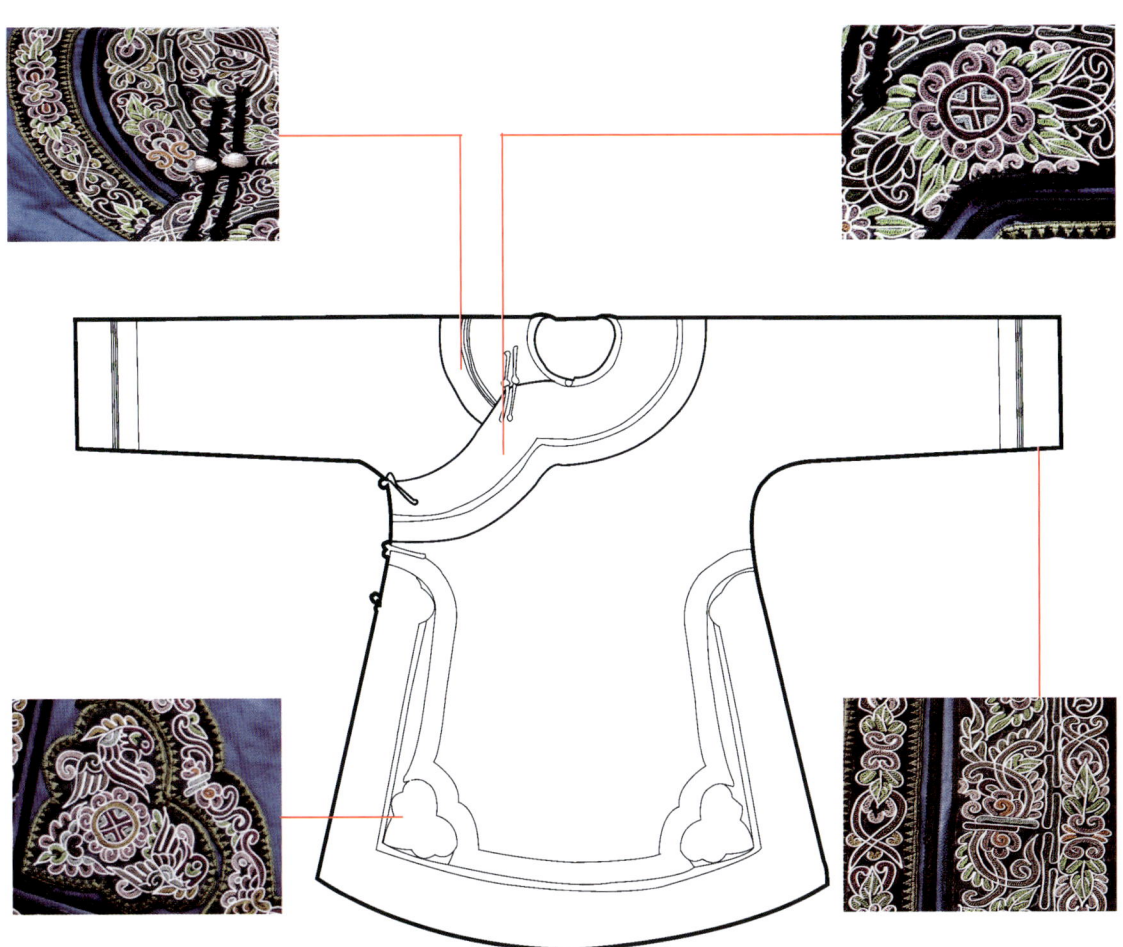

图四　三都县塘州乡水族女装无领右衽大襟上衣马尾绣细节解析图

图五　三都县塘州乡水族女装无领右衽大襟上衣穿着效果示意图

第二章　水族传统服饰

033

图六　三都县塘州乡水族女装领部细节

图七　三都县塘州乡水族女装袖口细节

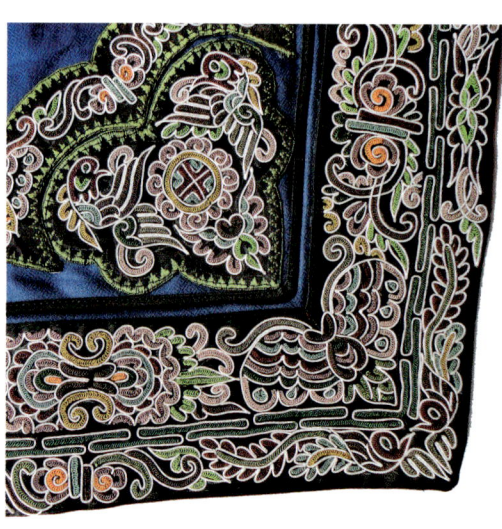

图八　三都县塘州乡水族女装衣摆细节

水族女子婚嫁盛装

图一　水族女性婚嫁盛装主图

婚嫁盛装是水族女子新婚出阁时穿戴的独特而隆重的装束，与日常便装、节庆盛装都有很大的区别，最主要的一点是新娘的上衣是由皮毛一体的山羊皮制成，外面罩一层青黑色棉布衣。这种独特的衣服为对襟无领宽袖短衣，衣袖较日常衣裳要短一些，长及小臂中段，袖口要露出内里的羊皮毛。缩短的衣袖调节了上半身的比例关系，露出的一截手臂打破了全黑色的沉闷感，而且露出的羊皮毛能显示女方家底的殷实，另外还方便展示手腕上佩戴的精美手镯。下身穿长及膝盖的百褶裙，内穿黑色长裤，腰间配长约尺许的银球蝴蝶针筒，腰间系长腰带，在后腰打结，并留尺许飘于后，脚穿翘尖绣花鞋。也有百褶裙内不穿长裤，而是打绑腿的穿法，从脚踝处裹至小腿肚上方。

婚嫁时所穿盛装的全身衣料都是青黑色，没有任何装饰点缀，主要靠头部银花、银钗，胸前的银项圈、压领、吊牌和手腕上的手镯等装饰。银饰在黑色衣料的衬托下熠熠生辉，繁简疏密搭配合理，黑白对比强烈，显得分外庄重。银冠、对襟短上衣、百褶裙等服饰单品是只有新婚出嫁时方能穿戴上身的，其余时间均不会使用。

图二 20世纪四五十年代水族的女性婚嫁盛装效果示意图

图三 水族少女出嫁前盛装打扮1

图四 水族少女出嫁前盛装打扮2

新娘子的长发先是束马尾于头顶，然后扭绞成麻花状盘绕成团，用银簪固定，然后在发髻上插满各种银花、银钗，头的后部还会插上银梳，梳子上坠有一条条由若干银叶片串连而成的坠链，而正面头部两耳之间的区域，也会插满叶片银坠链，长及眉间，形成半圈银帘子，最后还要在头顶插上高耸的银冠。头部的装扮是新娘盛装的重点，所用饰品数量多、种类杂、体量大，是全身最大的亮点。

新娘胸前佩戴的银项圈至少有三个，样式各有不同，从内到外直径逐渐增大，且越

图五　水族新娘出嫁穿着马尾绣长衫长裤效果示意图

来越粗，最大的项圈下还坠有压领，长及腹部；手镯一般会佩戴粗细不一、款式有别的两个以上。

　　水族新娘出阁去往夫家及返回娘家的路上最忌讳打雷，响雷预示夫妻不和，因此，为避免遇到雷雨天，水族婚礼一般都是在冬季举行，另外，这个时节属农闲时期，操办婚礼时间宽裕，因此，水族新娘的婚嫁盛装内夹羊皮袄也是符合季节需要的。

图片来源
图一　潘淘洁　摄影　古慧婕　制图
图二　王何以　摄影
图三至图五　潘淘洁　摄影

水族女装百褶裙

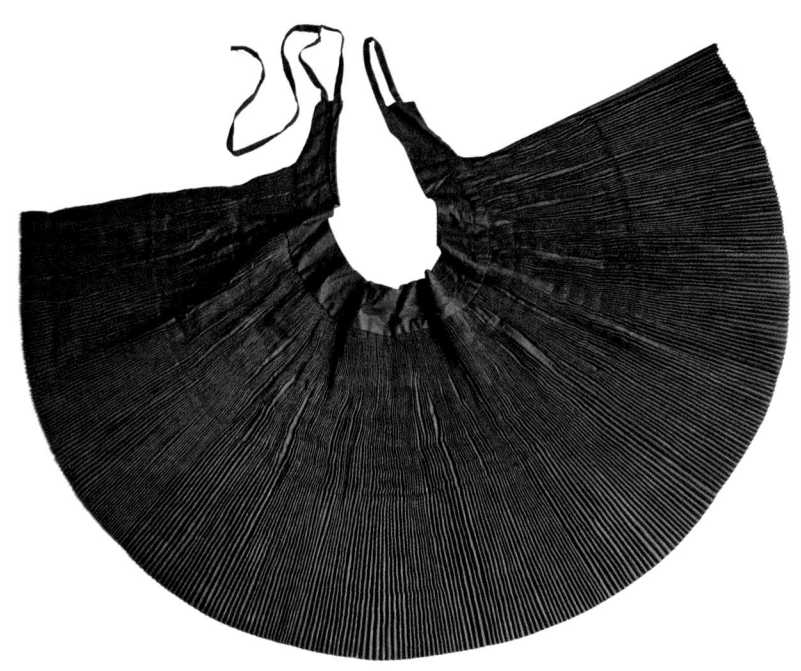

图一　三都县中和镇水族女装青黑色及膝百褶裙主图

本案例采集自贵州省三都水族自治县中和镇，半腰裙是用家庭自织自染的青黑色棉布制成，长度 58 厘米，穿着时长度在膝盖上下，平铺宽度 143 厘米，褶皱的裙摆部分需要使用特制的圆环形木架预先制作好后再与宽 8 厘米的腰部布条缝合，腰部与裙摆使用同色同款布料，两端宽出裙摆约 12 厘米，各钉有一个细布绳做的环套，其中一端接了一根绳子，穿着时将绳子穿过另一端的环套，打结固定。百褶裙的褶非常细密，每一褶的厚度约 1 厘米，裙摆下部 1/2 是双层，由于布料较厚，裙子经过褶皱处理显得条理清晰，非常厚实，垂坠感好。百褶裙并不缝合成筒状，可以展开平铺，不穿的时候，将其卷成筒状收藏，穿着时打开，围绕臀部，裙摆两端相互交错，系在腰间就成了百褶筒裙。

水族妇女的服装，近七八十年来最大的变异是下装的改变，即由穿裙子改为穿长裤。从多位水族老人收藏的前辈的裙子来看，水族妇女至少在 20 世纪 30 年代仍普遍穿着裙子。水族妇女不仅要承担绝大部分家务劳动，也经常下地耕作，因此，改穿裤装的主要原因应该是为了方便生产劳作。

水族妇女的及膝百褶裙现在只在新娘出阁的时候，作为盛装礼服的一部分，才会穿着，上身着青黑色长袖对襟短衣，腰间佩戴银质腰链、挂坠和针筒等作为装饰。另外百褶裙作为陪葬品，也在妇女过世后使用。

图片来源
图一、图三至图五　潘淘洁　摄影
图二　古慧婕　制图

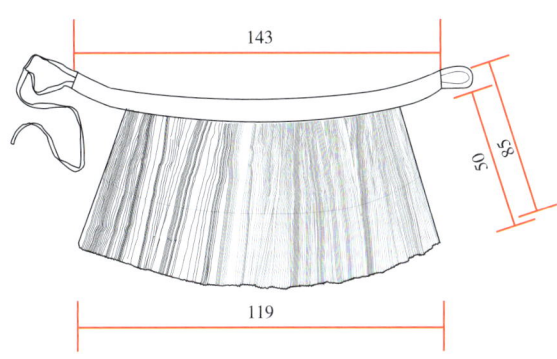

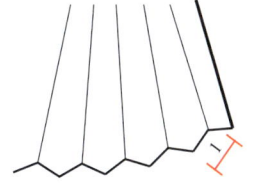

图二　三都县中和镇水族女装青黑色及膝百褶裙尺寸图（单位：cm）

图三　三都县中和镇水族女装青黑色及膝百褶裙穿着效果示意图

图四　百褶裙细节图

图五　百褶裙捆绑收纳图

第二章　水族传统服饰

水族马尾绣围腰

图一　三都县中和镇水族马尾绣围腰主图

围腰是水族妇女服装中的必备品，水族女子的围腰与我们今天用来保护衣服、避免污损的围腰不同，主要起装饰作用，日常劳作时并不佩戴，在节庆和婚丧嫁娶等重要活动时配用银质的挂链将围腰挂于脖子上，再用精美围腰带从腋下穿过，于后腰处打结，将围腰固定。

本案例采集自贵州省三都水族自治县中和镇，属于该地区典型的水族女子围腰样式，长度71厘米，上宽20厘米，下宽76厘米，总体来看，由两个上小下大、底边弧形的梯形组成，大小梯形接缝处左右各有一个环状的围腰耳，围腰带就是从此处穿过固定围腰。本案例用家庭织染的黑色棉布制成，上部的小梯形内是马尾绣装饰的重点部位，绣片与梯形底布是同比缩小的关系，距离边沿60厘米，底端两边钉有花卉纹样的银链扣，方便与围腰银链连接；下部的大梯形四个边角各有一小块马尾绣装饰，距离边沿10厘米处用宽3厘米的机制花边勾边，强调了围腰的轮廓特征。围腰耳宽10厘米，高6厘米，采用挑花工艺加机制花边装饰。

本例马尾绣围腰胸前的主绣片和四块小绣片均采用马尾绣技法制成，刺绣内容有鸟雀、凤凰、花草、铜钱等，图案细密、构图丰满、随形而变，围腰总体装饰疏密得当、重点突出、工艺精巧。

图片来源
图一、图三、图五　潘淘洁　摄影
图二、图四　古慧婕　制图

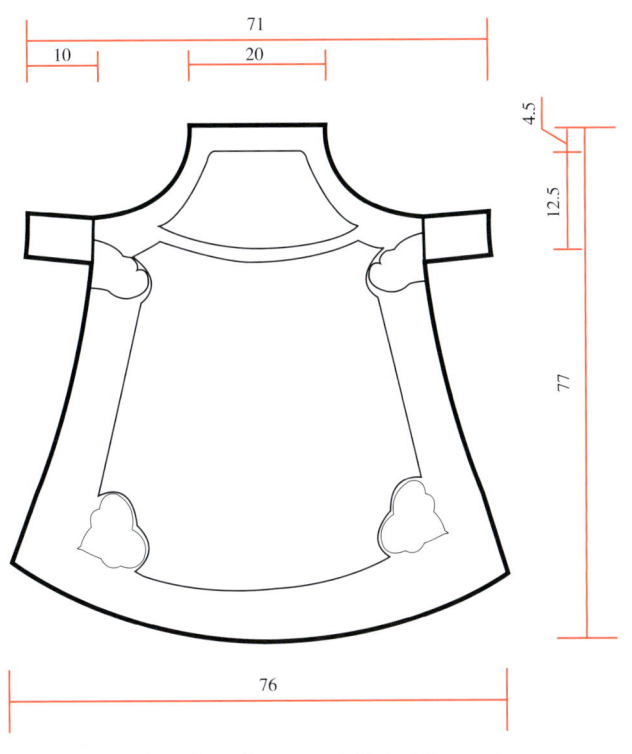

图二 三都县中和镇水族马尾绣围腰展开正视、尺寸图（单位：cm）

图三 马尾绣围腰佩戴效果示意图

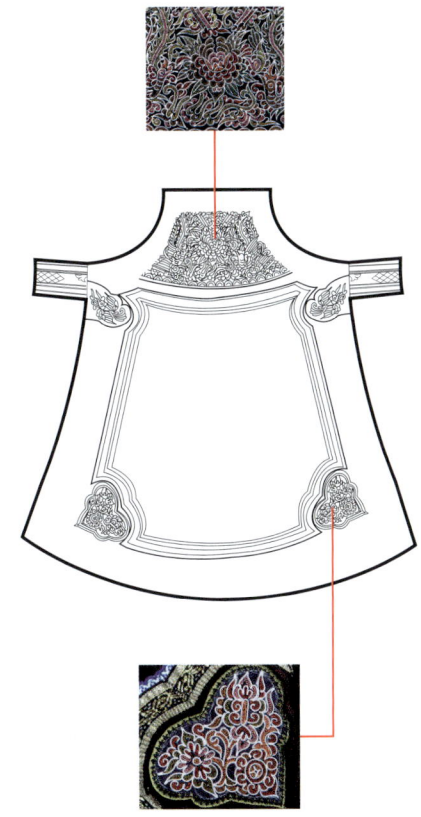

图四 三都县中和镇水族马尾绣围腰细节纹样图

图五 三都县中和镇水族马尾绣围腰细节图

第二章 水族传统服饰

041

水族男子长衫

图一　三都县中和镇水族男子宽袖大襟长衫主图（正面）

长衫也称为大褂，是水族中老年男子普遍穿着的日常服饰之一。该案例采集自贵州省三都县中和镇，制作年代大约是20世纪90年代，大襟右衽，小立领，左右两侧开裾，领口、右锁骨处各有一枚盘扣，腋下三枚。衫长130厘米，腋下宽60厘米，下摆宽80厘米，袖子宽度为30厘米，整体呈"T"字形，不设口袋。长衫用自家纺织、染色的青蓝色平纹棉布制成，单层，布幅宽约35厘米，采用平面裁剪法，受布料宽度所限，长衫的前后两片各由两块布料纵向拼接而成，正中间有接缝，袖子部分左右各用一块布对折后，与前后片连接，在腋下缝合，外侧则没有接缝，袖子的长度就是一匹布的宽度，腋下和袖口宽度一致。

这种宽袖大襟长衫在水族地区长期普遍流行，各地的款式和做法基本一致，长衫的长度依穿着者的身高而定，衣摆长及脚踝，衣袖长及手腕。长衫外还可以搭配对襟短衫或者马褂，马褂外可以再加布带束腰。水族男子长衫通体不作任何装饰，肃穆而庄重，一般是中老年男子在婚丧嫁娶、走亲访友或节庆等隆重场合方才穿着，年轻男子不穿长衫。

图片来源
图一至图二、图四至图五　潘淘洁　摄影
图三　古慧婕　制图

图二 三都县中和镇水族男子宽袖大襟长衫主图（背面）

图三 三都县中和镇水族男子宽袖大襟长衫展开正视、尺寸图（单位：cm）

第二章 水族传统服饰

图四　三都县中和镇水族男子宽袖大襟长衫穿着效果示意图

图五　三都县中和镇水族男子宽袖大襟长衫加马褂穿着效果示意图

水族男子头巾

图一　水族男子佩戴青布头巾主图

　　头巾是包裹头部的织品。青布头巾是水族男子日常服饰的一部分，具有装饰性的同时也有很强的实用性。水族以农耕稻作的小农经济为主，常年需要在田间地头劳作，而头巾能在炎热的夏季保护头部不被炙热的阳光所伤，还能吸纳汗水，冬季则能起到保暖防寒的作用。

　　传统水族男子青布头巾，是用自纺自织的棉布制成。头巾的青蓝、蓝黑颜色是用纯植物染料——蓼蓝草制成的蓝靛经20多次浸染而成，浸染次数越多，颜色越接近黑色。头巾的宽度一般是一尺，约35厘米，长度没有严格规范，约为2米。水族男子头巾十分朴素，没有任何装饰，直接将布匹缠裹于头上即可。另有一种做法，在织布接近完成时，留出长约20厘米的经纱，然后将五六根经纱作一组，揉捻在一起，末端打结，使得头巾末端形成穗状装饰，裹头巾时将有穗的一端从中心掏出，搭在头顶上。

　　水族男子在佩戴青布头巾时，形式多样，方法随意，无须遵从特定的规矩，可以先将头巾扭绞成条再绕头部两三圈后将两端打个活结，也可以不打结，将两端塞入裹好的头巾中即可，这种佩戴方式会产生较多褶皱，看起来较为厚实。也可以将头巾整理平顺，对折两次后再缠绕，这种佩戴方式会显得简洁利落，还可以使头巾完全遮盖头顶。夏季所用头巾较短，以便散热，冬季可选择较长的头巾多缠绕几次，保暖效果较好。

图片来源
图一、图三至图四　潘淘洁　摄影
图二　古慧婕　制图

图二 水族男子青布头巾展开尺寸图（单位：cm）

图三 水族男子佩戴青布头巾效果示意图

图四 水族男子佩戴青布头巾操作示意图

水族女式钉子鞋

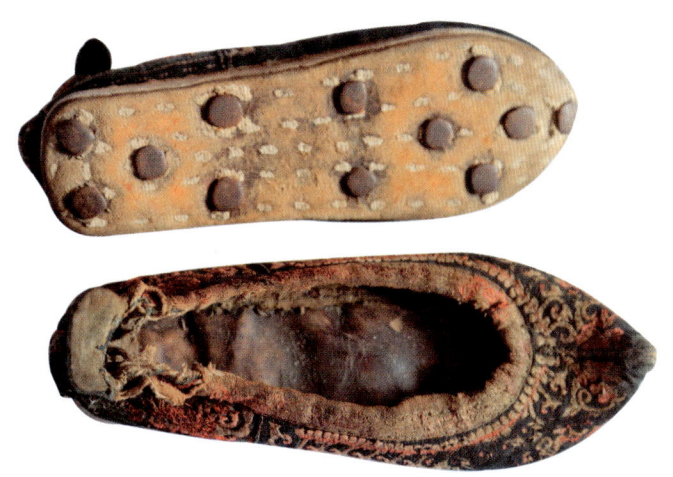

图一　清代三都县水族女式牛皮钉子鞋主图

钉子鞋是指鞋底钉有铁钉以防走路滑倒的一种鞋子，或称防滑鞋。水族的女式钉子鞋水语汉字谐音为"者毕免"，"者毕"则为钉子鞋、皮鞋的统称。

本案例采集自三都水族自治县，制作年代约为清末，鞋长 24 厘米，最宽处 8 厘米，鞋尖上翘，用棉布、牛皮和铁钉制作而成。鞋帮用青色土布做鞋面，用彩色丝线平绣装饰花纹，用彩色丝线挑绣锁鞋口。鞋帮没有用桐油浸抹。鞋底分三层，中层为多层布料，上下用牛皮夹住，用粗麻线稀疏固定，然后用 12 枚铁钉（状如未展开的小蘑菇）钉牢加固。鞋内用牛皮衬底。水族聚居的南方地区，多山陵丘壑，气候多雨潮湿，普通的草鞋、布鞋在泥泞的山地行走十分不便，常常滑倒。而钉子鞋鞋底的铁钉使鞋面和地面的接触面积减小，增加摩擦力，并在一定程度上起隔水作用。

这种钉子鞋在当时的物质条件下，算得上是奢侈之物。本案例鞋面上采用平绣技法绣出繁密的花草纹样，鞋口包边采用的是水族独特的编织绣技法；鞋帮深蓝色底布，配红黄色为主的绣花。这双女式钉子鞋虽磨损、褪色严重，但仍不难看出其质地优良、做工精湛，纹样的布局疏密得当，适形而变，色彩搭配雅而不俗。

图片来源
图一、图三、图六　潘淘洁　摄影
图二、图四至图五　古慧婕　制图

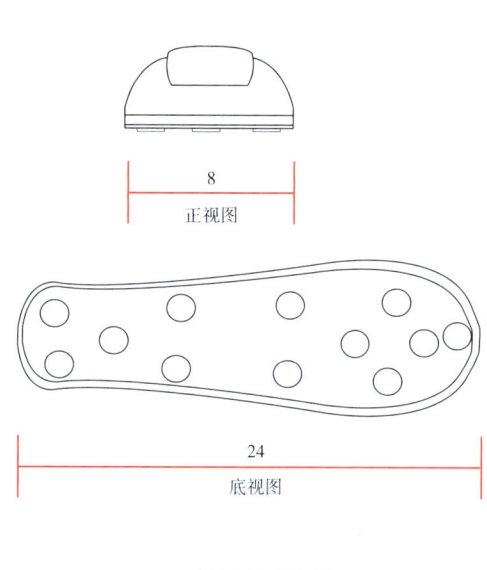

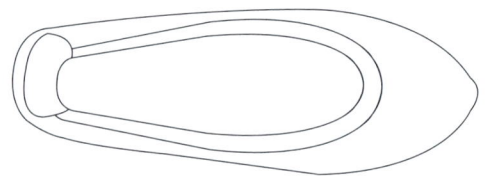

图二 清代三都县水族女式牛皮钉子鞋
三视、尺寸图（单位：cm）

图三 清代三都县水族女式牛皮钉子鞋侧视图

棉布绣花鞋帮
多层棉布底
两层牛皮底
铁钉

图四 清代三都县水族女式牛皮钉子鞋结构名称图

图五 清代三都县水族女式牛皮钉子鞋刺绣纹样图

图六 清代三都县水族女式牛皮钉子鞋刺绣细节图

水族男式钉子鞋

图一　清代三都县水族男式牛皮钉子鞋主图

钉子鞋是指鞋底钉有铁钉以防走路滑倒的一种鞋子，或称防滑鞋。

本案例采集自三都水族自治县，制作年代约为清末，鞋长28厘米，最宽处9厘米，用棉布、牛皮和铁钉制作而成。水族聚居的南方地区，多山陵丘壑，气候多雨潮湿，普通的草鞋、布鞋在泥泞的山地行走十分不便，常常滑倒。这双男式钉子鞋鞋底用6层牛皮叠压，用粗线环绕边缘定线固定，然后用16枚鞋钉（鞋钉状如未展开的小蘑菇）钉牢加固。在湿滑的路面上行走，鞋底的铁钉使鞋面和地面的接触面积减小，增加摩擦力，并在一定程度上起隔水作用。鞋帮鞋面用灰蓝土布制成，深蓝色土布包边，饰以深蓝色布贴绣，极具特色；鞋尖用丝线锁边的三叠云头纹布贴图案装饰，层次分明；鞋边、鞋跟处也有布贴云朵纹样装饰。为防雨水，鞋帮还用桐油涂抹过。

这种钉子鞋在当时的物质条件下，算得上是奢侈之物。本案例的男式钉子鞋是水族地区极少见到的质地优良、做工精细、装饰雅致的上品，其主人现在虽不可考，但定属富贵人家。水族地区过去常见的普通钉子鞋，是用麻线纳的布鞋底，鞋帮用密匝针线缝制使布料贴实，然后整件鞋子浸入桐油中浸泡，沥油晾干之后使用，能起到一定的防水防滑效果。

图片来源
图一、图三、图六　潘淘洁　摄影
图二、图四至图五　古慧婕　制图

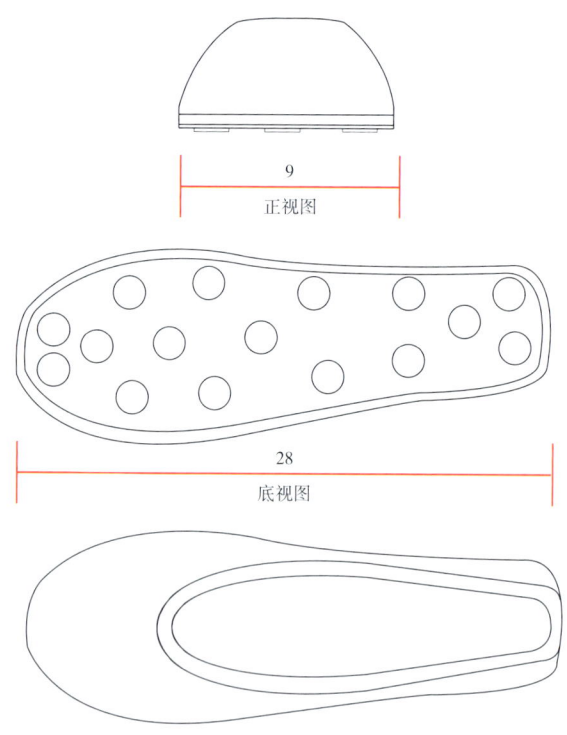

图三　清代三都县水族男式牛皮钉子鞋侧视图

图二　清代三都县水族男式牛皮钉子鞋三视、尺寸图
（单位：cm）

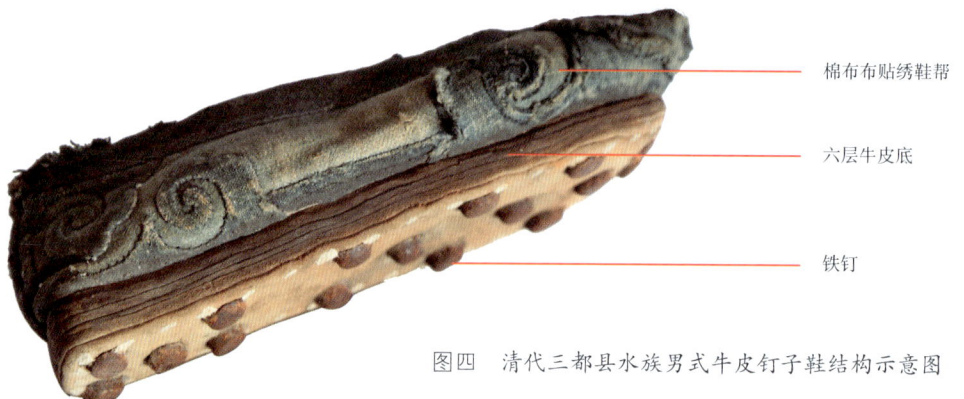

棉布布贴绣鞋帮

六层牛皮底

铁钉

图四　清代三都县水族男式牛皮钉子鞋结构示意图

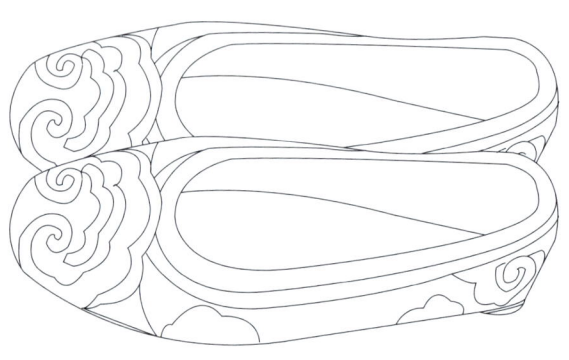

图五　清代三都县水族男式牛皮钉子鞋装饰纹样分析图

图六　清代三都县水族男士牛皮钉子鞋鞋尖布贴绣细节图

水族翘尖马尾绣花布鞋

图一　三都县水族翘尖马尾绣花布鞋主图

　　翘尖马尾绣布鞋是具有水族特色的、水族地区妇女普遍穿着的一种刺绣布鞋。由于水族妇女服饰总体而言素净淡雅，因此绣花鞋常常成为服饰中的亮点，水族妇女也非常重视这种绣花布鞋的制作，工序繁杂、耗时长久也在所不惜。

　　水族翘尖马尾绣花鞋的鞋底为布制千层底，先是先用干竹笋叶等植物叶片剪出鞋底形状，再用旧棉布层层糨糊、层层加厚至 1 厘米左右，再加一层厚约 0.5 厘米、用新棉布叠成的内垫，然后用白棉线一针一线细密地纳缝，针脚间距不超过 1 厘米。鞋底最宽处是前脚掌的部分，从最宽部分到鞋尖则迅速收窄，以致鞋尖会形成 30 度左右的尖角并且继续向上翻翘，向上向内弯曲约 2 厘米~3 厘米。这种翘尖绣花鞋平放时，前端是不着地的。制作时鞋底层要逐渐向鞋尖方向变薄，而鞋面的前端要开一个弧形的口子，以便将鞋底弯勾的部分分两侧缝合。翘尖绣花鞋较之普通绣花鞋更具有立体感，并且有利于保护鞋尖，在穿着过程中鞋尖不易磨损。

　　翘尖马尾绣布鞋的鞋面是一个"U"形的整体，大部分的做法是前面 2/3 的区域用马尾绣作精美装饰，多是用细密的花草图案；后跟 1/3 处则用大块面的布贴绣装饰，绲有金箔边，颜色对比强烈；而鞋口一圈则采用双色线编织绣作宽约 1 厘米的几何纹样装饰带。鞋面刺绣完工后，还要加上白色棉布内衬，再沿鞋底边缘缝合。由于有了内衬，刺绣的针迹被隐藏起来，鞋子内部看起来清爽整洁，穿着舒适度更好，而且更有利于保护绣线免受钩挂、磨损。

　　制作一双翘尖马尾绣布鞋总共需要运用 3 种~6 种刺绣技法，刺绣图案既有连续的菱形几何纹样，也有适形而变的花卉、藤蔓、鸟雀的变形纹样，纹样精美、技艺精湛。

图片来源
图一、图三、图五至图七　潘淘洁　摄影
图二、图四　古慧婕　制图

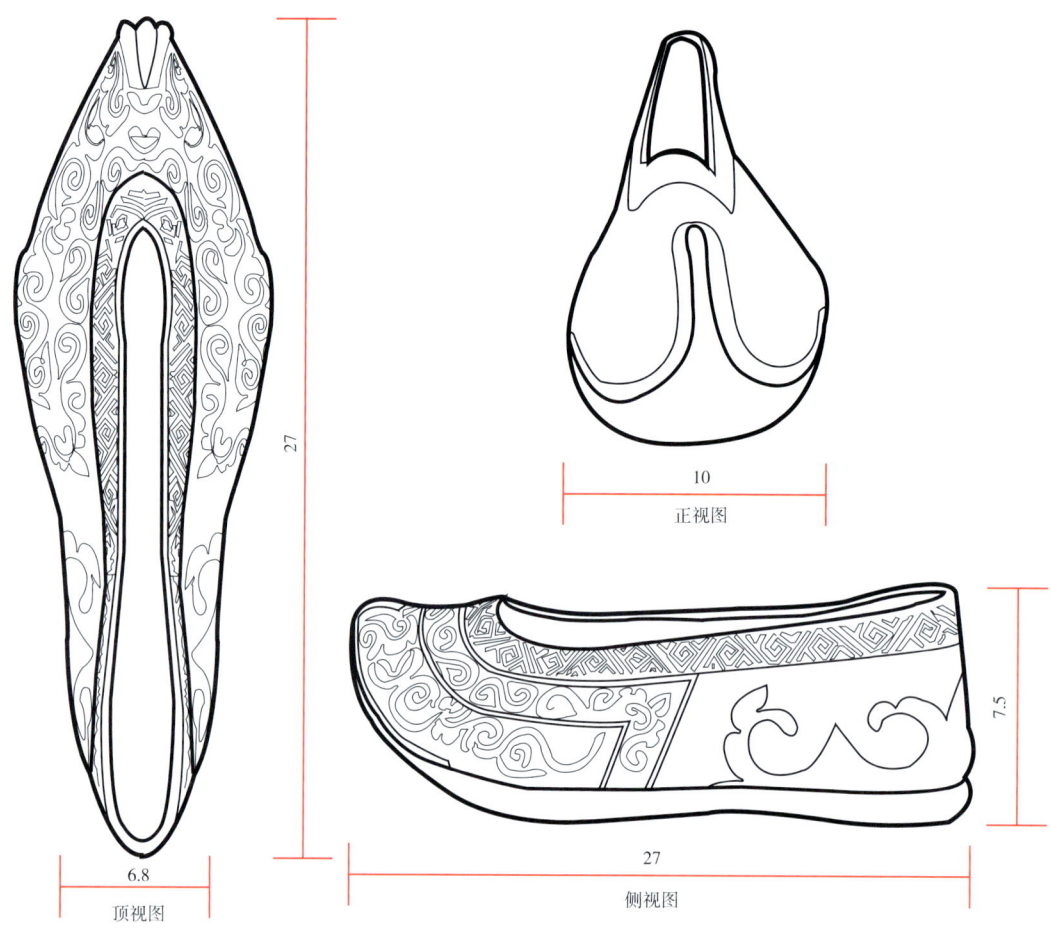

图二　三都县水族翘尖马尾绣花布鞋三视、尺寸图（单位：cm）

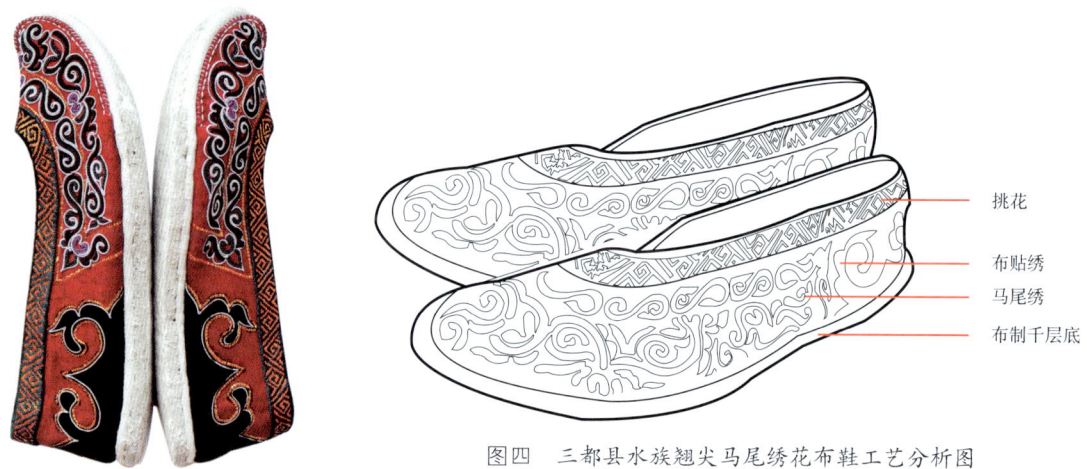

图三　三都县水族翘尖马尾绣花布鞋侧视图

图四　三都县水族翘尖马尾绣花布鞋工艺分析图

挑花
布贴绣
马尾绣
布制千层底

图五 三都县水族翘尖马尾绣花布鞋裙装搭配效果示意图

图六 三都县水族翘尖马尾绣花布鞋裤装搭配效果示意图

图七 水族马尾绣花布鞋鞋面展开图

水族马尾绣银佛童帽

图一　三都县水族马尾绣银佛童帽主图（正面）

马尾绣银佛童帽是水族儿童服饰中最具代表性的作品，具有保暖、遮阳的实用功能，而且造型独特、做工精美，具有很高的民族辨识度。

本案例采集自贵州省三都县，适合2岁~5岁孩童佩戴，宽度约17厘米，高度15厘米，可分为帽盖和帽顶装饰两部分。帽盖部分呈半球体，用印花棉布夹棉制成，正面半圈钉有9个用薄银片模压的、神态各异的佛像，佛像下面是9颗银钉，左右两端、耳朵上方还各钉有一块大圆片。帽顶的装饰形如一个五峰的笔山，由正反两片绣片组成，顶部缝合，底部分别固定在帽盖顶部的中央，绣片用黑色棉布作底，内中用马尾绣花草图案填充，边缘用彩色丝线锁边，每个峰顶缀有一个毛线球。

马尾绣银佛童帽的制作十分繁琐，母亲一针一线的绣活儿倾注了满腔爱护，而银饰的使用体现了父母希望银器能驱邪避凶、保护孩童健康成长的期望，同时也是家庭富足的表现。

这顶童帽同样由四块绣片组成，形似我国传统建筑中的庑殿顶，六个角还分别钉有银花，中心还在银花内饰有彩色毛线制成的花蕊，正面有上下两排银罗汉，背后是各式银片坠着铃铛，随孩子的动作环佩叮当，十分华丽可爱。

图片来源
图一至图三、图六、图八至图九　潘淘洁　摄影
图四至图五、图七　古慧婕　制图

图二　三都县水族马尾绣银佛童帽主图（背面）

图三　三都县水族马尾绣银佛童帽主图（侧面）

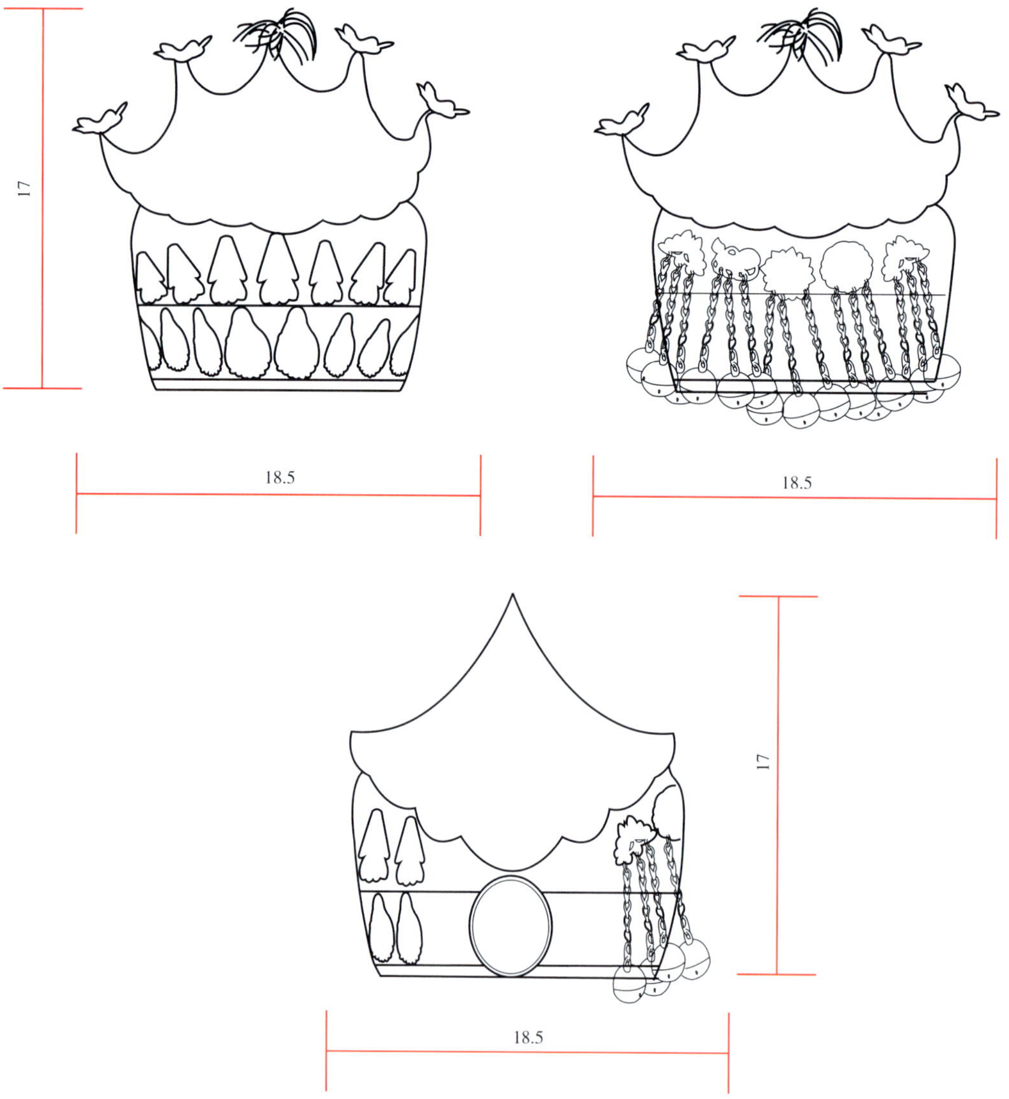

图四　三都县水族马尾绣银佛童帽正视、尺寸图（单位：cm）

图五　三都县水族马尾绣银佛童帽正面刺绣纹样图

图六 榕江地区水族童帽佩戴效果示意图

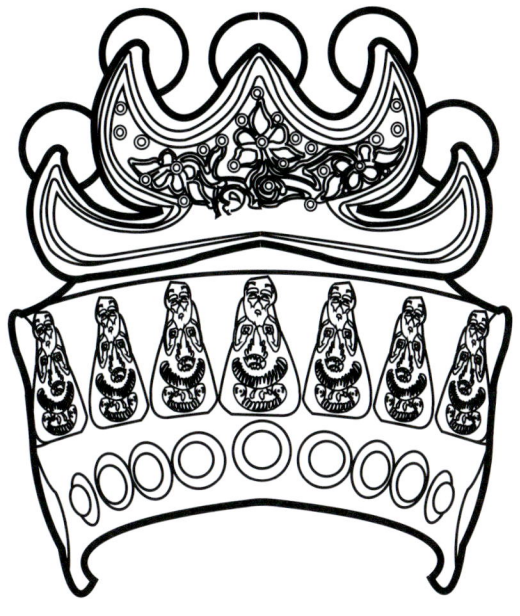
图七 榕江地区水族童帽装饰纹样图

图八 其他造型的水族男童帽

图九 其他造型的水族女童帽

水族马尾绣荷包

图一　三都县中和镇水族马尾绣荷包主图

荷包是中国自古便广为使用的一种贴身小包袋，用来盛放零星细软之物。水族妇女普遍佩戴、使用的荷包，多为亲手制作，用于放置少量针线、零钱等。水族的荷包形状多为上窄下宽的梯形，整体扁平，底边圆角，上部有搭盖封口；多运用水族独特的马尾绣工艺作刺绣装饰，做工精致，造型美观。

本案例采集自三都水族自治县中和镇，荷包的制作时间大约为20世纪50年代，总体品相完好，刺绣工艺精美、手法多样，色彩浓烈而不艳俗，最宽处约14厘米，高度12厘米，背面为蓝色棉布，厚度约0.8厘米。包盖下端由三段连续的弧线组成，中间部分略凸出，最外沿用橘色丝线包金箔丝锁边，紧接着沿边缘轮廓装饰了一条灰绿色辫带，在红色丝绸底布正中，用白色马尾绣线盘缀出"寿"字纹样，两侧辅以藤蔓变形纹样，在轮廓之中，选用灰蓝色、紫色、灰绿色丝线，以拉锁绣针法填充；荷包的包身正面，沿外轮廓用编织绣针法，用土黄色和橘色丝线编织出一圈宽约2厘米的菱形几何纹样，中间部分则是基本对称的花草藤蔓图案，刺绣手法及配色与包盖相同。荷包绣好后，水族妇女还会在荷包上钉上小铜片，这种做法也常出现在水族刺绣背带等孩童使用的物件上，是水族特有的一种刺绣装饰手法。在水族人民意识中，铜是驱邪避害的灵物，能保佑孩子健康成长。荷包绣好后，在包身顶端两侧钉上挂绳，以便携带。

图片来源
图一、图五　潘淘洁　摄影
图二至图四　古慧婕　制图

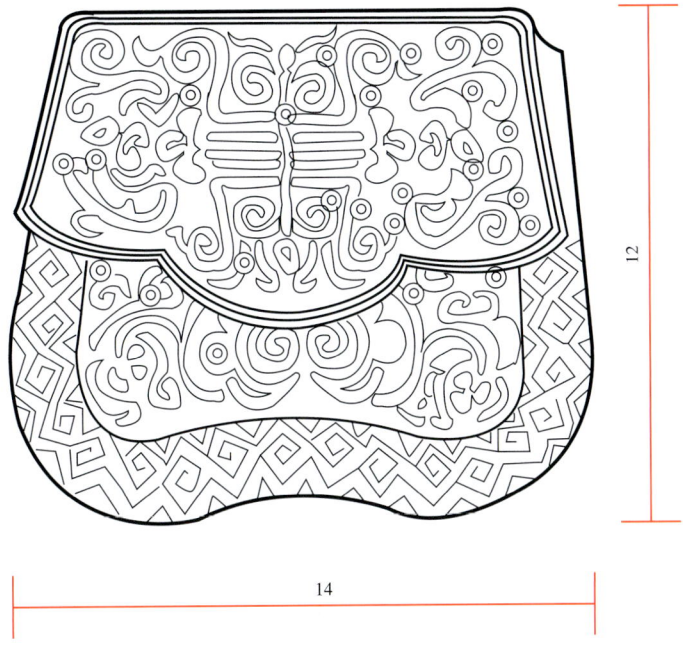

图二　三都县中和镇水族马尾绣荷包正视、尺寸图（单位：cm）

锁绣填充
马尾绣勾勒轮廓
钉缀铜片装饰
挑刺绣勾边

图三　三都县中和镇水族马尾绣荷包刺绣工艺分析图

寿字纹样

藤蔓变形纹样

花草藤蔓纹样

菱形几何纹样

图四　三都县中和镇水族马尾绣荷包纹样解析图

图五　水族刺绣荷包效果示意图

第三章 水族传统餐饮

葫芦勺

图一　舀水葫芦勺主图

葫芦勺是用成熟的葫芦果实制成的日用舀具。葫芦是葫芦科葫芦属的一种一年生草本爬藤植物，其果实成熟后经晾晒、加工可作为各种容器、舀具等。

舀水用的葫芦勺选取个头大、肚子鼓的葫芦，纵向对切两半，总长 34 厘米，最宽处 20 厘米，粗大的一端盛装物品，较细的一端用于手持，除了舀水还可以舀米、舀猪食等。舀酒用的葫芦勺选取个头较小的、上半部细长条状的葫芦制作，总长 36 厘米，为了增大容量，小葫芦不会对半剖开，而是切去肚子处侧边 1/3 或 1/4，保留大半部完整，直径约 10 厘米。细长的上半部分很适合做把手，伸入坛罐中，用于舀酒、舀油等液体，直径约 2.5 厘米。

制作葫芦勺，要选择生长期长、重量重、密度高的葫芦为佳，采摘之后立即除去外皮，悬挂风干之后外皮呈茶黄色，时间越长颜色越深，逐渐变成熟褐色，并在表面形成一层包浆，玉润光滑。葫芦勺这种用植物果实简单加工而成的器具，给水族人的日常生活带来了极大的便利，是不可或缺的重要工具。

图片来源
图一、图三、图六至图七　潘淘洁　摄影
图二、图四至图五　古慧婕　制图

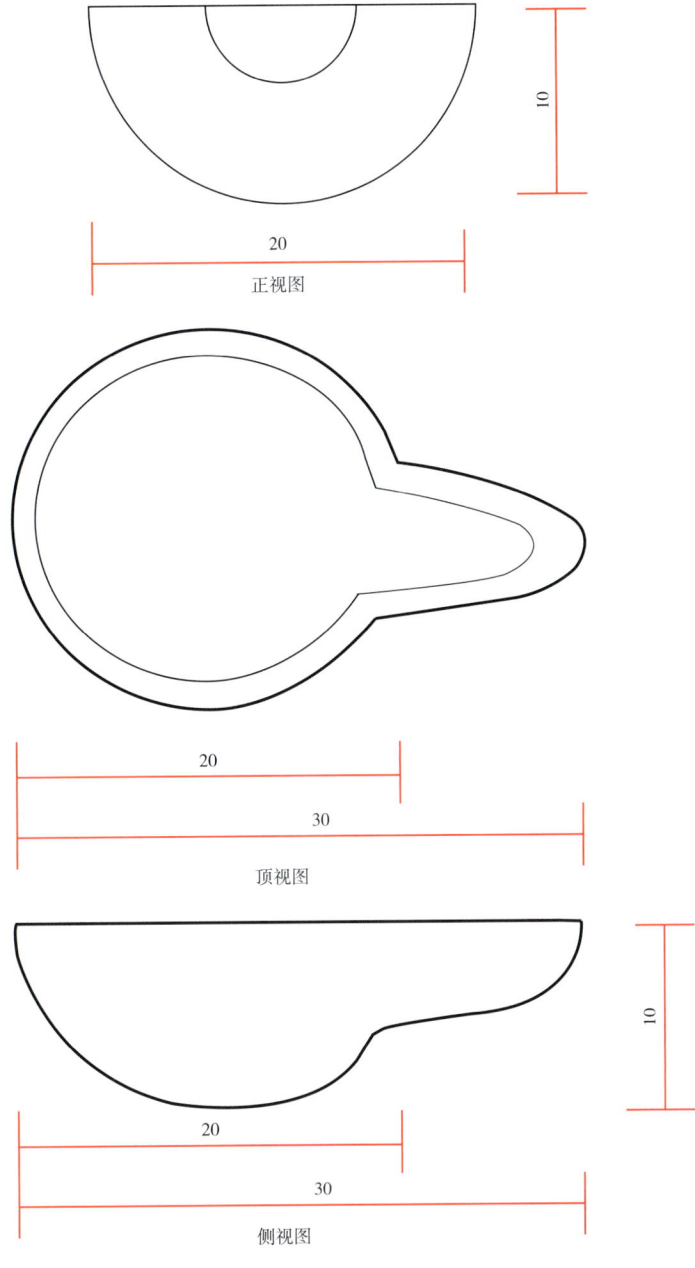

图二 舀水葫芦勺三视、尺寸图（单位：cm）

图三 舀酒葫芦勺主图

第三章 水族传统餐饮

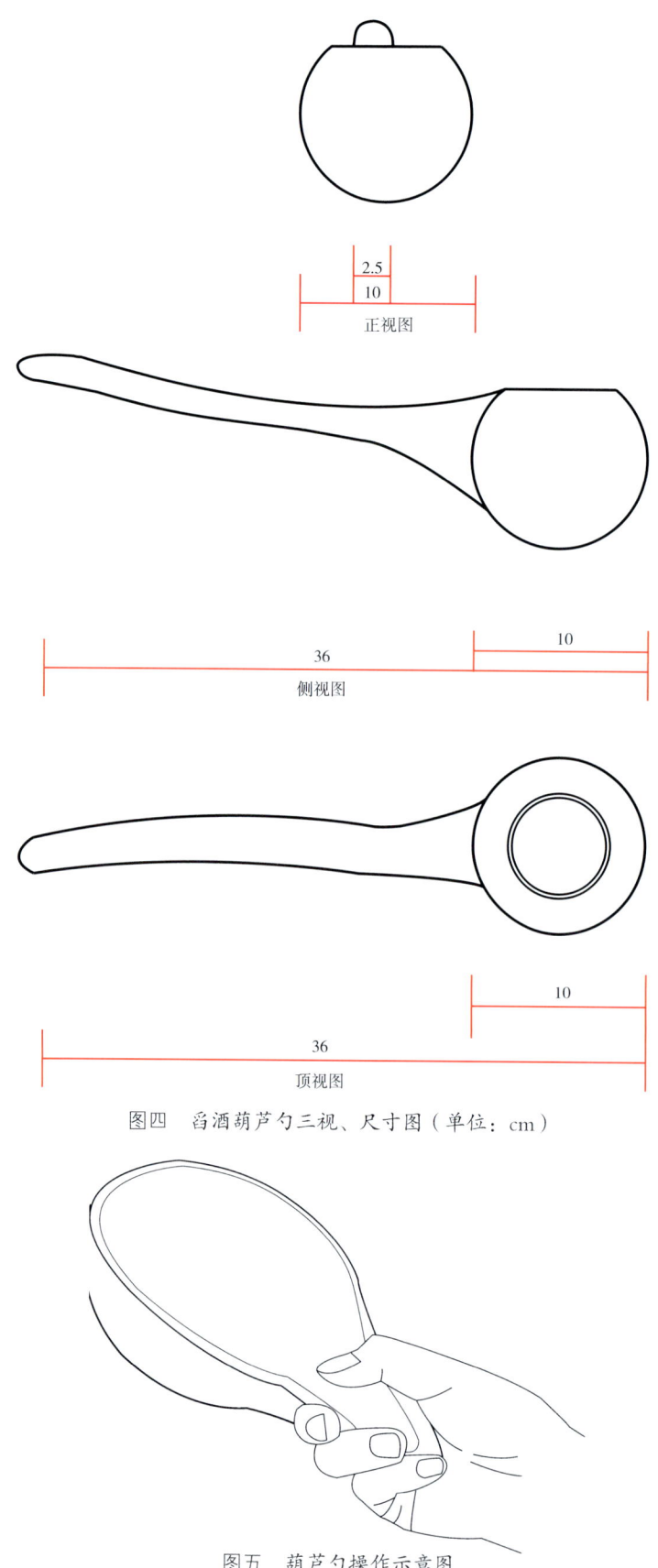

图四　舀酒葫芦勺三视、尺寸图（单位：cm）

图五　葫芦勺操作示意图

图六　去皮晒干后的葫芦

图七　祭祀台上盛有米酒的葫芦勺

水族竹编葫芦酒坛

图一　三都县塘州乡水族竹编葫芦酒坛主图

葫芦酒坛是水族常用的一种储酒器，水语的汉字谐音为"簸蕲"。竹编葫芦酒坛是选用个大成熟的葫芦瓜用于储酒，其外用竹篾条编制成一个"底座"，使得葫芦可以被稳当地放置。本案例采集自三都水族自治县塘州乡，总高度27厘米，最宽处直径20厘米，竹编的外框高至葫芦的腰部，紧紧贴合葫芦外形，底座部分稍稍外延，这样的造型使用起来更加稳当。葫芦腰部还系有一根绳子，可以将酒坛挂在墙上或背在身上。

制作竹编葫芦酒坛，选取农家自种的葫芦瓜中肚大、圆整的，锯掉瓜蒂部分，开一个口子装酒倒酒，同时从口子处掏空葫芦的内瓤瓜子，清洗干净后晾晒，另用木头或草编制成塞子。外层的竹编护套可以有效保护葫芦不受磕碰损伤，同时方便搬动、携带、放平稳。竹编外套是从葫芦底部开始反向编制的，大小随葫芦大小而变。过去缺乏轻型的储酒器具，水族人民就地取材制作的这类带竹编外套的葫芦酒坛，既实用方便又经济实惠，可以方便安全地储运酒水，外出劳作时也可以用它储备饮用水。

图片来源
图一至图二　潘淘洁　摄影
图三至图五　胡晓斐　制图

图二　三都县塘州乡水族竹编葫芦酒坛底面图

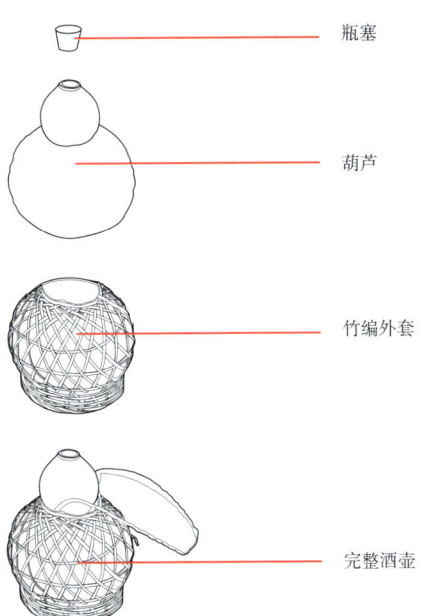

图四　三都县塘州乡水族竹编葫芦酒坛构造解析图

瓶塞
葫芦
竹编外套
完整酒壶

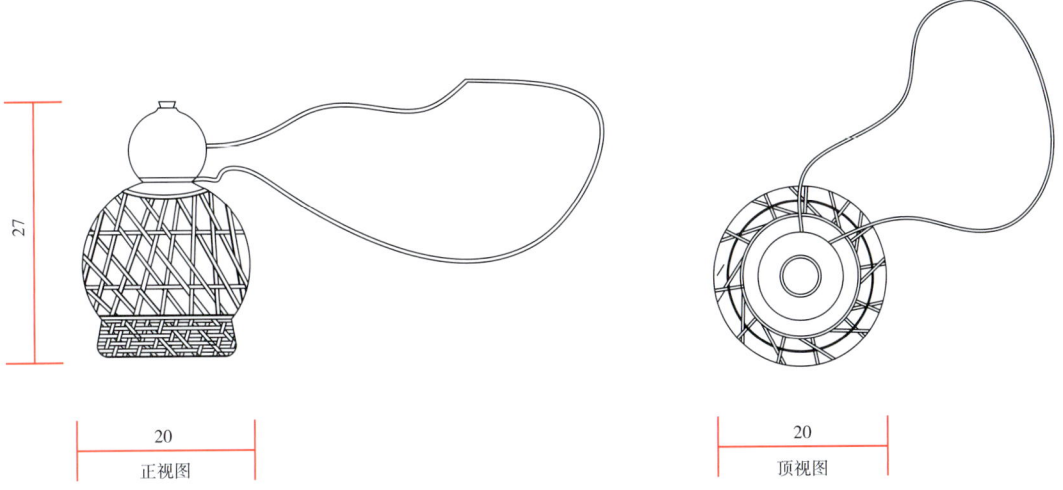

正视图　　　　　　　　　顶视图

图三　三都县塘州乡水族竹编葫芦酒坛三视、尺寸图（单位：cm）

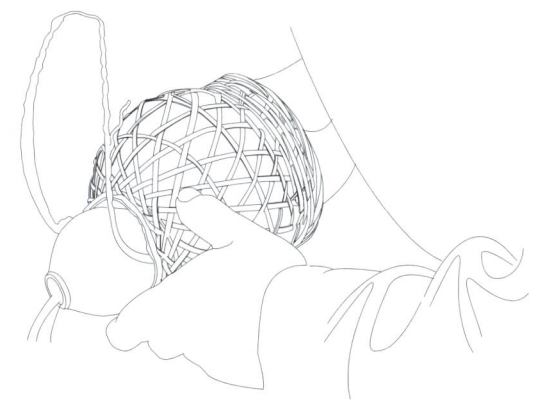

图五　水族葫芦酒坛操作示意图

第三章　水族传统餐饮

067

水族夯土灶台

图一　水族家庭传统土灶主图

传统水族家庭的灶台一般布局在主屋之外的偏厦，用泥土夯砌而成，肩负着全家一日三餐制作、饮用热水烧煮、牲畜饲料加工等重任。

水族家庭的夯土灶台普遍打造为上窄下宽的梯形立方体，常见的有单眼灶和双眼灶两种，单眼灶的长度为80厘米~100厘米，双眼灶则可达150厘米~180厘米，高约70厘米，宽为80厘米~100厘米。灶的正立面开有灶眼，从此处往灶膛里添加柴火，火势不旺时也可用扇子从灶眼处扇风；背面留孔排烟，水族灶台大多不设烟囱，直接排出屋外。夯土灶必须配合大铁锅使用，炒和煮直接在大铁锅中进行，蒸则在大铁锅上架设木制甑子。除了日常餐食的制作，灶台铁锅还常常用于烘干粮食、蒸馏米酒等，用途广泛。

近些年很多水族家庭开始用砖块和混凝土修筑灶台，用法、用途与传统无异；在水族乡村通电之后，电磁炉、电炉等日用电器开始逐渐取代了传统灶台的部分功能。

图片来源
图一、图四至图五　潘淘洁　摄影
图二至图三　古慧婕　制图

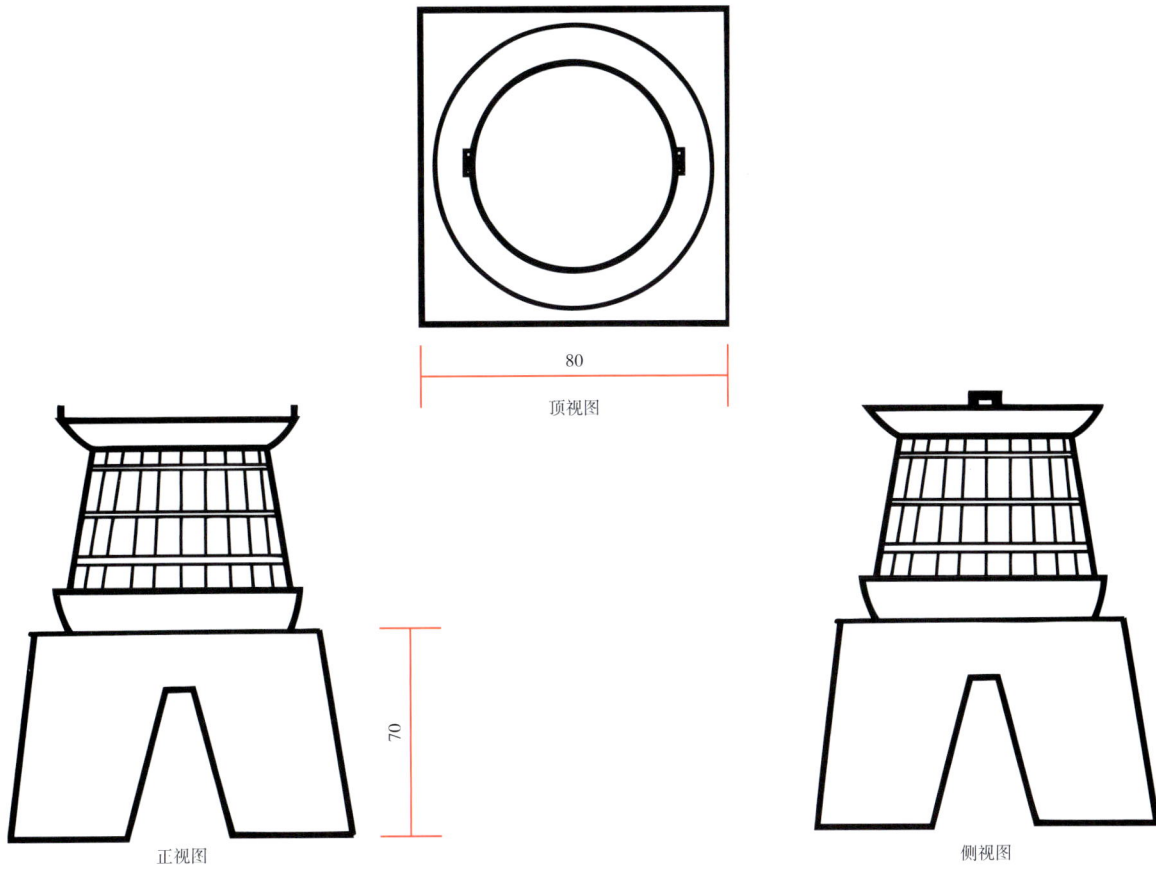

图二 水族家庭传统土灶三视、尺寸图（单位：cm）

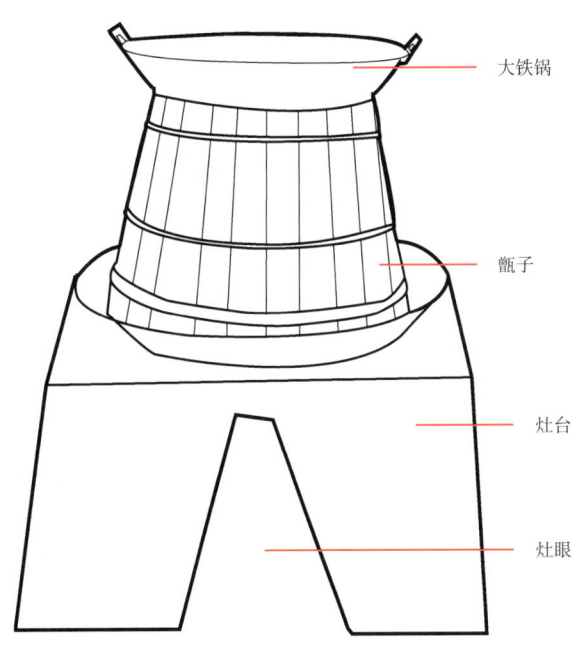

图三 水族家庭传统土灶结构名称图

图四 水族家庭传统双眼土灶效果示意图

图五 水族家庭传统土灶效果示意图

广菜

图一　广菜主图

广菜是一种叶用芋，天南星科芋属，多年生宿根性草本植物。广菜喜高温多湿的环境，生长的旺盛期不可缺水，水族大部分聚居地都很适合广菜的生长，尤其是在夏季，田间地头池塘边，野生的广菜郁郁葱葱，茂盛茁壮。成熟的广菜高度超过1米，通体碧绿，叶柄粗壮，从下向上逐渐变细，叶片宽大，呈瘦长的心形，长20厘米~50厘米。

广菜这种叶用芋不同于芋头等球茎芋，食用的部分主要是长长的叶柄，根茎和叶片都弃而不用。将成熟的广菜用刀把叶柄贴地割下，撕去叶片，仅留存纤长的叶柄供食用。

水族人民食用广菜的方式主要有以下几种：

（1）将广菜叶柄切段或滚刀块，放入酸汤火锅中当作香料调味；

（2）将广菜叶柄纵向撕开，煮素酸汤时连同其他菜蔬一起煮熟，作为蔬菜食用；

（3）制作鱼包韭菜等菜肴时，当作调味香料使用。

大部分广菜都是野生，无须人工打理、施肥，属纯天然的绿色食材。新鲜广菜味道清淡，有独特的清香，广受水族人民喜爱。

图片来源

图一至图五　潘淘洁　摄影

图二 广菜生长环境图

图三 广菜叶面图

图四 人民食用广菜取叶柄部分

图五 正在被包入鱼腹中的广菜

木姜子

图一　木姜子主图

木姜子是木姜树的果实，又名山鸡椒、山胡椒等，为樟科植物，木姜子属落叶灌木或小乔木，树高可达八九米，适应性强，生长迅速，主要分布于我国长江以南各省区及东南亚各地，多为野生，水族聚居地区随处可见。幼年木姜树的树皮光滑，呈黄绿色，老树树皮则为深褐色。木姜子性味辛、微苦，有香气，无毒，树根、树皮及叶子均可供药用。木姜树每年7月至9月结果，11月至次年4月开花，木姜子的果实大小与花椒类似，直径约5毫米，表面光滑，幼时绿色，成熟则变黑色，木姜花则为黄绿色。

木姜子的果、花、叶均具有芳香味，口感清凉、微辛，有开胃健脾、温肾健胃、行气散结的功效，老少皆宜。因此木姜子和木姜花备受水族人民的喜爱，无论何种季节，多种菜肴中均会使用木姜子或木姜花调味，主要的食用方式如下：

（1）用于各类酸汤火锅及蘸水中。这是木姜子在水族地区最主要的食用方式。一种做法是直接将新鲜的木姜子连枝洗净后放入火锅中煮，清香四溢；还可以将木姜子或木姜花连枝放在火上烤一会儿，待烤脆后碾压成粉末撒入锅中或蘸水碗里。

（2）腌制各类泡菜时放入调味。

（3）直接食用或用酱油等调料腌制后直接食用。《贵州民间药物》中介绍木姜子具有"健脾燥湿，助消化，外治疮毒"的功效（贵州省中医研究所编：《贵州民间药物》第一辑，贵州人民出版社，1965年），因此在木姜子成熟的夏季，行走在山野地头的水族乡亲常会随手采摘木姜子咀嚼，不仅能够调气消食，还能防治暑湿吐泻，另外若是有皮肤生疮，可将木姜子嚼碎后敷于伤口处，可止痛止痒，并有一定的治疗效果。

（4）用水蒸气蒸馏法从木姜子中提取

精油制成木姜子油作为香料，有柠檬的香气，除膻祛腥、提味增鲜。木姜子油可储藏较长时间，并且食用方便。

图片来源

图一至图五　潘淘洁　摄影

图二　结满木姜花的木姜树

图三　秋冬季节食用的木姜花

图四　腌制好可直接食用的木姜子

图五　蒸馏法提炼的木姜子油

野韭菜

图一　野韭菜主图

野韭菜也称山韭、宽叶韭，是中国南方山区常见的一种野生百合科多年生草本植物。野韭菜喜好的生长环境是海拔 2000 米以下、潮湿的山林、坡地、低洼肥沃的田头地边，水族聚居地区随处可见。

野韭菜适应性很强，生长速度快、几乎无病虫害、繁殖能力很强，全年均可多次采割取用，并且越割得勤越长得快，通常成片生长，绿油油的一片像是草坪。野韭菜叶片呈条形，长 30 厘米~40 厘米，宽 1.5 厘米~2.5 厘米，叶中脉明显。水族人民采割野韭菜时一般距地 10 厘米左右、割取鲜嫩的叶片，花薹弃之。

水族传统饮食中食用野韭菜的方式很多，制作水族著名的菜肴——鱼包韭菜，野韭菜便是必备之物。将采割的新鲜韭菜洗净后一束束地填入鱼腹中，用糯米草捆扎后入蒸笼长时间蒸煮，使野韭菜的香味渗入鱼肉中，去腥解腻，风味独特；另外野韭菜也作日常菜蔬食用，可以炒、凉拌、煮汤等；秋季还可挖掘野韭菜的根须，洗净后用坛罐腌制成开胃凉菜食用。

野韭菜营养丰富，具有散血解毒、补肾益阳、调整脏腑、降低胆固醇等作用，在水族地区是一年四季老少皆宜的食材。

图片来源
图一至图五　潘淘洁　摄影

图二　成片长在洼地里的野韭菜

图四　韭菜根须

图三　采割的新鲜韭菜

图五　水族名菜——鱼包韭菜制作中

水族酸汤

图一 水族用酸汤煮制的火锅汤底

酸汤是水族极富特色、人人喜爱、家家制作的一种美食。水族酸汤主要有辣椒酸（新鲜红辣椒制成）、毛辣角酸（西红柿制成）、鱼酸（鱼虾制成）、臭酸（猪、牛骨熬制而成）等多种类型。其中以辣酸为最常用、最受欢迎。辣酸选用当季新鲜红辣椒、生姜及大蒜等，淘洗干净后用磨子磨成浆，然后加入大量甜酒（或糯米稀饭），放入坛罐中密封，经两周左右的发酵，即成美味酸汤原料。而毛辣角酸是选用新鲜西红柿，淘洗干净后一个个在盐里滚一圈，然后码放进洗干净的坛罐里，然后盖上坛盖，加满坛弦水以便隔绝空气进入，发酵约一个月即可食用。酸汤只要存储得当，可以保持两三年不变质。

酸汤可用于煮蔬菜汤，把白菜、青菜、嫩竹笋、大叶韭菜、广菜等各种蔬菜煮熟，然后舀适当酸汤放入煮开即可。水族家庭在夏季常煮一大锅酸汤蔬菜，自然冷却后全天可随时饮用，解暑开胃；而最常用也最受欢迎的做法是煮火锅，将猪油烧热后舀入酸汤略略煸炒，然后加入清水或高汤制成锅底，烫煮猪牛肉、豆腐、鱼、蔬菜等，味道鲜美，十分开胃。

图片来源
图一至图五　潘淘洁　摄影

图二　水族制作辣椒酸的原材料——新鲜红辣椒

新鲜木姜子

新鲜花椒　　新鲜广菜杆

图四　水族酸汤必备配料

图三　水族制作毛辣角酸的原材料——新鲜西红柿

图五　水族酸汤火锅常见配菜

水族鱼包韭菜

图一　水族鱼包韭菜主图

　　在水族的肉食中，鱼占有较重要的地位，几乎家家都在水田或池塘中养鱼，常吃的有鲤鱼、鲫鱼、鲭鱼、鳜鱼等，并以之作为祭典和待客的佳品。传说远古时代，水族地区被洪水、疾病、贫困、饥饿的阴云笼罩着，水族先民面对灾难无所畏惧，想尽各种办法与疾病展开顽强的斗争，其中一种采集了九种当地蔬菜和鱼虾合制而成的良药妙方治好许多在病魔中挣扎的水族人民。他们重建家园，水乡很快又恢复了原有的青春活力。可遗憾的是随着岁月的流逝，药方失传了，为表达对先辈的敬慕和怀念，水家人用韭菜代替九种菜，沿袭至今成为水族名菜——鱼包韭菜，在隆重的节庆活动里款待客人以示祝愿安康，也被用作祭品表达对先人的怀念。

　　烹制鱼包韭菜需选用鲜活的、重约1斤~2斤的鲤鱼或草鱼，去鳞、去鳃后，沿背部剖开，保留腹部相连，除去内杂后清洗干净，洒上醇香的九阡酒，拌上香葱、大蒜、生姜、花椒、糟辣椒等佐料，加上少量食盐，然后再将洗净的宽叶韭菜、广菜充填在鱼腹内，将两半鱼身合拢，用糯米稻草扎牢，放入大锅内清炖或大甑子中清蒸即成。

　　端午是水族人民最隆重而盛大的年节。每年水历十二月（即阴历的八月）至次年的二月上旬（即阴历的十月上旬）水乡各地秋收过后，每逢亥日各地区水族同胞分批"过端"。在戌日的晚上和亥日的早上，每家每户都要举行庄严、隆重的祭祖活动。"过端"祭祖时鱼包韭菜是必备的供品，所以水族人民有"无鱼不成年"的习俗。在"过端"祭祖时是要忌荤的，但忌荤不忌鱼虾，这也成为水族独特的风俗。

图片来源
图一至图十一　潘淘洁　摄影

图三　水族鱼包韭菜原材料——鲤鱼

图二　水族鱼包韭菜原材料——韭菜和广菜

图四　水族鱼包韭菜原材料——甜糟辣

图五　水族鱼包韭菜原材料——糯米稻草

图六　水族鱼包韭菜未蒸煮前

图七 水族鱼包韭菜蒸熟后

图八 水族鱼包韭菜制作流程图1

图九 水族鱼包韭菜制作流程图2

图十 水族鱼包韭菜制作流程图3

图十一 水族鱼包韭菜制作流程图4

水族九阡酒

图一　三都县九阡镇水族九阡酒主图

九阡酒因产于贵州省三都水族自治县九阡镇而得名。九阡酒是水族著名的传统特产，属黄酒类，酒精浓度16度~25度，香型独特、味道醇正。以九阡当地产的优质糯米为原料，以120余种草木中药熬汁制作酒曲发酵，用传统方法蒸馏，以酒酿炒黄加入酒体中染色提味，然后封存窖藏在阴凉无震动之处而成。九阡酒窖藏时间越长，酒体醇化效果越佳，勾兑之后便可饮用。上好的九阡酒色泽棕黄，状若稀释的蜜汁，其味醇正，微甘，香气馥郁，沁人心脾，不仅色、香、味俱佳，而且营养丰富，适量饮服能舒筋活血，健骨强身，助兴提神。

九阡酒酿造技艺的起始确切年代无从考证。据国家民族事务委员会主持修订的《中国少数民族·水族》、《水族简史》载，"水族保留着由村寨年长女性领队集体采中草药，集体熬汁制曲的习俗，这是母系社会遗俗"，由此可推断出九阡酒酿制技艺的历史十分悠久。九阡酒的酿制，不仅对原料糯米、土法酒曲要求严格，而且对气候条件、水源水质、窖藏泥土及位置等都有讲究，一旦离开九阡地区，即使采用同样的技术与原料也无法复制。

水族待客重酒轻茶，日常生活、红白喜事都喜用九阡酒，九阡酒也是传统滋补健身的佳品，水族妇女生育后一定会适量喝一点九阡酒，不仅滋补身体同时也有促进乳汁分泌的作用。

图片来源

图一　潘淘洁　摄影
图二、图四至图六　潘瑶　摄影
图三　石锦彪　摄影

图二　水族九阡酒制作流程图1：加工原材料

图三　水族九阡酒制作流程图2：祈求制曲仪式

图四　水族九阡酒制作流程图3：制作好酒曲

图五　水族九阡酒制作流程图4：混合蒸好的糯米饭和酒曲，发酵后得到酒酿

图六　水族九阡酒制作流程图5：烤制酒酿得到水族九阡酒

水族铸铁鼎罐

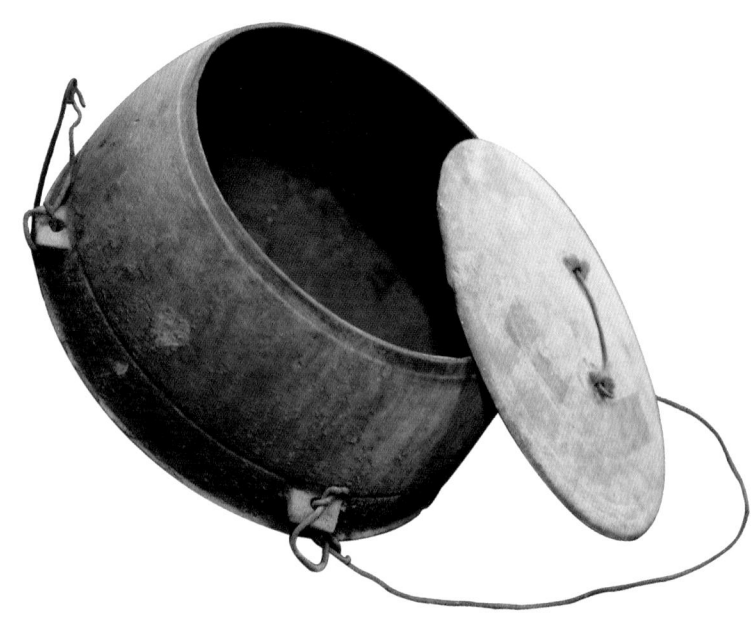

图一　三都县水族铸铁鼎罐主图

鼎罐，是水族家庭必备的烹饪用具，用铸铁浇铸制成，水语的汉字谐音为"增"。水族的鼎罐大多是圆弧底、平口，总体呈扁平状，口小腹大，用模具分罐底、罐身和盖子三部分分别浇铸制成后焊接而成，罐底和罐身之间有明显的接缝。本案例采集自三都水族自治县，罐身最宽处直径 25 厘米，口沿直径 19 厘米，总高 17 厘米，弧形罐底部分高 6 厘米。在接缝之上 1 厘米处，罐身周边焊有 4 个带孔的小铁片，用两根铁丝分左右两侧穿过小孔扣死，作为简易的提手，同时也可以将鼎罐悬挂起来。

水族的铸铁鼎罐使用方式有两种，一是配合三脚铸铁支架使用，在火塘中烧火，将鼎罐架在三脚架上炖煮食物，由于鼎罐底部是弧形，因此配合不同大小的支架使用都稳固地扣住锅底，不会滑动；第二种是将鼎罐悬吊在火塘上方而无须任何支架支撑，弧形的罐底可以增加受热面积。水族家庭使用鼎罐一般还会配一个竹编的圆环，高约 5 厘米，直径略小于鼎罐最宽处直径，是作为鼎罐的锅垫使用，这样弧形底的鼎罐放置在地上时便不会倾倒。

这种鼎罐比起陶罐更坚固耐用，特别适合长途携带，比起水族家庭灶间用的大铁锅，它更小巧方便，尤其适合较长时间的炖、煮，用来吃火锅也十分合适，因此广受欢迎，是水族家庭必备之物。

图片来源
图一至图二、图五至图七　潘淘洁　摄影
图三至图四　古慧婕　制图

图二　三都县水族铸铁鼎罐底面

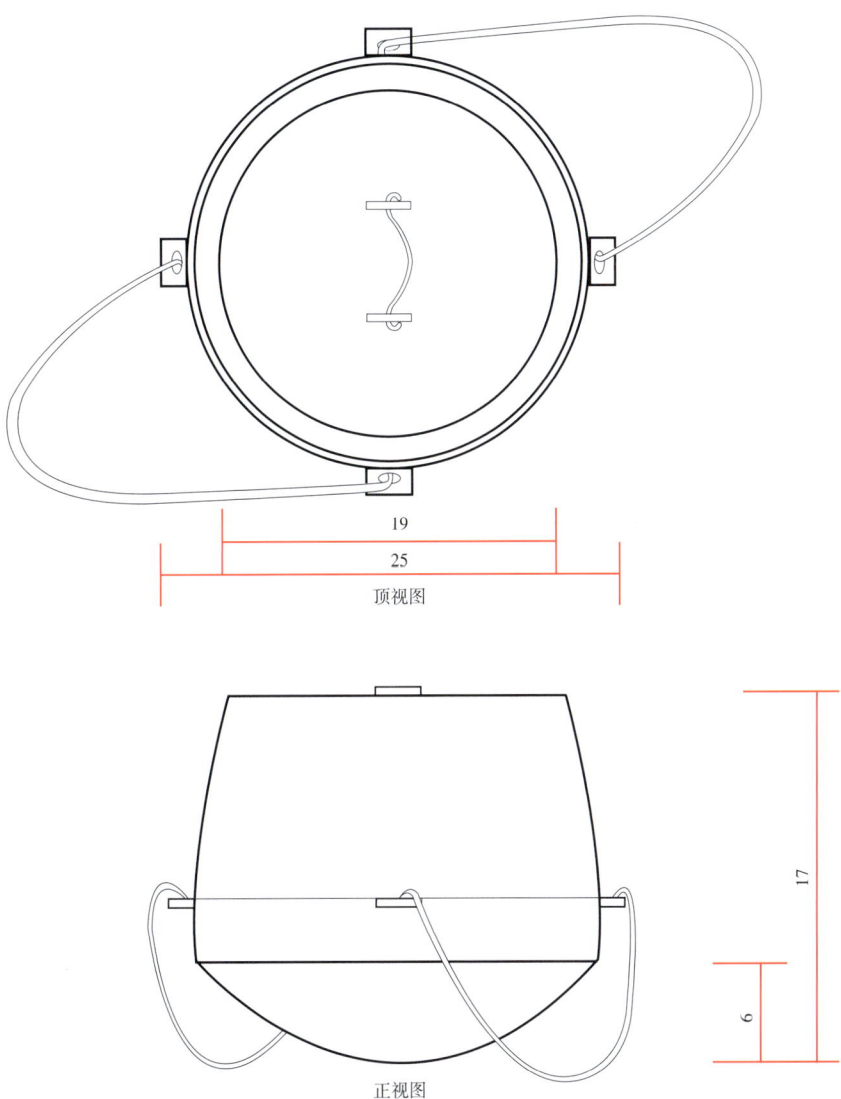

图三　三都县水族铸铁鼎罐二视、尺寸图（单位：cm）

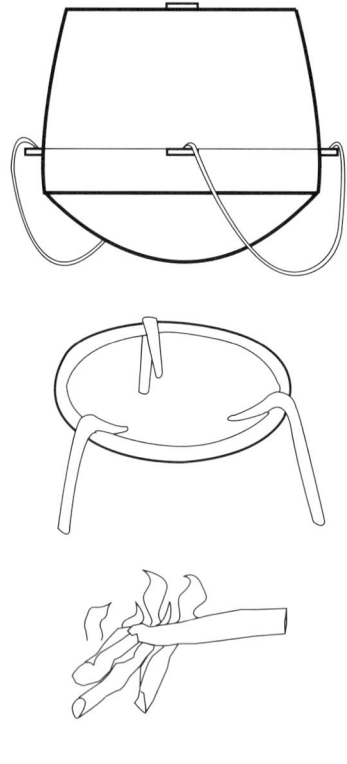

图四 水族铸铁鼎罐操作示意图

图五 水族铸铁鼎罐配合三角铁架使用效果示意图

图六 水族配合铸铁鼎罐使用的锅垫

图七 水族铸铁鼎罐和锅垫配合使用效果示意图

第四章 水族传统生活用具

水族独木楼梯

图一　丹寨县排调镇水族独木楼梯主图

独木楼梯是一种十分简易的楼梯，选一根较粗壮、笔直的木材，用斧头和锯子在树干上砍出一级一级的台阶即可。本案例采集自贵州省丹寨县排调镇，是放置在与主屋相连的小阁楼前使用的，由于小阁楼主要用于储藏粮食、杂物，无须经常上下，因此没有必要浪费木材架设专门的楼梯，这种独木楼梯可一梯多用，方便地随时移动到需要的地方。这根楼梯总长约300厘米，木材横截面直径约25厘米，共有9个踏步，每个踏步长约30厘米，踏步深度约13厘米，楼梯的顶部切有一个凹槽，方便与楼板稳固扣接，与地面相交的底部切成楔形，由于农村家庭周围地面就是未经硬化的泥土地，因此楔形的梯脚可以一定程度上插入土地中，使用起来更加稳固。这种独木楼梯大多随手而作，尺寸并不严谨，因此踏步深浅、高低不一。

独木楼梯加工简便、轻巧稳固、方便搬动，一根楼梯可以用于多个地点，不用的时候收到别处，还有利于防盗。但是这种独木楼梯使用起来却十分危险，坡度陡峭、踏步窄小、没有扶手，使用时需十分小心，手脚并用，侧身上下。

图片来源
图一　潘淘洁　摄影
图二至图四　胡晓斐　制图

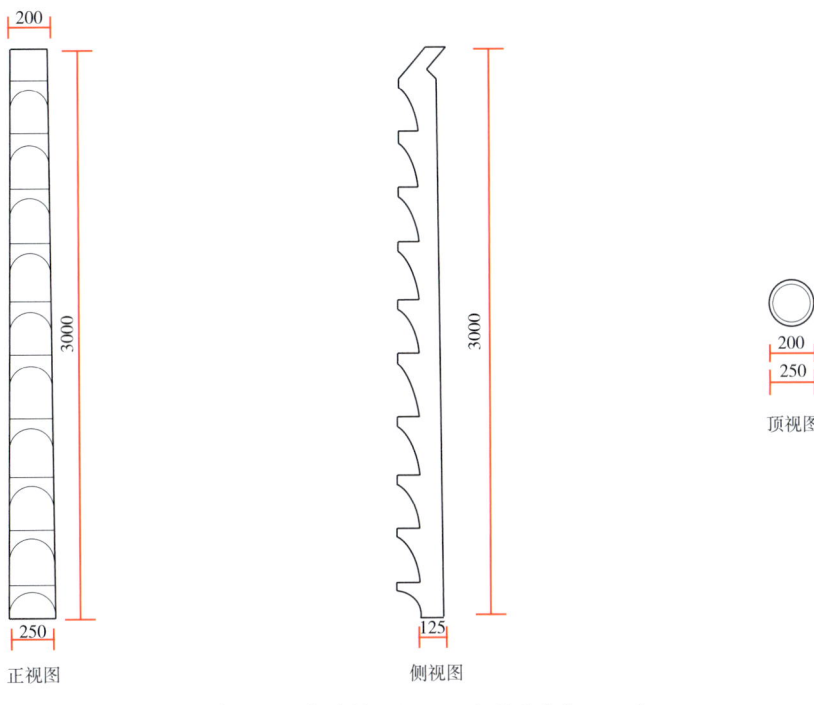

图二　丹寨县排调镇水族独木楼梯三视、尺寸图（单位：cm）

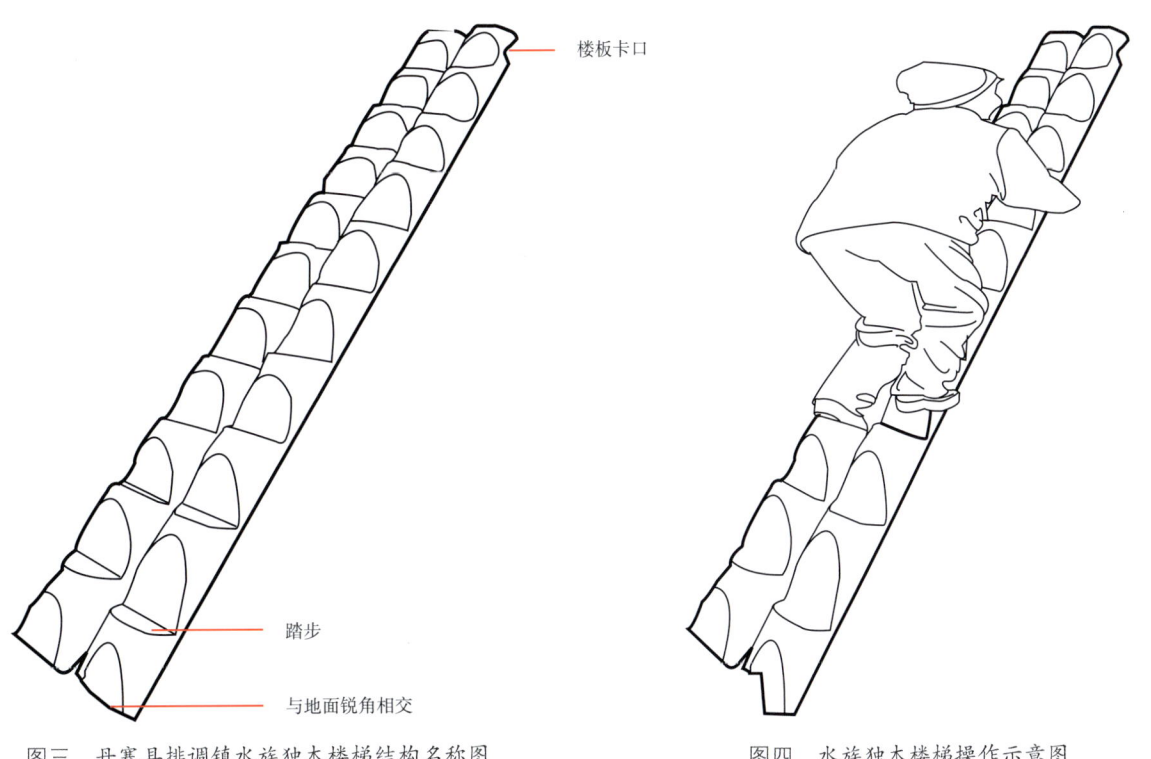

图三　丹寨县排调镇水族独木楼梯结构名称图

图四　水族独木楼梯操作示意图

水族原木矮凳

图一 荔波县水尧乡水族原木矮凳主图

原木矮凳是一种粗放加工的简易家具，由于对原材料要求低、加工简便，因此成为水族人家每户必备的日常家具。本案例采集自荔波县水尧乡，矮凳长27厘米，宽18厘米，高19厘米，坐面和两头截面平整光滑，里面则保留树干的原始形态，略略向外凸出，底部的木料被凿空，侧立面呈倒立的"凹"字形凹槽，槽帮着地，成为支撑受力点。

制作原木矮凳，先挑选砍伐好的较平直的一段木材，锯下一截，将顶面砍平刨光滑，再从着地的一面将树心挖空，两侧再略加修饰即成。也有的矮凳是利用树心空朽的废材，稍加修饰制成。原木矮凳材料随手可得，制作简单，经久耐用，属粗放型随机应手之作。

在水族人的家庭生活中，原木矮凳围在火塘周围可用于吃饭、做手工活儿，放在窗下，可供孩童书写，放于床前可供老人垫脚……朴实耐用，用途广泛。

图片来源
图一、图四至图五　潘淘洁　摄影
图二至图三　古慧婕　制图

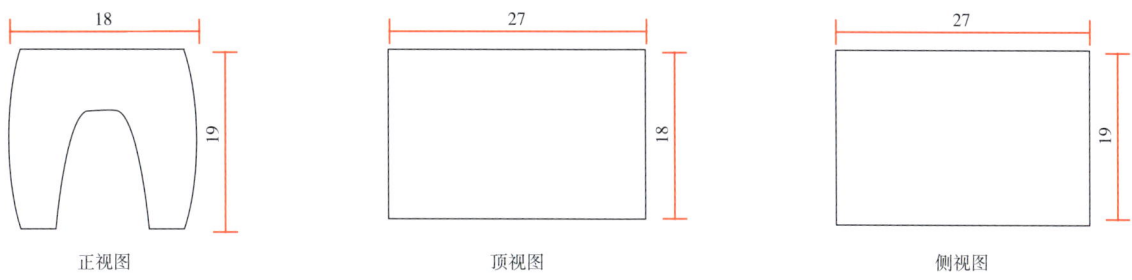

图二 荔波县水尧乡水族原木矮凳三视、尺寸图（单位：cm）

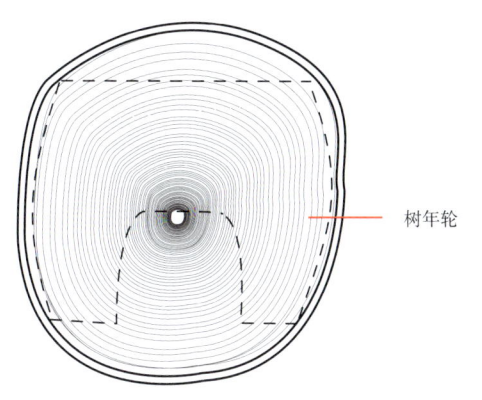

图三 水族原木矮凳取材分析示意图

图四 水族原木矮凳使用情境图

图五 经榫卯拼接凳腿的水族原木矮凳效果示意图

水族草编矮凳

图一　三都县廷牌乡水族草编矮凳主图

草凳是水族家庭常用的坐具。本案例选择三都县廷牌乡农户草凳，高32厘米，面宽（直径）25厘米，底宽22厘米，选用干稻草编制而成。草编矮凳的制作步骤：一是取植株较长的稻草，用三齿钉耙将根部杂叶耙去，留作凳芯的填充物；二是取耙净的稻草四把交叉平铺，用一块直径22厘米的圆木板作为凳面模具，将模具压在交叉平铺稻草正中；第三步，挨着模具边缘抓五六根稻草为一束扭成股，内外交叉，再抓20余根稻草为一大束，顺着模具绕成坐凳圆周的轮廓，再用内外交叉的小股稻草勒紧；第四步，形成凳面之后，取出木板模具，凳面朝下，如此依次接续大小股的稻草，绑扎、编制、勒紧，使草凳形成厚壁圆筒状，达到所需高度之后，逐步收束绑扎，为了使草凳更加牢固，还可以用竹青篾条穿绑；最后，用稻草杂叶填充夯实内芯，剪除杂乱草头，便成草凳。

这种草凳取材方便，原材料属废物利用，无须额外花销，绿色环保；制作工艺简单，无须特殊工具加工；经久耐用，坐感酥软，不慎碰着腿脚也不伤及皮肉，对孩童也很安全，因此在水族家庭中被广泛使用。

图片来源
图一、图五　潘淘洁　摄影
图二至图四　古慧婕　制图

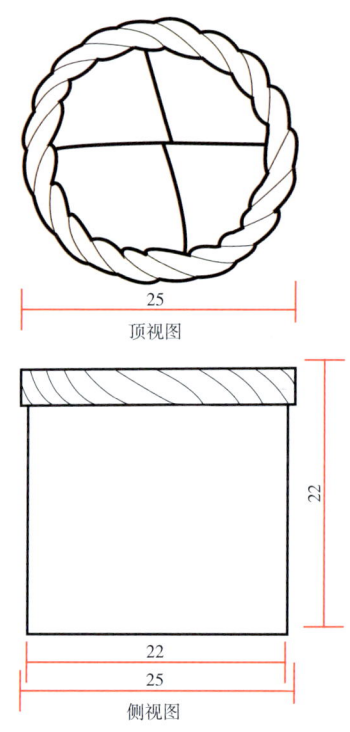

图二　三都县廷牌乡水族草编矮凳二视、尺寸图（单位：cm）

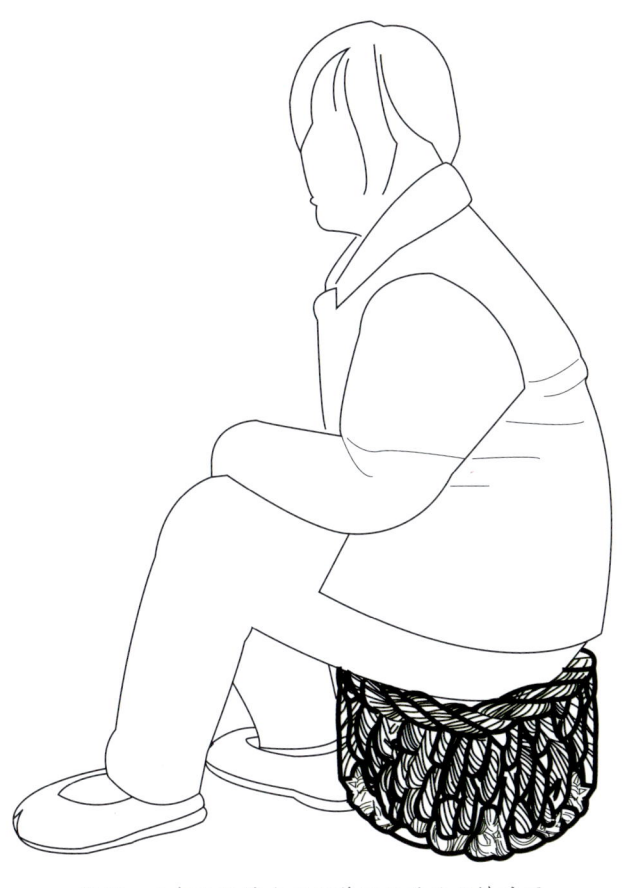
图三　三都县廷牌乡水族草编矮凳使用情境图

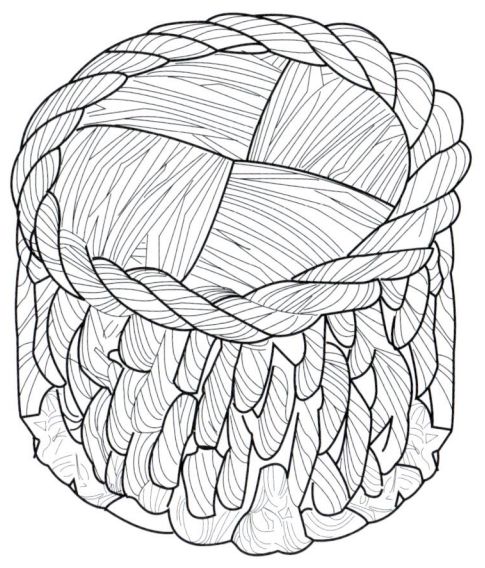
图四　三都县廷牌乡水族草编矮凳编织肌理图

图五　水族草编矮凳原材料图——稻草

第四章　水族传统生活用具

水族木制组合式火锅圆桌

图一　水族木制组合式火锅圆桌主图

火锅是水族人民日常餐饮中最常见的聚餐形式之一，无论冬夏，食用频率都很高，接待贵客、节庆聚餐都一定会有一桌火锅，而火锅圆桌是吃火锅必备的家具，在水族各地广泛流行。本案例采集自贵州省三都水族自治县拉佑村，俯瞰圆桌由两个半圆组合成一个完整的圆环状，外圈直径100厘米，内圈直径42厘米，高度仅23厘米，中间的空洞是为放置煤炉、炭盆等火源而设，在火源之上架设铁锅，铁锅与圆桌并不相接，以免高温损坏木桌。圆桌的桌面是厚约2厘米的木板，桌腿有6条，每个半圆桌面3条，呈等腰三角形分布，两端的桌腿与中间桌腿之间还有一条横挡，使得圆桌整体结构更为稳固。桌腿和横挡均为实木方子制成，截面边长约4厘米。

木制组合式火锅圆桌需配合矮凳使用，少则三四人，多则十人，大家围坐一堂吃饭喝酒，气氛融洽热烈。这种组合式圆桌，收纳也非常方便，可将两个半圆相互叠摞，甚至分别挂于墙上，十分节省空间。

图片来源

图一、图四至图五　潘淘洁　摄影

图二至图三　古慧婕　制图

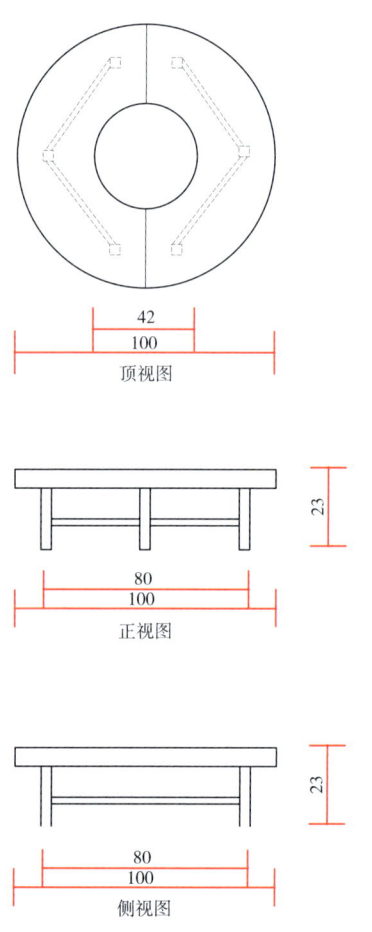

图二　水族木制组合式火锅圆桌三视、尺寸图（单位：cm）

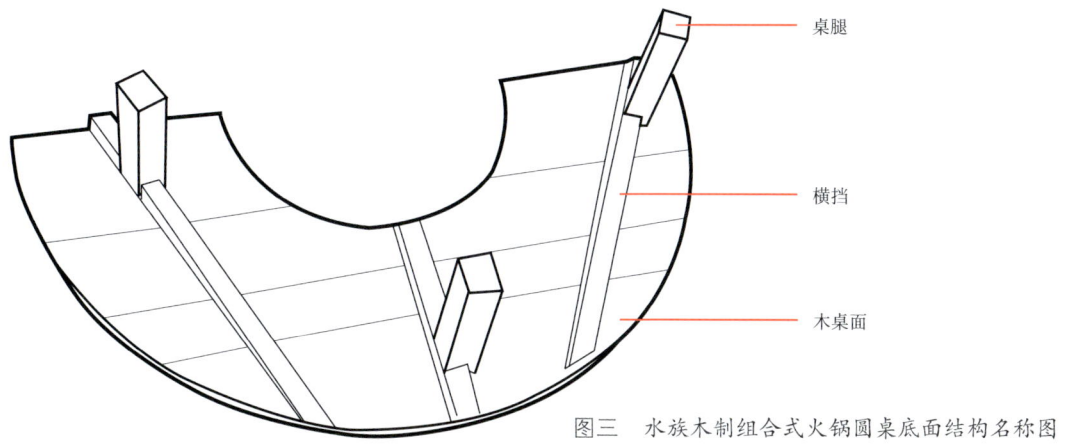

图三 水族木制组合式火锅圆桌底面结构名称图

桌腿
横挡
木桌面

图四 水族木制组合式火锅圆桌效果图

图五 水族木制组合式火锅圆桌使用情境图

第四章 水族传统生活用具

水族三足铸铁锅架

图一　榕江县故衣村水族三足铸铁锅架主图

　　三足铸铁锅架在使用明火烹饪的传统水族家庭中是必备的炊具，通常在火塘上使用，架设在火堆之上，承托锅、壶，使之受热。本案例采集自贵州省榕江县故衣村，锅架由一个圆环和三条"7"字形的腿组成，顶部圆环直径 27 厘米，厚约 2 厘米，三条腿等距分布在圆环之外，转折处与圆环焊接固定，垂直部分向外略略倾斜，高度为 21 厘米，向内弯折的部分深入圆环内部约 10 厘米，倾斜向下，靠近圆心一段较低，这样可以与各类弧底的锅具贴合，避免滑动。

　　三足铸铁锅架配合水壶可以烧水，配合平底锅可以蒸煮，配合弧底锅可以炒菜，适用性强，并且结构简单、加工简便、造价低廉、坚固耐用，是水族乡村家庭的必需品。

图片来源
图一、图五　潘淘洁　摄影
图二至图四　古慧婕　制图

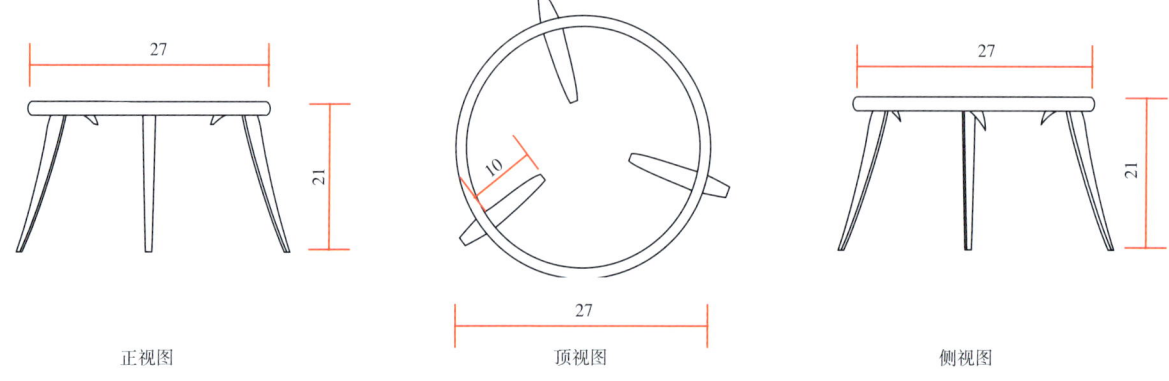

正视图　　　　　顶视图　　　　　侧视图

图二　榕江县故衣村水族三足铸铁锅架三视、尺寸图（单位：cm）

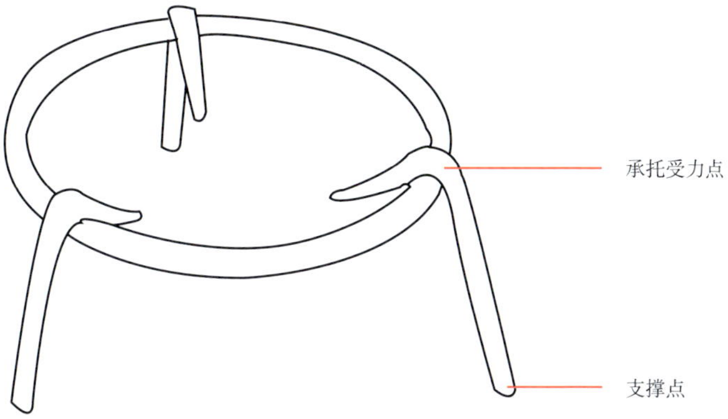

图三　榕江县故衣村水族三足铸铁锅架受力分析图

承托受力点

支撑点

图四　榕江县故衣村水族三足铸铁锅架操作示意图

图五　榕江县故衣村水族三足铸铁锅架使用情境图

第四章　水族传统生活用具

水族竹编腰箩

图一 榕江县故衣村水族竹编腰箩主图

腰箩是水族人民劳作或外出时，挂在腰间的小竹篓，可以装各类工具、口粮、采捞的物品，等等，类似于随身手袋。腰箩的水语汉字谐音为"票"。本案例采集自贵州省榕江县故衣村，腰箩采用细竹丝编制，前后两面平整，左右两侧曲线柔和，正面看颈细、腹大、底小，比例适当，造型美观，高41厘米，箩口呈椭圆形，箩口长轴20厘米，箩腹最宽处35厘米，厚25厘米。腰箩的颈部系有一根绳子，以便将之挂在身上，一般是从肩部斜跨至身体一侧或身后，可用腰带固定位置。

水族腰箩均为竹制，可选用细竹丝或宽1厘米~2厘米的竹片编制，水族人外出劳作时，将竹篓系在腰间，可以随手装入水里捞到的鱼虾、螺蚌，地里挖到的红薯、土豆，或是山野采摘的蘑菇、果实等，下地干活时，也可以将镰刀、干粮等装入腰箩。竹制的腰箩还可放置在水里，当作鱼篓使用。有的腰箩还用桐油涂抹，使竹丝保持韧性，更加坚固耐用。

图片来源
图一 潘淘洁 摄影
图二至图五 胡晓斐 制图

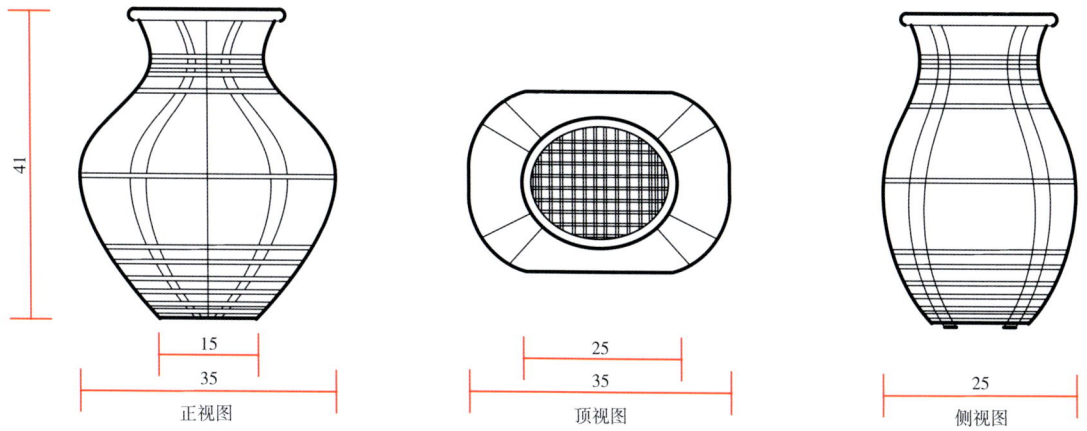

图二　榕江县故衣村水族竹编腰箩三视、尺寸图（单位：cm）

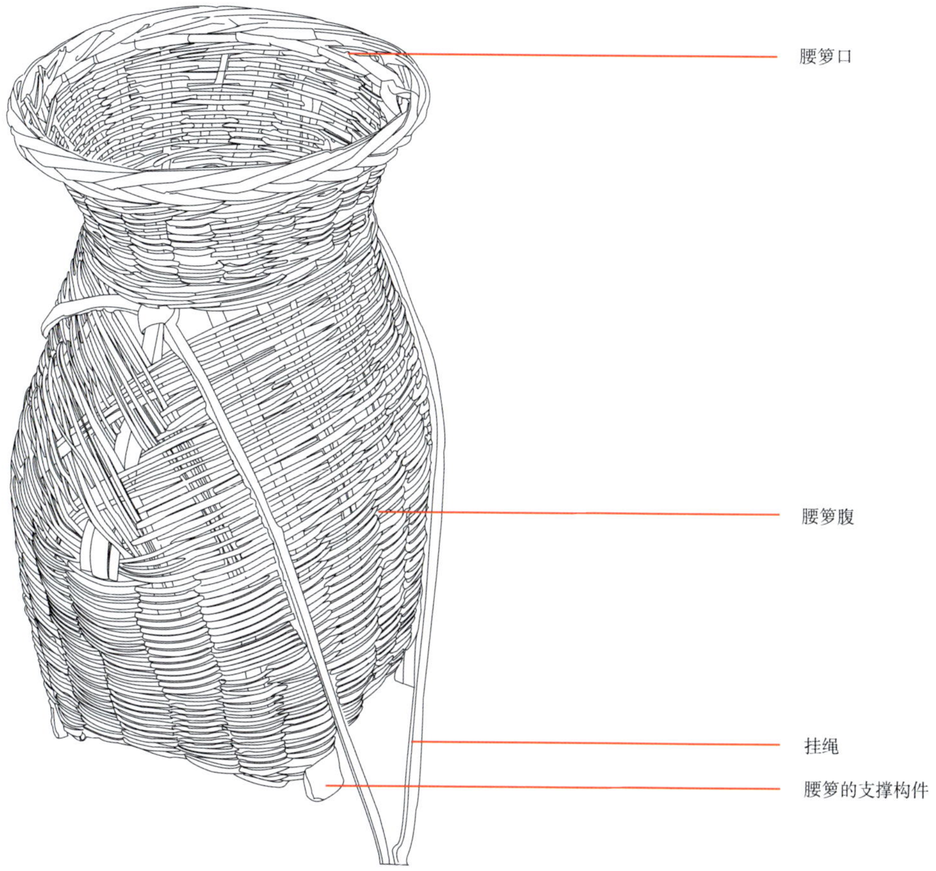

图三　榕江县故衣村水族竹编腰箩结构名称图

第四章　水族传统生活用具

■ 承重结构
■ 加固结构

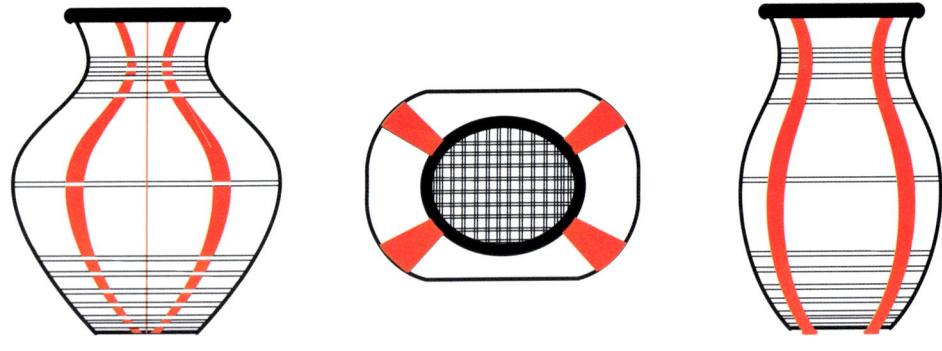

图四 榕江县故衣村水族竹编腰篓结构解析图

图五 榕江县故衣村水族竹编腰篓操作示意图

水族竹木抬架

图一　三都县九阡镇水族竹木抬架主图

抬架，亦称抬杠，在水族地区的婚嫁、贺新房等活动中，作为搬运礼品的工具所用。本案例采集自贵州省三都水族自治县九阡镇。抬杠一般分两种，一种较浅，一种较深，装载量大，本案例为后者，框体长90厘米，通宽45厘米，通高50厘米。抬杠由两部分组成，装载货物的框体多用四方杉木条制成，四角的立柱是支撑腿，较粗壮，立柱顶端有圆球体装饰，四周围板用薄木板制成，所有构件均用榫卯方式连接；抬杆部分则是由四根竹竿组成，两根长约2.5米的长杆从框体两侧纵向穿过，用布条或麻绳与框体上方的木条绑在一起，另有两根长度宽于框体的短杆分别与长杆两端垂直相交绑紧，在抬起抬架时短杆正好担在后颈处。

这种抬架工艺比较简单，使用也很方便，装载的物品如高出抬杠，可用带子绑扎加固。因为用抬杠搬运聘礼、贺礼要张扬给世人观看，招摇过市以彰显承办方的实力与荣耀，因此抬杠尽可能漏空。底面以竹编折子铺垫。抬到位后，解开绳索，取走竹竿，留下框体，不占地方，方便收纳。

图片来源
图一、图五　潘淘洁　摄影
图二至图四　古慧婕　制图

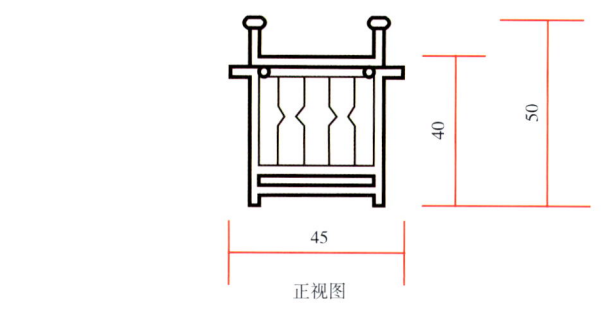

正视图

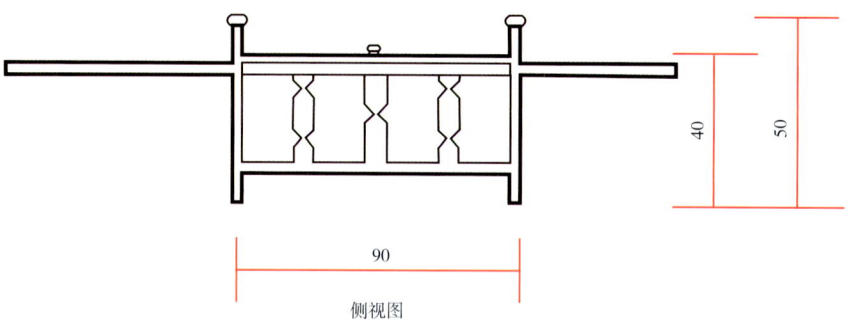

侧视图

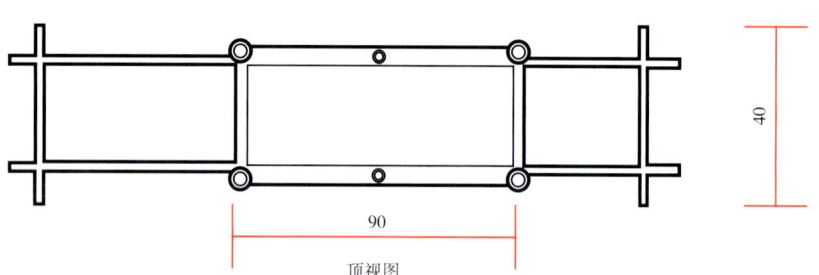

顶视图

图二　三都县九阡镇水族竹木抬架三视、尺寸图（单位：cm）

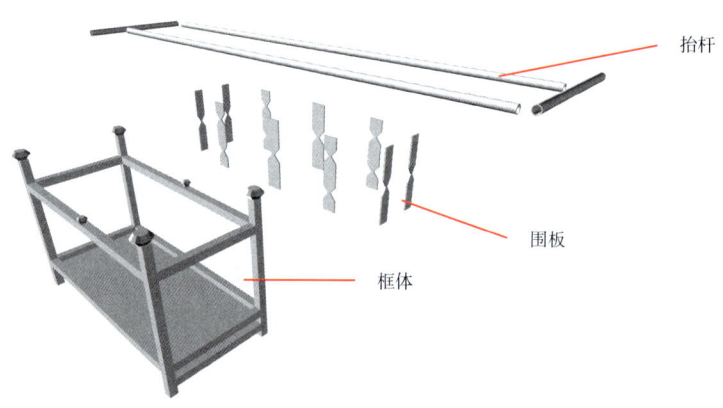

图三　三都县九阡镇水族竹木抬架解析图

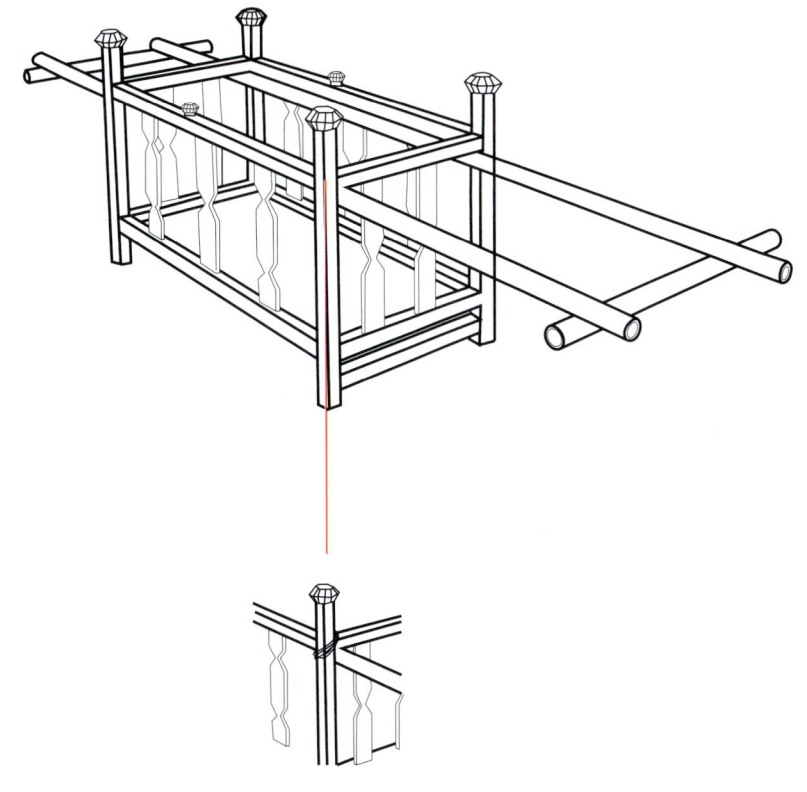

图四 三都县九阡镇水族竹木抬架组合方式

图五 三都县九阡镇水族竹木抬架使用情境图

第四章 水族传统生活用具

水族竹编挑箩

图一　水族竹编挑箩主图

水族地区普遍使用的挑箩，是箩筐的一种，是用竹篾编制的矩形或圆形容器。挑箩与箩筐相比，筐体的孔洞较大，形制较为扁阔，且在筐的上沿留有穿扁担的孔，是专门配合扁担使用的。

本案例采集自三都水族自治县水龙乡，由两个挑箩和一根扁担组成，挑箩上口外延，呈上阔下窄的圆角矩形状，上宽54厘米，底宽25厘米，上长60厘米，底长40厘米，高度为35厘米。挑箩通体用竹篾条从底部往上编制而成，篾条宽约2厘米，箩底采用两根篾条并列，横竖直角相交，另有四根较厚的竹条在此基础上对角线和长边平行加固，挑箩的立面下部2/3用单根篾条交错成六边形编制，顶部的1/3则在此基础上用宽约0.7厘米的细篾条圈形密集排列，加固挑箩的口沿部分。宽篾条在口沿处向内斜向弯折，扣入其他篾条的缝隙中固定，在两个长边中间对称的位置留有宽约8厘米的扁担孔。

这种竹编挑箩在水族地区主要用于盛装猪草、水草、牛粪等物，宽大的孔洞可以让水分快速滤掉，挑箩与扁担的串接无须绳索等其他辅助工具，快速方便，行走时不摇晃。水族大部分聚居区山高路陡，这种竹编挑箩是家家户户必备的生产生活工具。

图片来源
图一、图三、图五至图八　潘淘洁　摄影
图二、图四　胡晓斐　制图

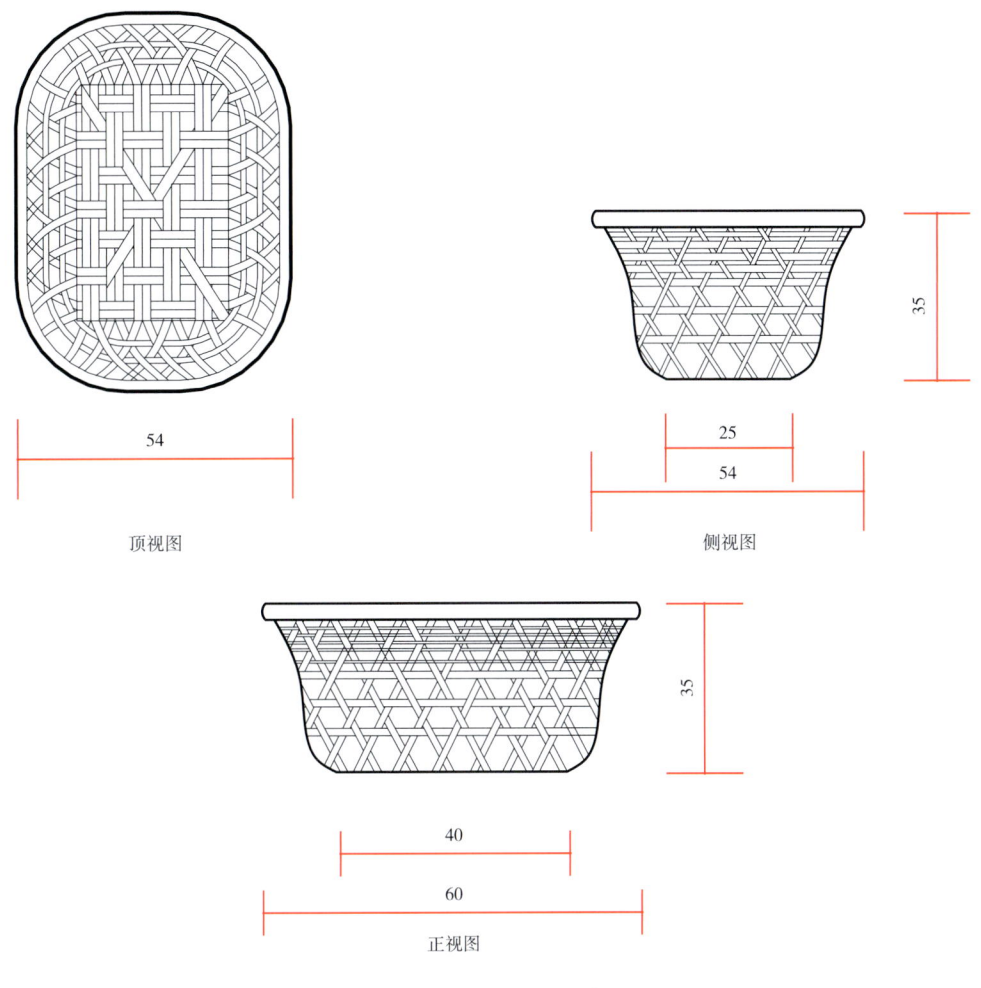

图二 水族竹编挑箩三视、尺寸图（单位：cm）

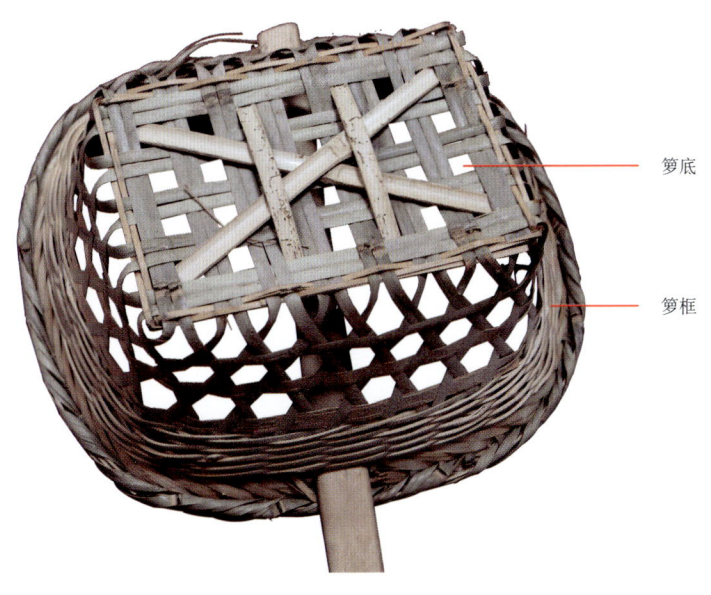

图三 水族竹编挑箩底部结构名称图

第四章 水族传统生活用具

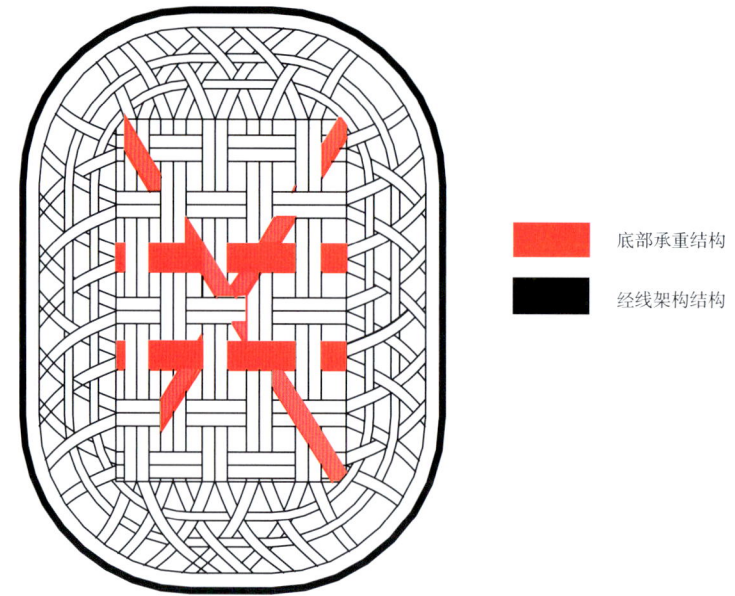

图四　水族竹编挑箩受力分析图

底部承重结构
经线架构结构

图五　水族竹编挑箩扁担穿口处细节图

图六　水族竹编挑箩使用情境图

图七　水族其他类型的挑箩1

图八　水族其他类型的挑箩2

第四章　水族传统生活用具

水族四方提篮

图一　三都县塘州乡水族竹编有盖四方提篮主图1

本案例采集自贵州三都水族自治县塘州乡，是用竹篾条编织而成的有提梁、有盖子的方形篮子。竹篮是水族家家必备的日用品，这种有盖的四方提篮体积小、容量大，方便携带，用途广泛，出门远行、下地干活、上山祭扫时可盛装熟食，透气防尘，放置稳当；也可用作收纳，妇女常将针线绣片等装在提篮里，方便随时随地做女红，盖子翻开还可以临时储物，十分方便。

本案例提篮底部边长23厘米，盖子略大于篮体，口沿边长24厘米，篮底和盖底都近乎正方形，而口沿处都趋近于圆形。篮底高度15厘米，至提梁处高33厘米，盖子高12厘米，篮身和盖子的篾条宽度约1厘米，较薄。提梁由四根略厚的竹篾条组成，先垂直穿过篮身一侧横向的篾条，每根篾条间距约1.5厘米，再于篮子上方中心交叉后以同样的方式垂直穿插于另一侧篮身侧面，交叉的方式是最左侧的篾条在最上面、放于对向最右侧固定，最右侧的篾条在第二层，交叉到对向最左侧固定，中间两根也对向相互换位，提梁篾条左右末端都被劈分成两半，以便在篮底中间部分固定。提梁靠竹篾条自身的韧性，勾勒出一道流畅的弧线，丰富了竹篮的造型语言，同时不影响盖子的开合。篮子底部则另有一圈宽约2厘米的厚篾条强化篮体结构，增强稳定性。

图片来源
图一、图二、图五、图六　潘淘洁　摄影
图三、图四　胡晓斐　制图

图二　三都县塘州乡水族竹编有盖四方提篮主图2

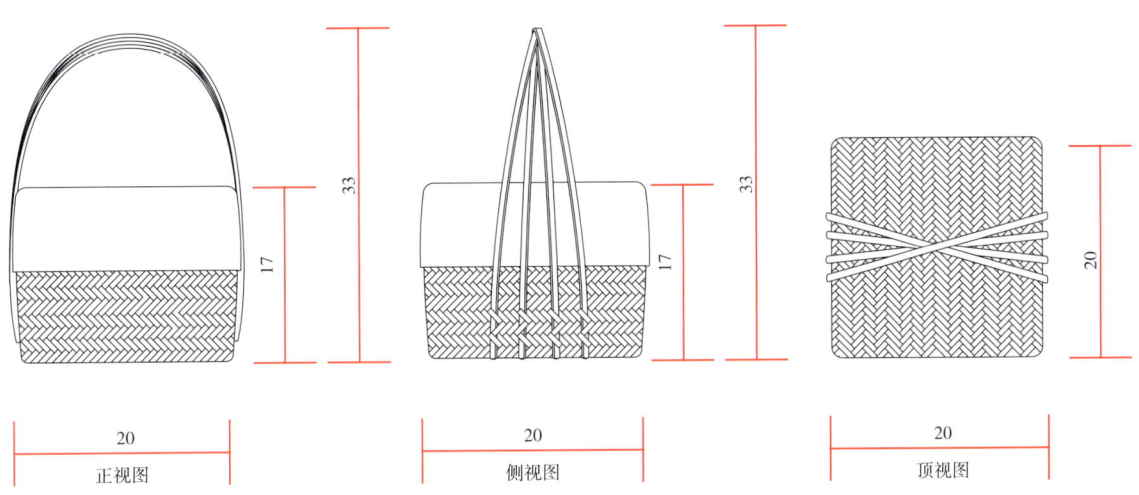

图三　三都县塘州乡水族竹编有盖四方提篮三视、尺寸图（单位：cm）

第四章　水族传统生活用具

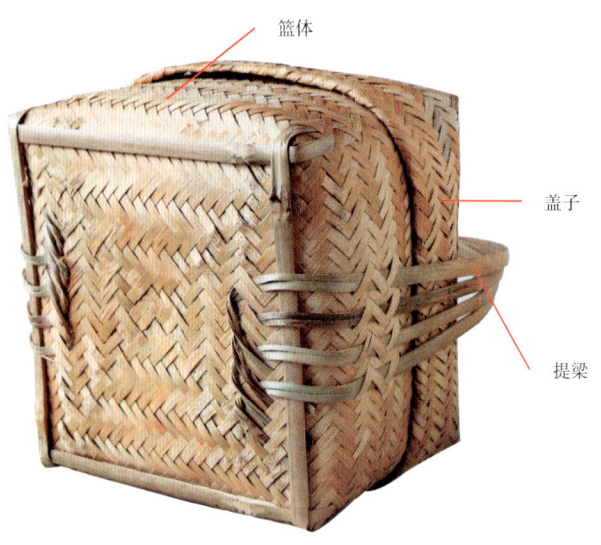

图四 三都县塘州乡水族竹编有盖四方提篮底部结构名称图

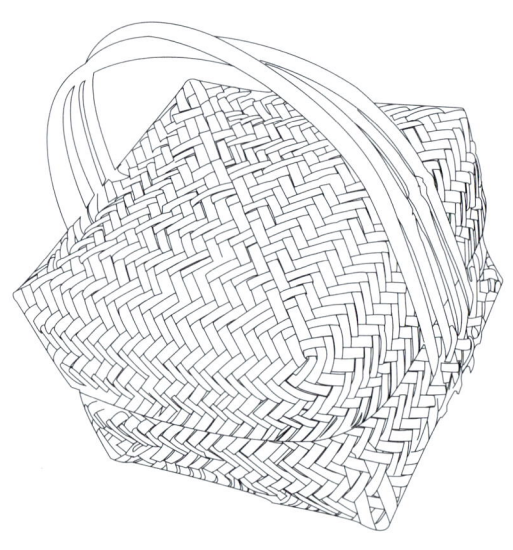

图五 三都县塘州乡水族竹编有盖四方提篮编织肌理图

图六 三都县塘州乡水族竹编有盖四方提篮使用情境图

水族木制油柴灯架

图一　水族木制可升降油柴灯架主图1

油柴灯架是在尚未通电、使用电气照明之前水族家庭常用的照明器具。本案例采集自贵州省三都县民族宗教事务局陈列厅，通体采用木材制作，由底座、支架、瓦片三部分构成。底座是左右对称的两部分，高50厘米，底部是厚实的拱形木块，与上细下粗的锥形木条榫卯相接，左右两部分平行排列，间隔16厘米，中间用两根木条横档连接，形成稳固的底部支撑；支架则是选用一根顶部有6个枝丫的树干制成，枝丫长度约25厘米，用作承托瓦片，由于长期被高温炙烤，枝丫顶端已明显变黑，树干末端的1/3被加工成逐渐变细的楔形，与底座之间用一条开有方孔的木条连接，方孔作为高度的调节孔，略大于树干直径，在支架的底端，与底座之间还有一条中间开孔的横档，主要起稳固支架的作用；瓦片弧口朝上，放在支架顶部枝丫上，是盛放油柴的容器。

使用这种可升降油柴灯架时，首先根据需要调节合适的高度，将支架向上提起，在支架和调节孔之间插入一个木楔子，以此固定支架的位置，然后放上瓦片，再在瓦片内放入折成短枝的油柴，点燃即可。油柴是容易获取、无须加工的燃料，使用油柴照明的成本比煤油、蜡烛要低很多；而且这种可升降的油柴灯架，可广泛适用于多种场合，照明面积较广，调节、搬动均很方便。

图片来源
图一、图二　潘淘洁　摄影
图三至图五　胡晓斐　制图

图二　水族木制可升降油柴灯架主图2

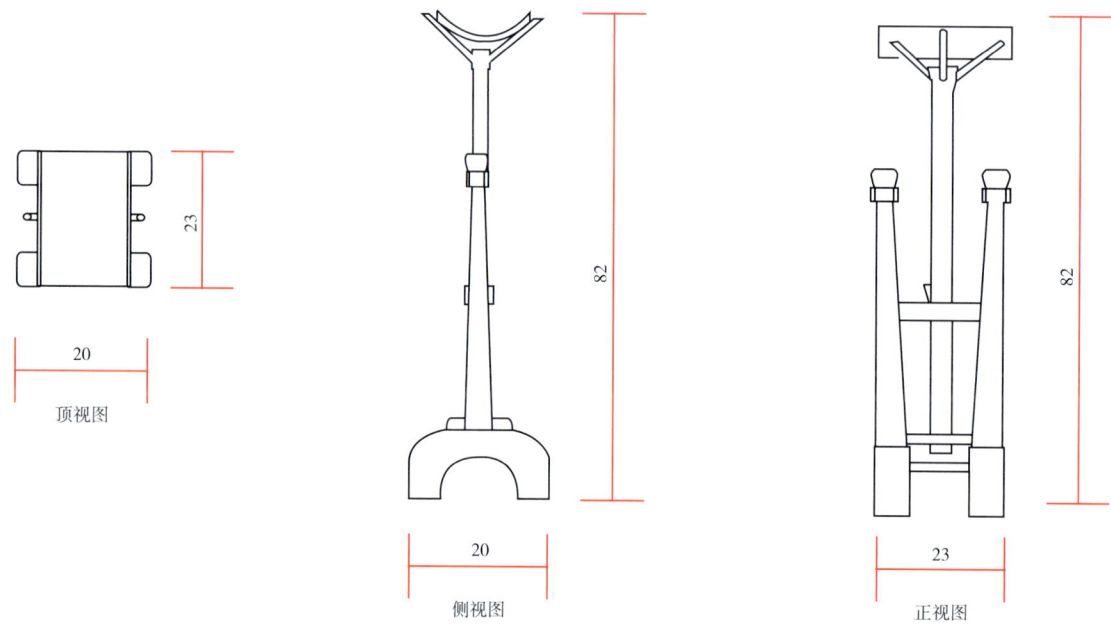

图三　水族木制可升降油柴灯架三视、尺寸图（单位：cm）

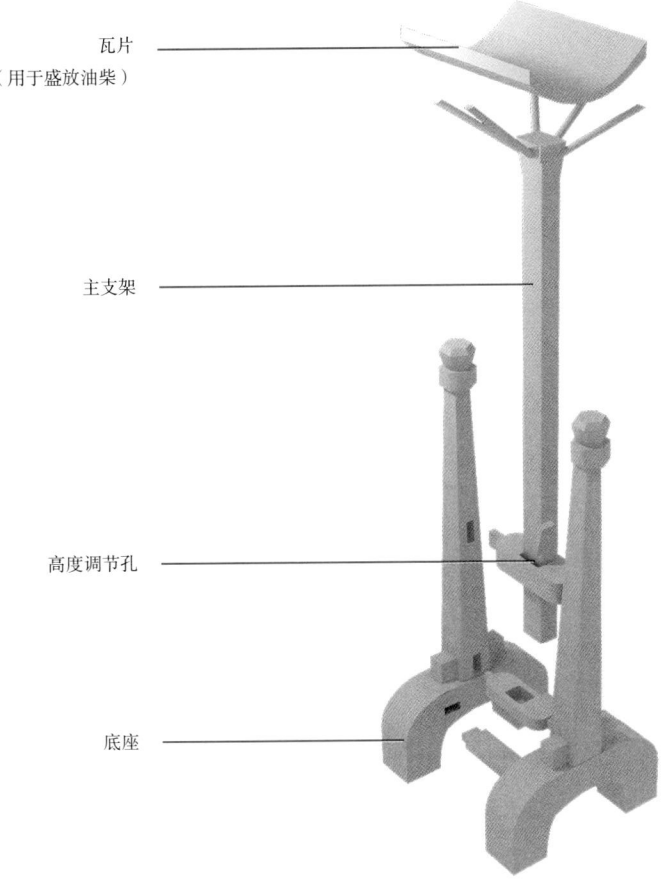

图四 水族木制可升降油柴灯架构件解析图

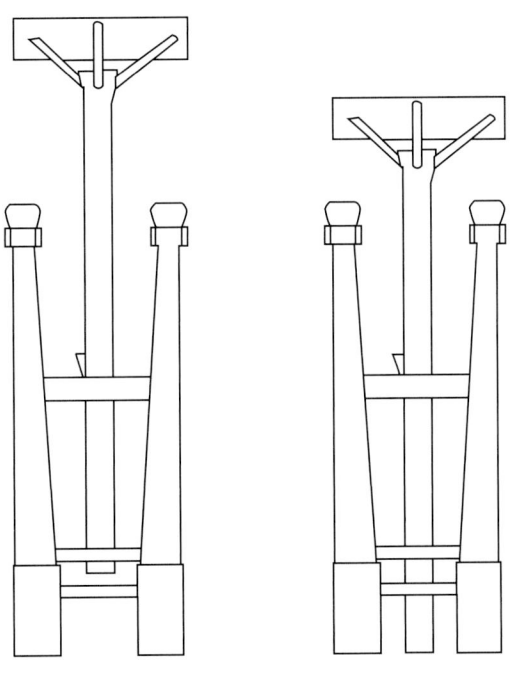

图五 水族木制可升降油柴灯架升降对比图

水族竹箱

图一　三都县塘州乡水族竹箱主图

在水族人民的传统生活中，竹编器是主要的日常储物器具，小到蛐蛐笼、大到捕鱼篓都可用竹材制作。本案例采集自三都水族自治县塘州乡，是较为少见的竹编大箱子。箱子长53厘米，高28厘米，宽34厘米，内外双层竹编，有盖，盖子高约5厘米，与箱体在一条长边处连接，上翻开启，中间还横置了一条宽竹片，可储藏轻薄的物品。竹箱采用多种规格的竹篾条编制而成，盖子四周、箱底和侧面纵横交错的承重骨架选用宽约4厘米的厚竹条，往内第二层是宽度相等但薄而平的竹条，箱体侧面的下段用宽约1厘米的竹条在骨架中交织，上段所用竹条更细，编织也更密集。盖子的顶部用宽约1厘米的本色竹和炭烧过的黑色竹条编织出大小嵌套的菱形纹样，增强竹箱的装饰性。

这种大竹箱制作工艺复杂，费时费料，但结实耐用，透气性好，常用于珍藏贵重之物。本案的主人是水书师，箱子里满满地装着各式水书。为防虫蛀，主人还在箱内放置了干烟叶。

图片来源

图一、图五　潘淘洁　摄影
图二至图四　胡晓斐　制图

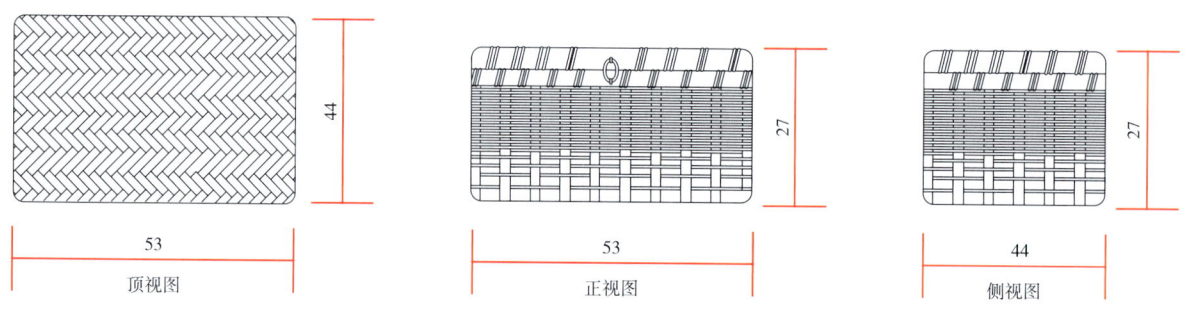

图二　三都县塘州乡水族竹箱三视、尺寸图（单位：cm）

箱底　　　　箱盖

箱侧

图三　三都县塘州乡水族竹箱底部结构名称图

 主要支撑结构

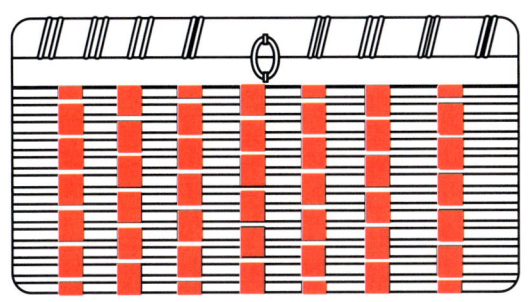 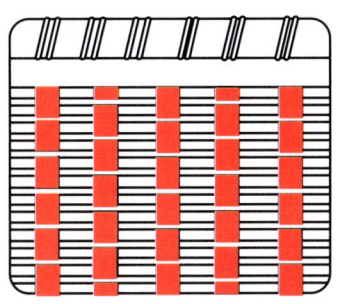

图四　三都县塘州乡水族竹箱受力分析图

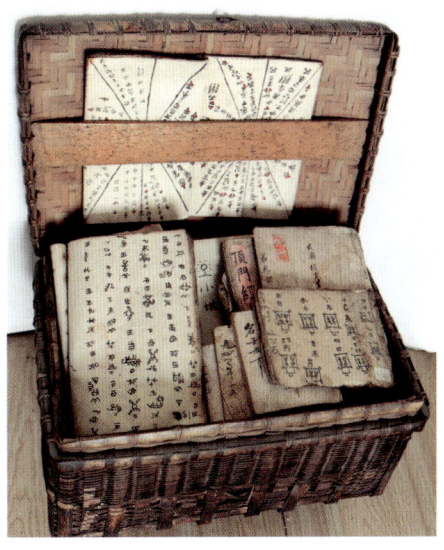

图五　三都县塘州乡水族竹箱使用情境图

第四章　水族传统生活用具

115

水族铡刀

图一　水族铡刀主图1（开启）

铡刀是一种切割用具，水族地区铡刀主要用于切割饲养牲口用的草料。本案例采集自三都水族自治县民族宗教事务局陈列厅。铡刀主要由四个部分构成，第一部分是长方形木板底座，宽14厘米，长91.5厘米，厚2.2厘米；第二部分是手工锻打的刀片，长75厘米，前端开有两个直径约1厘米的垂直排列的圆孔，以便与支架连接，末端是一段长约15厘米的空心圆柱，用于装入木制手柄；第三部分便是与刀片连接的圆柱状木制手柄，可见部分长50厘米，方便使用者提起和压下刀片；第四部分是铁质支架，两条长80厘米的扁平铁条横向放置，两端各垂直夹入一根上宽下窄的铁条，焊接后，横向的两根铁条中的缝隙正好能够容纳刀刃插入，垂直的锥形铁条则钉入木板底座内固定整个支架，靠近把手部分的垂直铁条比前端的短5厘米左右，因此支架的水平铁条呈前高后低的倾斜状，支架较高的前端10厘米处开圆形小孔，与刀片前端的小孔对准后用螺钉和螺帽铆紧，作为铡刀开合的轴心，刀片上垂直排列的小孔可以调节刀片的切入深度。

使用铸铁铡刀时，将之放于水平地面，使用者坐矮凳，一手递送草料至铡刀口，一手握铡刀手柄控制刀片的开合，将刀刃从上压下，斩断一把草料。这种铸铁铡刀体积小巧，结构简单，使用方便，是水族家庭的常备工具。

图片来源
图一、图二　潘淘洁　摄影
图三至图六　胡晓斐　制图

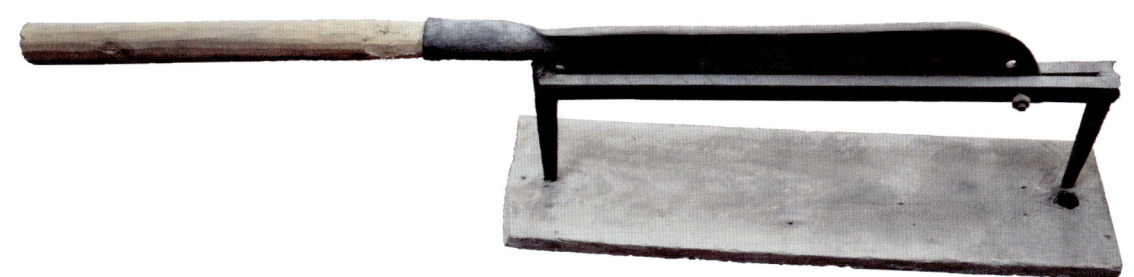

图二　水族铡刀主图2（闭合）

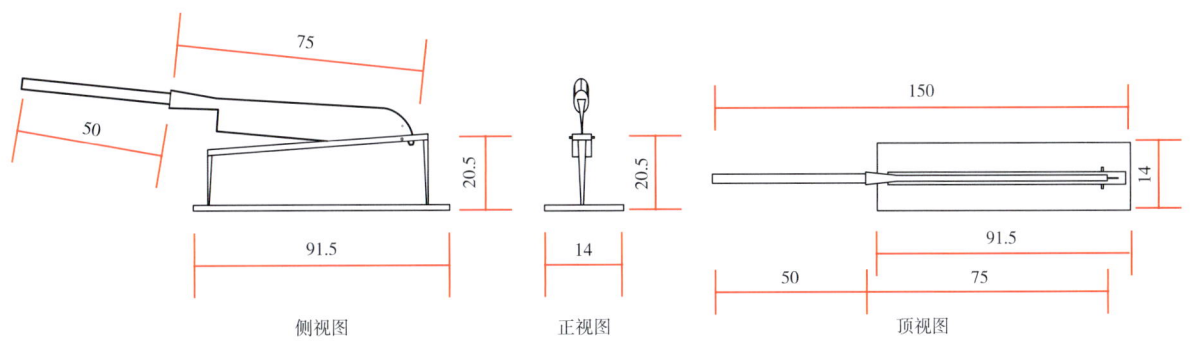

图三　水族铡刀三视、尺寸图（单位：cm）

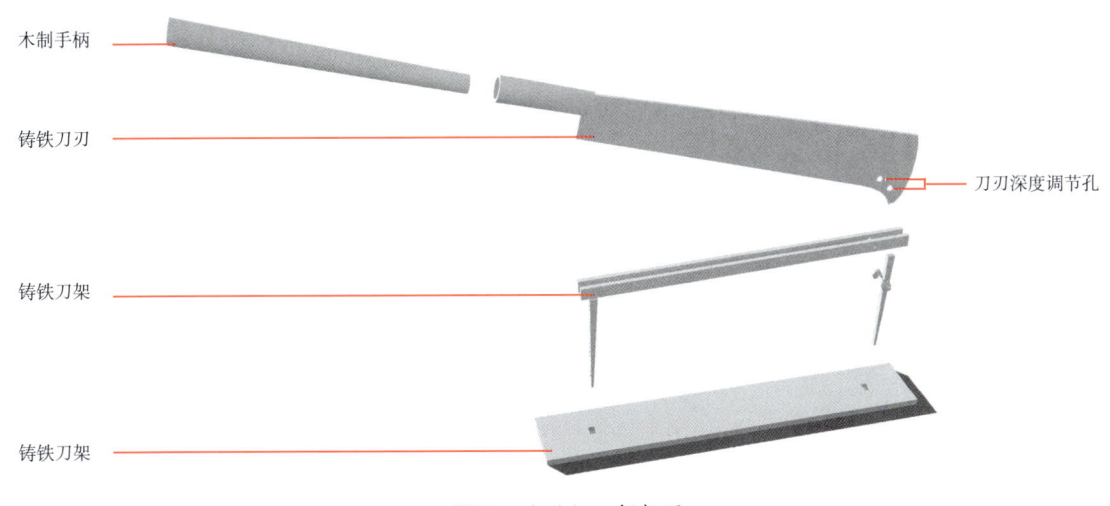

图四　水族铡刀解析图

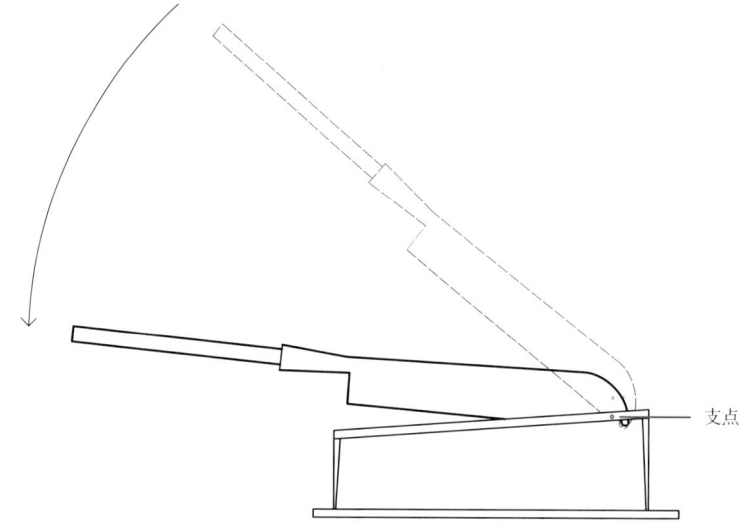

图五 水族铡刀操作示意图

图六 水族铡刀使用情境图

水族竹制水烟筒

图一　云南富源县水族竹制水烟筒主图

吸水烟是一种中国传统的吸烟方式。水烟筒，水语的汉字谐音为"道燕南"，是水族人吸水烟的工具，传统的水烟筒均采用竹筒制成。本案例采集自云南省富源县，烟筒高83厘米，直径约5.5厘米。制作水烟筒，需选用一截粗细适中的竹筒，底端竹节保留封闭，其余竹节全部打通，在竹筒下半段钻一小孔，植入一小段铜管并封闭严实，铜管插入竹筒的一端接近筒底，一端露在外侧作为烧烟嘴。水烟筒内注水，水尾低于烧烟嘴，将烟丝塞入烧烟嘴并点燃，吸烟时嘴唇贴紧竹筒上端，用力吮吸，让烟雾从水中穿越上升进入口腔，同时会发出"咕咕"的声音。清水使得香烟中的尼古丁、烟碱等有害物质在水中释放溶解了一部分，并且降低了烟雾温度，减少了香烟对人体的危害，勤换水效果更佳。吸水烟时，为了获得不同的口感，可在水中滴入薄荷油、玫瑰花油等自然香料或者白糖，别有一番风味。水族地区的水烟筒，主要流行于云南东部富源县一带的水族村寨。

上等的水烟筒，会选用老竹子的根部制作，质地坚硬、密度高，不易爆裂。随着新材料的涌现，如今水烟筒有的用不锈钢管取代竹筒，或是为了美化烟筒，用银丝、铜丝、铜皮等将水烟筒环绕装饰，有的还刻有花纹。

图片来源
图一　潘淘洁　摄影
图二至图四　胡晓斐　制图

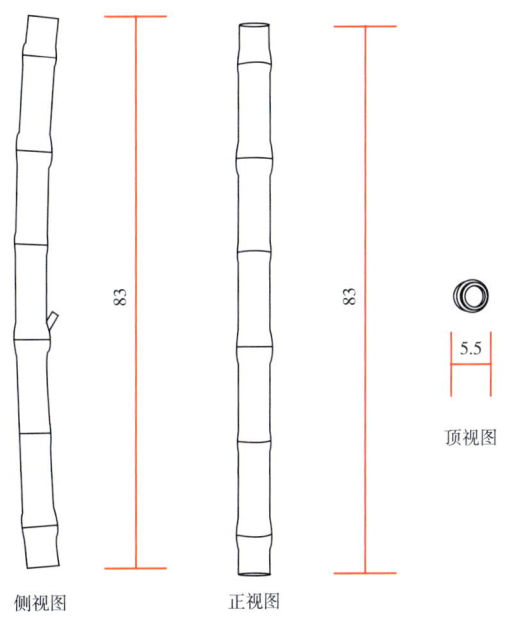

图二　云南富源县水族竹制水烟筒三视、尺寸图（单位：cm）

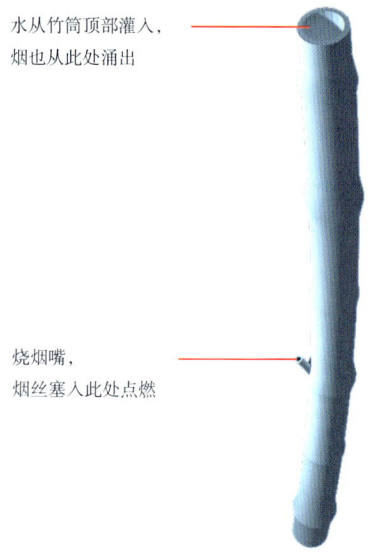

水从竹筒顶部灌入，烟也从此处涌出

烧烟嘴，烟丝塞入此处点燃

图三　云南富源县水族竹制水烟筒解析图

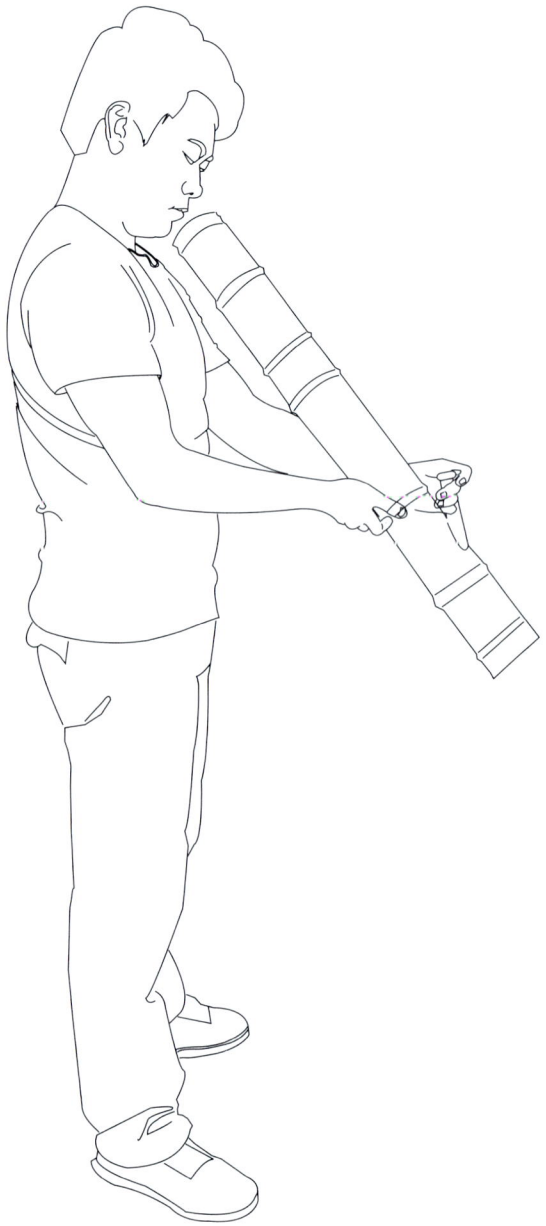

图四　云南富源县水族竹制水烟筒使用情境图

水族皮鼓

图一　三都县水族皮鼓主图

皮鼓，或称革鼓、木鼓，水语的汉字谐音为"达"，是水族人民常用的一种打击乐器，选用优质的实木段和牛皮制作而成，整体呈圆柱状。

本案例采集自三都水族自治县，皮鼓高97厘米，直径50厘米，选用质轻、不易开裂的梧桐树干做鼓身。锯下树干后，要趁着木料未干时将中心挖空，使之形成两头空、环壁厚约4厘米的空桶，内侧刨光以增强回声，然后阴干待用；鼓面则选择雄性水牛皮，经过脱脂防腐处理之后，趁着牛皮软化之时紧绷于干透了的鼓身两端，用钉子将牛皮在鼓身边缘侧固定，晾干之后牛皮自然收缩，鼓面绷得更紧，即可使用。为了美化皮鼓，也为了保护鼓身木材，鼓身还涂饰了油漆。

皮鼓使用时，用木架或木桶支撑在鼓身中段，使皮鼓向击鼓者一侧倾斜一定角度，以便获得更好的共鸣效果，也更方便击打鼓面。击鼓者双手持木制鼓槌伴和着铜鼓的节奏敲击鼓面中心或边缘，发出不同的声响。水族人民在盛大的年节——端节、卯节，以及丧葬、祭神等活动中都要敲击铜鼓、木鼓，并有鼓谱及相应的仪式。

图片来源
图一、图四　潘淘洁　摄影
图二至图三　胡晓斐　制图
图五　王何以　摄影

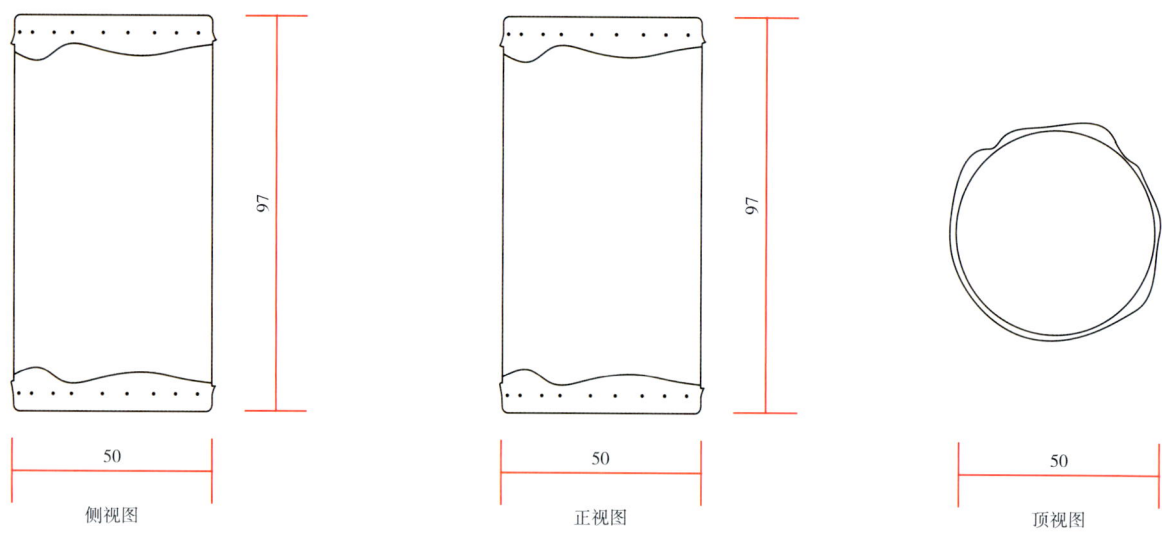

图二　三都县水族皮鼓三视、尺寸图（单位：cm）

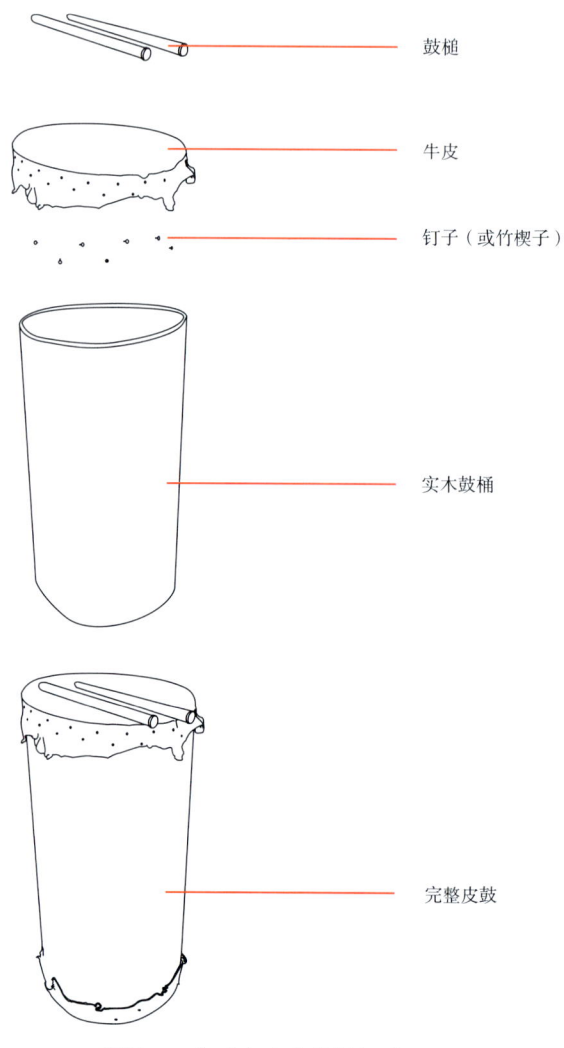

图三　三都县水族皮鼓解析图

图四　水族皮鼓使用情境图1

图五　水族皮鼓使用情境图2

第四章　水族传统生活用具

123

水族麻江型铜鼓

图一　三都县水族麻江型铜鼓主图

铜鼓起源于青铜器时代，在古代常用于战争中指挥军队进退，也常用于宴会、乐舞中。铜鼓是中国西南地区古代各民族的一种共通文化现象，流传至今已有2000多年历史。流传于水族地区的铜鼓，习惯称为水族铜鼓，大多是滇系铜鼓发展到后期的麻江型铜鼓。水族历来把铜鼓当作神圣的宝物重器、神器、乐器和祭器，被视为村寨之宝和家庭权势、财富的象征。"端节敲鼓好赛马，卯节敲鼓好唱歌"这句俗语，充分说明铜鼓作为节庆娱乐乐器在水族民俗活动中的重要地位。另外，水族迎送贵宾、婚嫁、建房等喜庆日子也敲铜鼓助兴。

本案例采集自贵州省三都县，是典型的麻江型铜鼓。总体呈扁圆形，高度小于宽度，鼓腹最宽处直径56厘米，鼓面直径51厘米，顶视平面呈正圆形，以圆心处的太阳纹为中心，一圈圈不同纹饰向外扩展；从侧立面来看，总高31厘米，高宽比约为0.5。铜鼓的制作材料，顾名思义以铜为主要成分，按照比例掺入锡、铅等金属铸造而成。本案例的规范化程度较高，鼓身呈柔和流畅的曲线形，鼓面略出沿于鼓身，上段胸部外凸，中段腰部内收，下段足部外侈。鼓身的胸和腰之间左右对称分布鼓耳，每侧两个，扁平宽带状，外弧凸出，浇注连接鼓身。铜鼓表面平滑，鼓壁薄而均匀，厚度约0.3厘米，鼓面厚约0.4厘米，鼓面单独制范浇铸，鼓身采用四道泥型合范法浇铸而成，鼓身有四条纵向凸起的合范缝，阻断鼓身的花纹。

水族铜鼓工艺繁复细腻、造型美观稳重、装饰丰富合理，具有浓郁的民族气韵。本案例铜鼓鼓面和鼓身遍布丰富的纹样，有浅浮雕效果。纹饰布局合理，均衡统一，主次分明。鼓面中心的太阳芒纹略凸出，能增强鼓心的抗冲击力，也有美化鼓面的作用，一圈圈向外扩散的晕圈宽窄相间，疏密有致，填充的纹饰有云雷纹、乳钉纹、游旗纹、翎眼纹、栉纹和生肖图案；鼓身用云纹、水纹、乳钉纹及栉纹装饰；鼓耳上有绳纹和辫纹。

水族人民使用铜鼓，需将鼓悬挂起来，离地30厘米左右，鼓面垂直于地面，"以绳系耳悬之，一人执槌力击，一人以木桶合之。一击一合，故声洪而应远"（黔南布依族苗族自治州、三都水族自治县概况编写组编：《黔南水族简介》，1983年第8期）。敲击主要有两种方式：三都、独山、榕江、丹寨、雷山县等地，以两人一组，击鼓者左手持条鞭击鼓腰配音，右手持鼓槌按鼓谱敲击鼓面中心，另一人则俯身，双手捧共鸣木桶于鼓腹后方，配合鼓谱节奏将木桶在铜鼓腹中来回抽动，借以控制气流、调节铜鼓的共鸣声响。使用共鸣桶的铜鼓敲击法，发出的声音雄浑、舒缓、悠远，抒情的音乐效果突出。另一种敲击方式流行于都匀地区，不用共鸣桶，一人击鼓，左手持条鞭击鼓腰配音，右手持鼓槌按鼓谱敲击鼓面中心。控制音响效果有三种方式，靠右手掌根压住鼓面、靠左手掌根压住鼓腰、靠大腿紧贴鼓腰，根据需要灵活运用，急速、静音、休止时三样并用，鼓声戛然而止。这种铜鼓敲击法，表现激越、奔放、跳跃的音乐效果较突出。

铜鼓文化已经融入水族人民的骨髓，节日时能增添热烈欢快的气氛，祭祀时能营造祥和庄重的氛围。明清时期水族地区盛行石棺墓葬，不少墓壁雕刻有铜鼓图案，希望亡灵在阴间同样能享用铜鼓。水族人民把铜鼓视为一种吉祥神器，十分珍惜爱护，使用时要举行祭祀仪式，收藏时要抹拭干净，珍藏起来。不到万不得已，水族人家一般不会轻易卖掉铜鼓，因为水家人的意识里认为丢掉了铜鼓，就意味着丢掉祖宗家业的精华，是不幸之事。

图片来源
图一　潘淘洁　摄影
图二至图五　古慧婕　制图

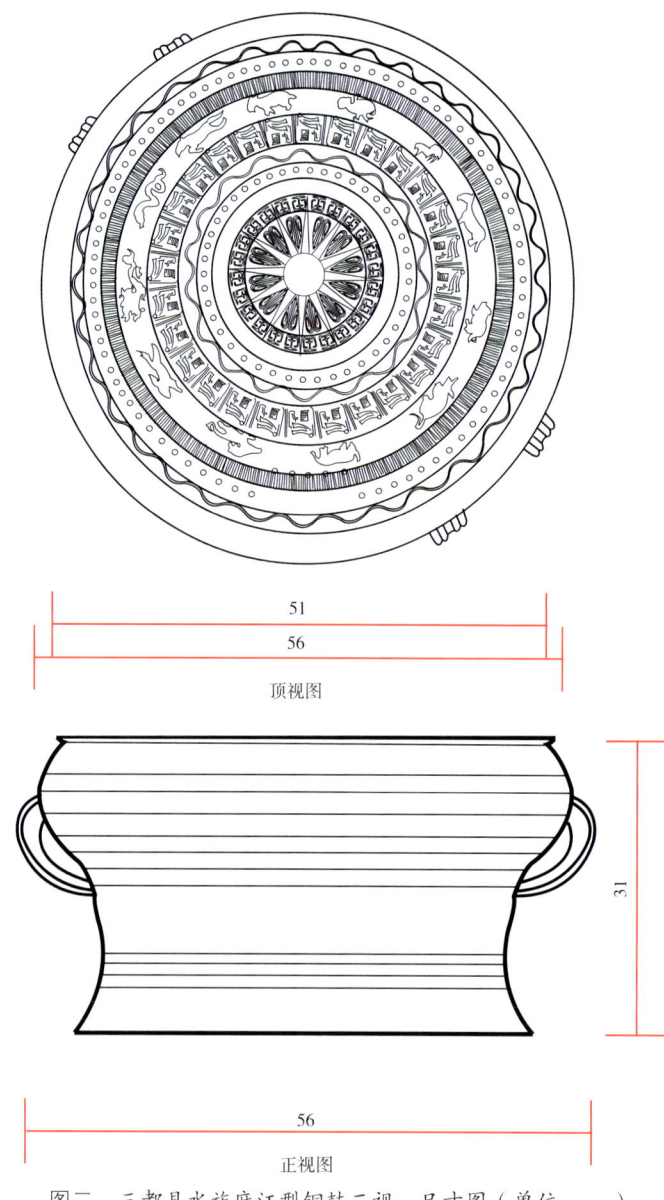

图二 三都县水族麻江型铜鼓二视、尺寸图（单位：cm）

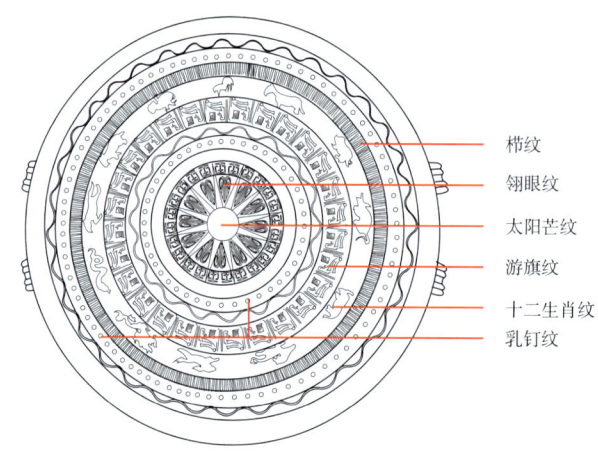

图三 三都县水族麻江型铜鼓正面纹样示意图

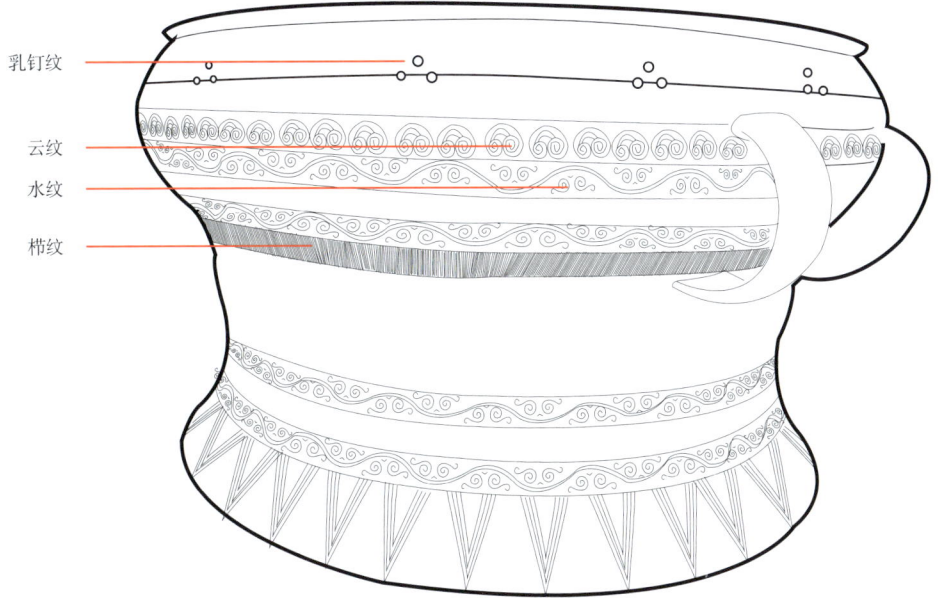

图四 三都县水族麻江型铜鼓侧面纹样示意图

图五 水族麻江型铜鼓使用情境图

水族长号

图一　水族长号主图

水族长号是一种唇振动气鸣乐器，是广泛流行于水族地区的一种号类吹管乐器。长号古时又名"长鸣"、"招军"、"先锋"等，是古代军用乐器之一，主要用作队伍召集、开拔的信号。

本案例采集自三都水族自治县，长号收缩时长106厘米，使用时长度约135厘米，底部喇叭直径22厘米，铜质。长号的管体分上下两段，上部为气管部分，上细下粗，顶端号嘴为一圆形气牌，中间内凹，开有通气小圆孔，此号嘴与细长的气管连成一体，不能拆卸；下部是扩音部分，同样上细下粗，底部呈外延的喇叭口形。平时，上段的铜管插入下段之中，呈收缩状态，吹奏时抽出上部，与下部严密连接，成为一个整体。水族长号只能发一两种洪亮的音调，音色粗犷、厚实、低沉。长号在水族人民各类节庆、祭祀、红白喜事活动中都很常用，具有召集民众、渲染气氛的作用。

图片来源
图一、图五　潘淘洁　摄影
图二至图四　胡晓斐　制图

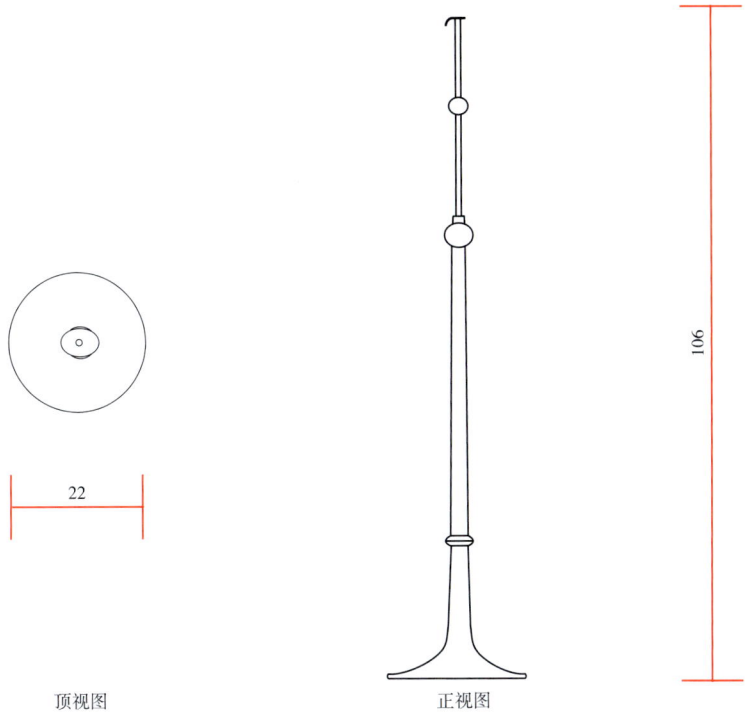

图二 水族长号二视、尺寸图（单位：cm）

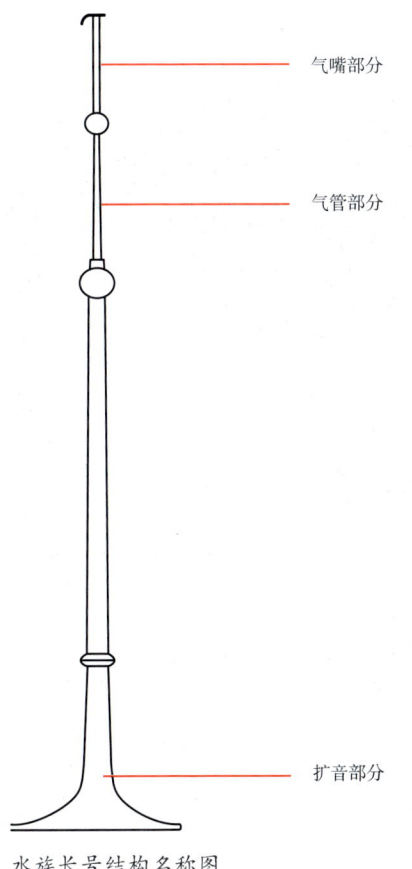

图三 水族长号结构名称图

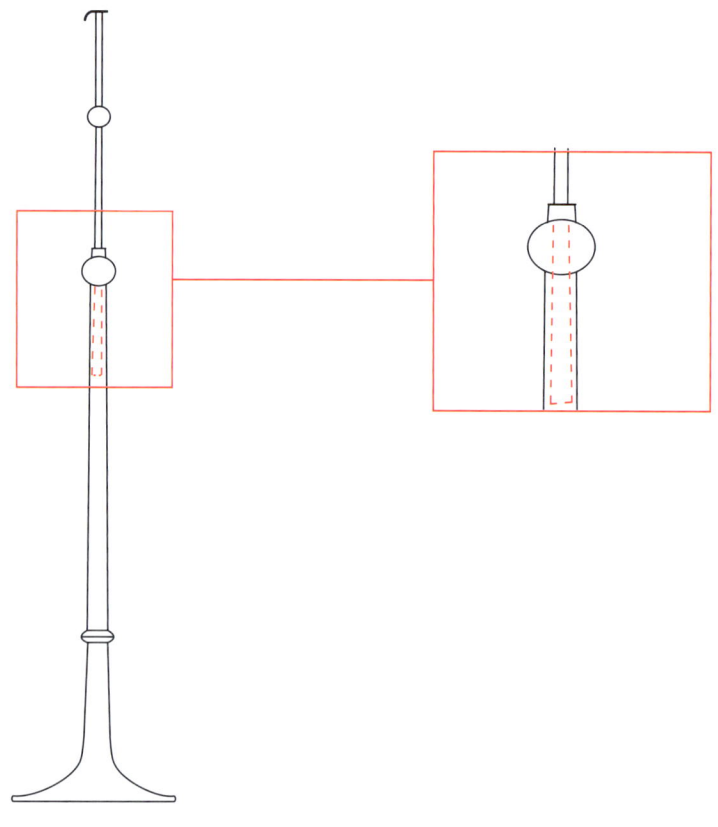

图四　水族长号解析图

图五　水族长号使用情境图

水族竹制中音芒筒

图一 水族竹制中音芒筒主图

芒筒是一种单簧气鸣乐器,也被称为莽筒、地筒、芦笙筒等,是水族地区普遍使用的一种竹制乐器。芒筒由簧管和共鸣筒两部分组成,选用不同的竹子制成。

本案例属于中音芒筒,总高85.5厘米,共鸣筒直径7厘米,簧管选用直径2.5厘米的细竹管制成,大小适合嘴唇包含,中间竹节部分打通,上端管口作为吹口,末端保留竹节使之自然封闭,底部开一长方形孔,镶嵌一枚铜质簧片;共鸣筒则选用粗大的毛竹筒制成,同样打通竹节,仅保留末端封闭,筒的上端平切,保留筒壁约1/4的部分高出平切面8厘米,并在两侧切出三角形,筒底4厘米上方切出一个圆弧形的切口,属于开管式;将簧管放入共鸣筒内,用绳索绕过三角形切口,把簧管与共鸣筒绑在一起即可。

使用时用嘴从簧管上端吹气,气流振动簧片发音,并通过共鸣筒扩大音量,使之发出声响,芒筒的强音浑厚、粗壮,弱奏音色圆润、柔和。

水族芒筒的共鸣筒有开管和闭管两种形制,闭管式底端封闭,开管式是在共鸣筒末端竹节上部,筒身一侧切出一个半圆形或三角形空洞。水族所用芒筒只能发出一个音,根据共鸣筒的粗细、高矮,芒筒音色浑厚、雄壮、圆润、柔和,音高可大致分为高、中、低和倍低音等。闭管式芒筒音色沉稳柔和,开管式的芒筒发音更为响亮一些。芒筒的规格非常多样,大小不一,区别主要在于共鸣筒的直径和长度。小的芒筒通高不到40厘米,共鸣筒直径约六七厘米,大的通高可达150厘米,筒径20厘米左右。水族地区芒筒一般不单独使用，而是作为低音乐器与芦笙配合使用，使用时会有多支音高不同的芒筒同时参与，组成芒筒队。不同芒筒的演奏方法也有区别，低音芒筒大多粗大、笨重，需要将共鸣筒斜置于地上，吹奏者站立，左手扶住共鸣筒，右手握簧管吹奏；吹奏中、高音芒筒，则是一手提共鸣筒，一手持簧管吹奏。中高音芒筒较为轻巧，可以如芦笙一般边吹边跳舞。

图片来源

图一、图六　潘淘洁　摄影
图二至图五　胡晓斐　制图

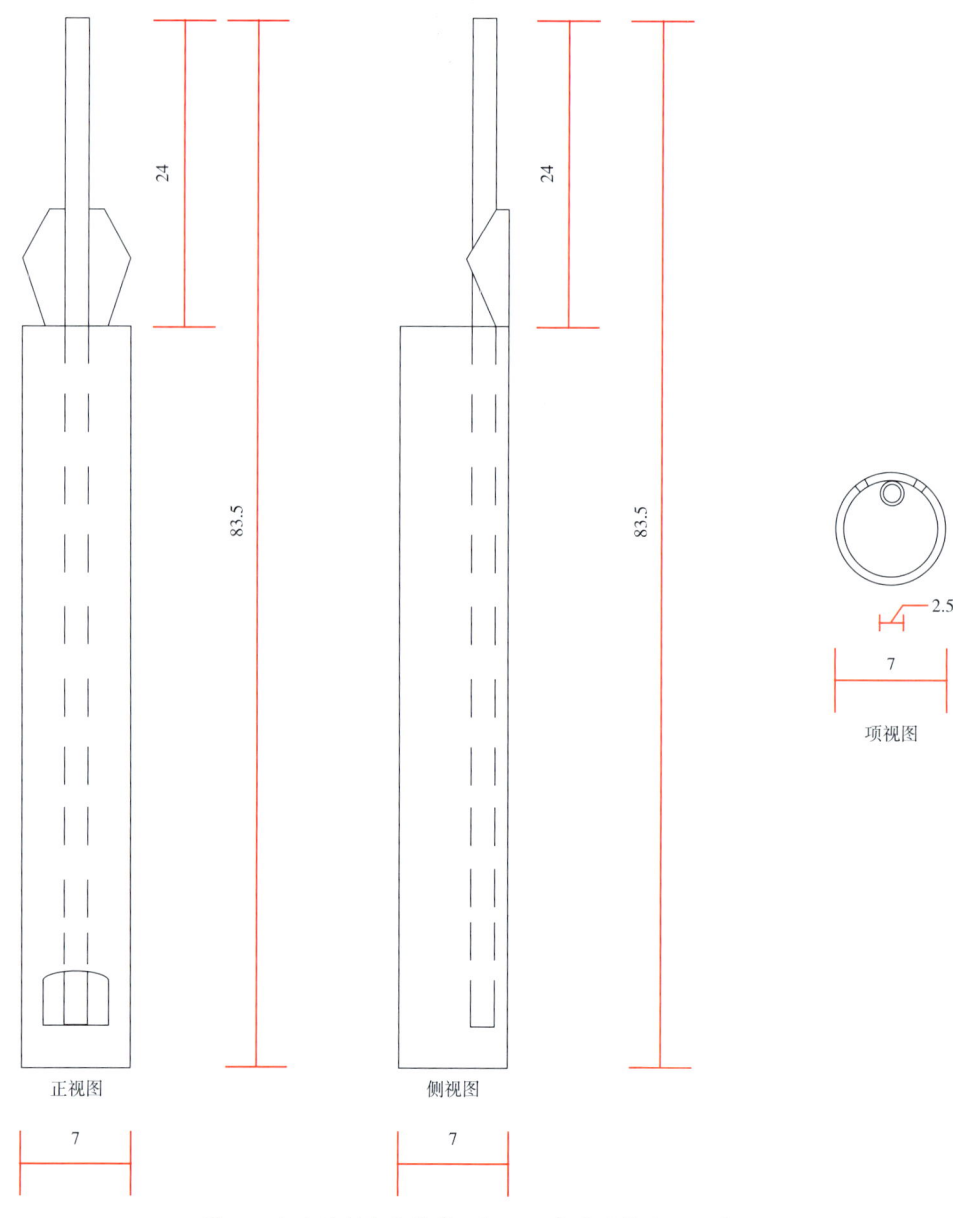

图二　水族竹制中音芒筒三视、尺寸图（单位：cm）

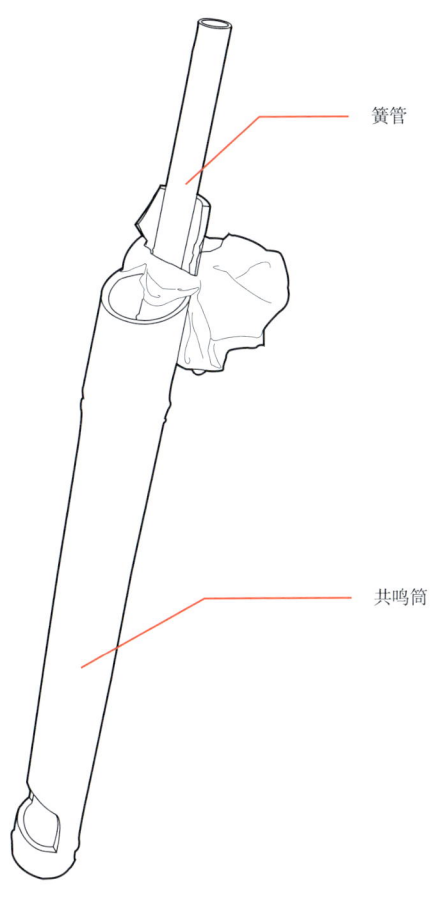

簧管

共鸣筒

图三　水族竹制中音芒筒结构名称图

图四　水族竹制中音芒筒簧管与共鸣筒结合示意图

图五　水族竹制中音芒筒操作示意图

图六　水族竹制中音芒筒使用情境图

水族芦笙

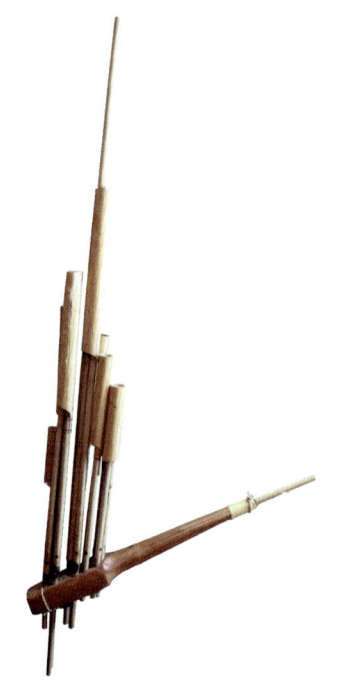

图一　三都县水族芦笙主图

芦笙是一种古老的簧管乐器，水语称为"补音"或"补苗"。水族人民使用芦笙历史悠久，曾是贡乐"水曲"，多用于节庆及丧葬活动。

芦笙由笙斗、笙管、簧片和共鸣管几部分构成。笙斗起着气箱的作用，一般用杉木、松木制作而成，选择顺直挺拔、没有疤节的一段木材，加工成上细下粗的棒槌状，长度约四五十厘米，最宽处约 5 厘米~8 厘米。加工笙斗时需将木块纵向剖开，内部掏空形成内膛，在较细的上端装入一根长约 15 厘米、直径 2 厘米左右的细竹管作为吹口，在笙斗的一侧，将多根细竹管制成的笙管以 70°~90° 的倾斜角度插入笙斗较粗的下端，穿透而出，笙管数量少的三管、多的八管，三管以上的分为两排插入，每支笙管入斗处装有一块铜制簧片，靠近笙斗的地方开有一个圆形按音孔，笙管上端管口通透，下端保留竹节自然封闭。笙管的长度与所发出的音高有关，高音笙最短，约 8 厘米~15 厘米，倍低音笙的高度可达 1 米~2 米。制作笙管要选竹节长、直径小、竹壁薄而均匀的竹子，最佳材料是生长多年的白竹，这样的笙管表面光亮、不易受虫蛀。笙管装好后用胶将两半笙斗黏合，再用细细的朱篾条扎几圈，箍紧。共鸣管是套在笙管上端的一截较粗的竹管，可使芦笙的音量明显增大，共鸣管的长度依音高不同而异。

水族芦笙独奏、合奏均宜，以足顿地，边吹边舞，俗称"芦笙响，脚板痒"。节庆曲调轻松明快，充满悦动之感；迎宾、敬酒曲调则委婉优雅；丧葬曲调则幽深肃穆。

《宋史》载，至道元年，太宗召见西南诸蛮贡方物，令作本国歌舞。一人捧瓢笙颂舞，数十辈连袂宛转，表演以足顿地为节的芦笙舞"水曲"，令宋太宗开怀。"询其曲，则曰水曲。"部落酋长龙汉侥因此加封进爵，荣宠无可伦比。"以其曲名，曾为帝王下问，龙汉侥遂借曲以名其族欤。"唐宋抚水州建制，与水曲、水蛮、水家、"水亦僚类"等有关。

图片来源

图一、图五　潘淘洁　摄影
图二至图四　胡晓斐　制图
图六　王何以　摄影

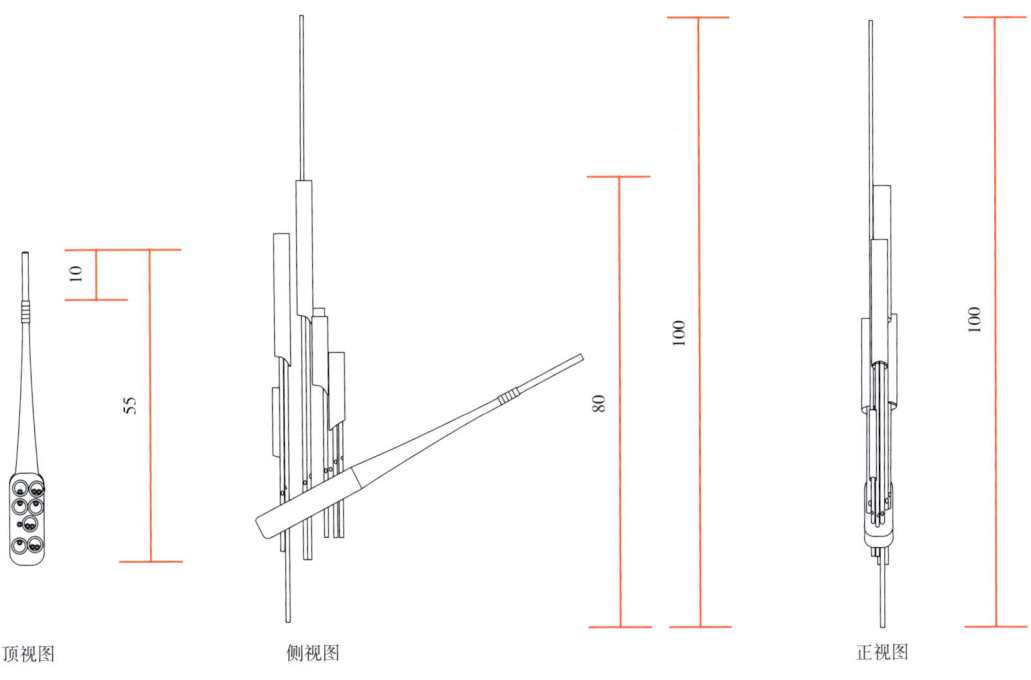

顶视图　　　　　　　侧视图　　　　　　　　　　　　　　　　正视图

图二　三都县水族八管芦笙三视、尺寸图（单位：cm）

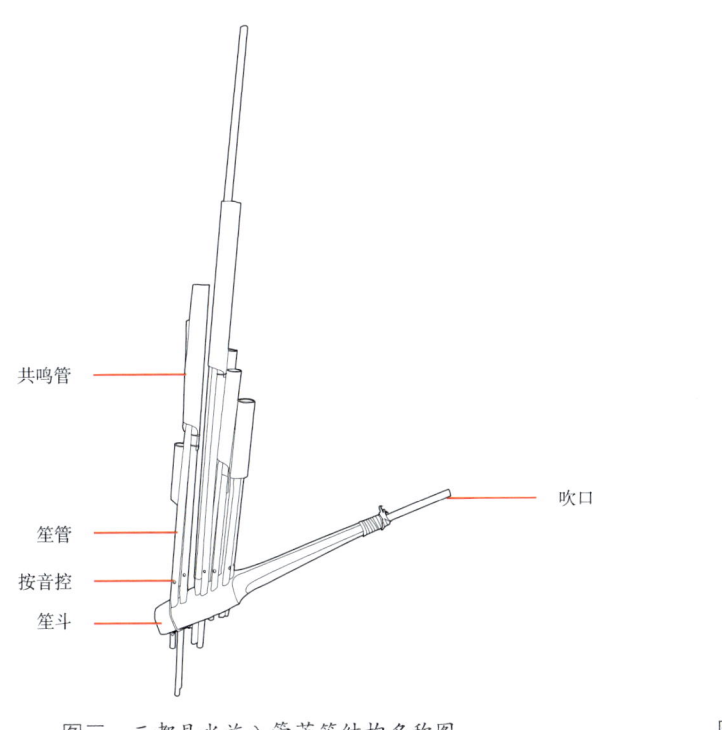

共鸣管

吹口

笙管
按音控
笙斗

图三　三都县水族八管芦笙结构名称图

图四　三都县水族八管芦笙操作示意图

第四章　水族传统生活用具

图五　水族葬礼上的芦笙队伍

图六　纯手工制作芦笙的水族艺人

水族大铜锣

图一　三都县水族大铜锣主图

大铜锣是水族打击乐器，音色低沉浑厚。因地域不同，水语对铜锣的称谓有两种，一种汉语谐音为"轩"，另一种谐音为"朵些"。锣面外形有平整的，也有中心部位隆起的。本案例采集自三都水族自治县，铜锣正面平整光滑，直径41厘米，边缘沿口高8厘米，铜材厚度约0.3厘米，沿口上凿有两个小孔，用以系绳索，方便使用。铜锣以铜为原料，靠手工锤炼打造，制作工艺在水族地区几乎已失传。

水族的大型丧葬活动或重大的宗教信仰活动中常使用大铜锣，作用有二，一是渲染活动气氛；二是根据水书记载，水族人认为依时间方位按数点敲击大铜锣，会获得巫术效果。

另一种水族使用的小铜锣外形与大铜锣相似，直径较小、边缘沿口较低，质地薄，音色响亮高亢，常与大铜锣配合使用，获得丰富的和声效果。使用铜锣时，一手提着锣身，另一手持木锤依节奏需要敲击锣面。

图片来源
图一至图二　潘淘洁　摄影
图三至图五　古慧婕　制图

图二　三都县水族大铜锣背面图

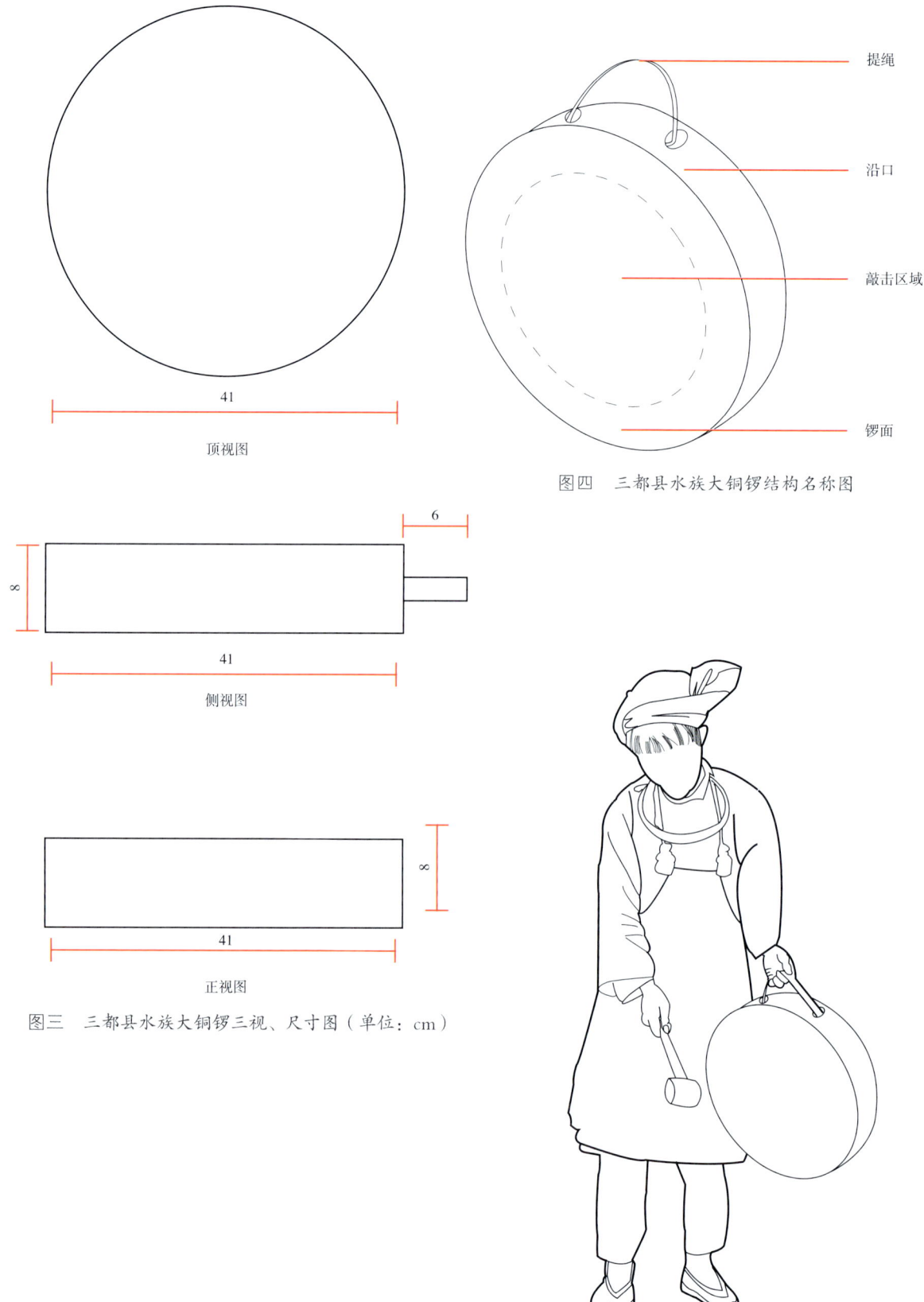

图三　三都县水族大铜锣三视、尺寸图（单位：cm）

图四　三都县水族大铜锣结构名称图

图五　三都县水族大铜锣操作示意图

第五章 水族传统生产工具

水族炕谷箩

图一　三都县水族炕谷箩主图

炕谷箩是一种用于烘干谷物的用具，通体用细竹丝编制，水语的汉字谐音为"布"。本案例采集自三都水族自治县，为民国时期制作。炕谷箩外形像一个倒扣的大竹篮，圆形，下底直径66厘米，上沿直径38厘米，高50厘米。炕谷箩是双层结构，制作时将竹子劈成截面2毫米见方的篾条，首先从内层中间的顶部开始编制，向下直径逐渐增大，编至直径和高度均约50厘米后，翻转纵向的篾条180度，使之由向下的方向翻转朝上，然后继续编制外层，直径放大约15厘米，使内外两层篾编之间形成夹层，逐渐向上收缩，外层高度超过内层约10厘米收口，即告完成。

使用炕谷箩时，将需要烘干的谷物从顶部倒入夹层中，然后将炕谷箩置放于有微火的灶孔上，火堆须用灰埋盖，不能有火苗，再在炕谷箩上覆盖保温材料，如旧床单或小棉被等，一夜功夫可烘干近百斤谷物，经济实惠，方便安全。

图片来源
图一至图二　潘淘洁　摄影
图三至图五　胡晓斐　制图

图二 三都县水族炕谷箩侧视图

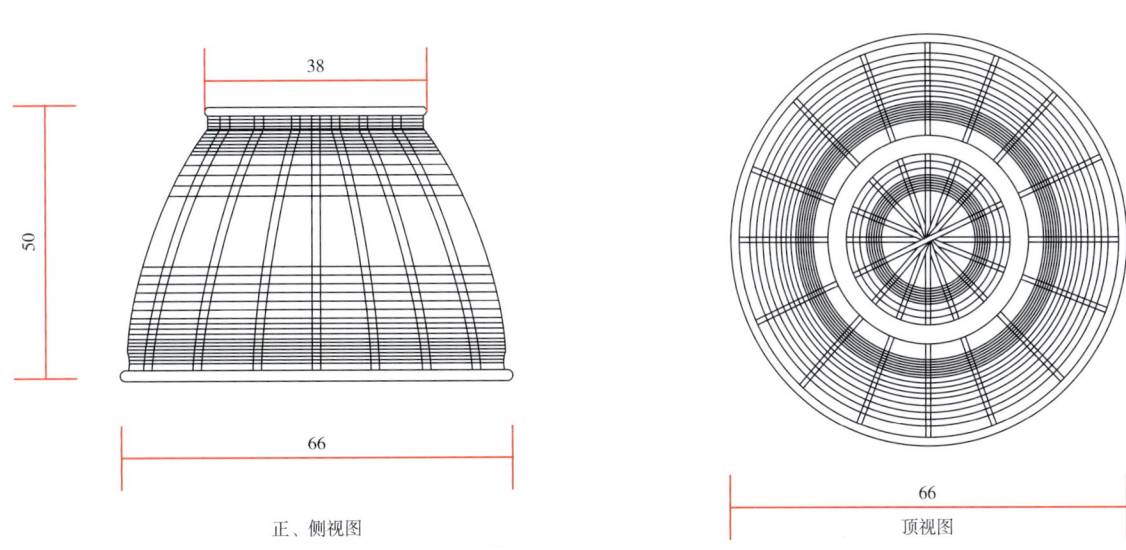

正、侧视图　　　　　　　　　　　顶视图

图三 三都县水族炕谷箩三视、尺寸图（单位：cm）

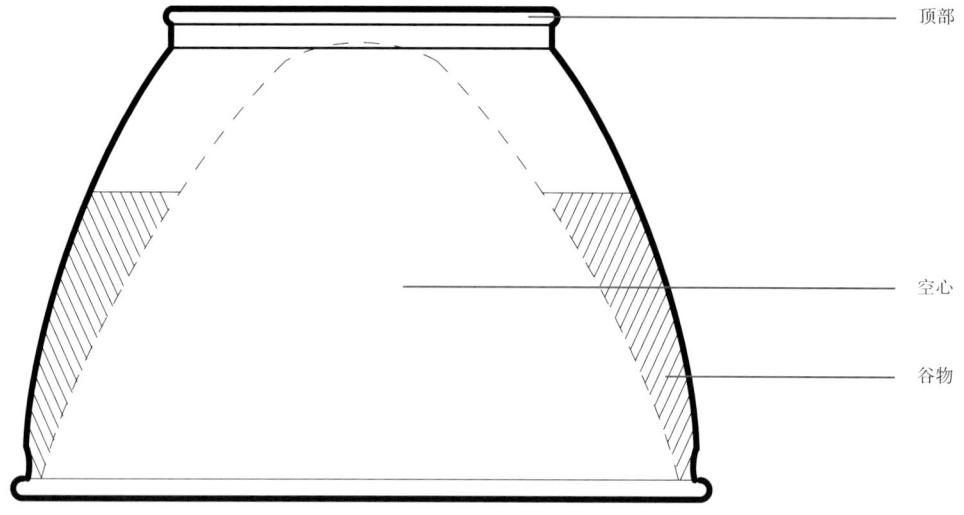

图四　三都县水族炕谷箩结构名称图

顶部

空心

谷物

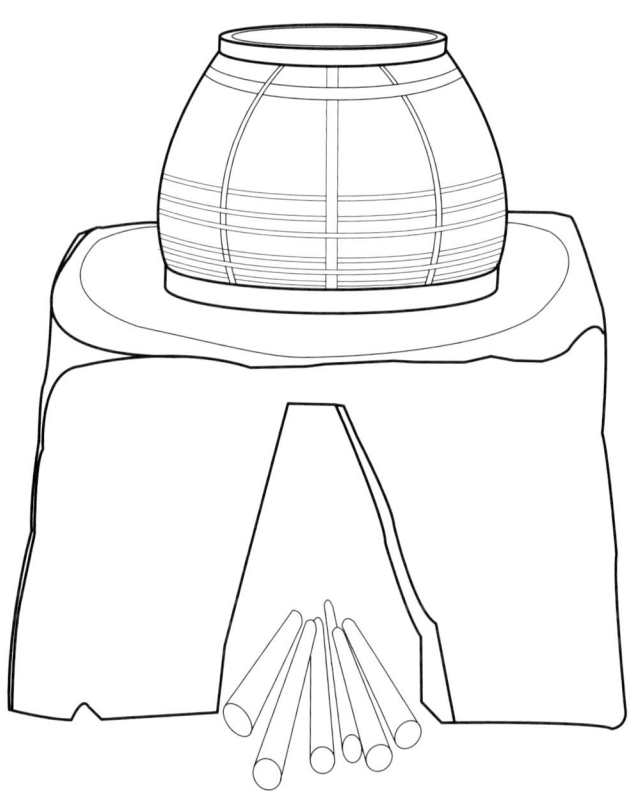

图五　三都县水族炕谷箩使用情境图

水族木梭子

图一　三都县拉佑村水族木梭子主图

　　梭子是在织机上使用的、载有纡子、用以引导纬纱穿过经纱开口的构件，在传统织机上作间断式的往复运动。本案例采集自三都县拉佑村，木梭子总体呈细长的橄榄形，长34.5厘米，最宽处4.4厘米，两头最窄处宽1.5厘米，高约4厘米，梭槽长14.3厘米。梭槽的内侧两端各钻有一个小孔，是为了固定纡子而设。纡子是缠绕纱线的细竹筒，长度根据梭槽的长度而定，一般在10厘米~14厘米，比梭槽的长度略短，直径约1厘米，中芯贯通。纺织者将纺好的纱线利用倒纱车卷在一根根的纡子上，再从纡子中心穿过一根铁签，卡入梭槽两端的小孔内，使载有纬纱的纡子固定在梭槽内。梭槽长端的一侧另开有一个小孔，纬纱便是从这个小孔中穿出。

　　操作传统手工织机时，操作者操控脚踏板提升不同的综片，使经纱上下分离产生不同的开口，手持梭槽内填有纡子的木梭，从开口中左右穿梭，使得纬纱与经纱交织在一起。铁签串着的纡子在织布的过程中不断滚动，释放纬纱。当所织布匹需要更换不同颜色或质地的纬纱时，剪断当前使用的纬纱，更换不同的纡子即可，当然也可以使用装有不同纬纱纡子的梭子，在需要频繁换线的情况下这样会更方便快捷，提高效率。

　　水族使用的木梭较其他地区的梭子而言，显得较瘦长，可装载的纡子上的线纱也较多，不用频繁更换纡子。水族地区的梭子一般选用榉木、楠木、杉木等木材手工制作，不上漆，在长期频繁的使用过程中，磨砺出润泽的质感，表露出优美的木材纹理。妇女织布一般都喜欢用自己"磨炼"出的梭子，觉得更顺手、更好用。

图片来源

图一、图三至图六　潘淘洁　摄影

图二　古慧婕　制图

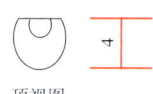
顶视图

正视图

侧视图

图二　三都县拉佑村水族木梭子三视、尺寸图（单位：cm）

图三　水族缠绕纬纱的纤子

图四　水族梭子与纺车

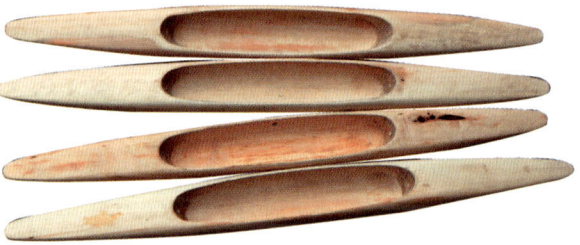

图六　未使用过的水族木梭子

图五　手持木梭正在织布的水族妇女

水族辫带凳

图一　三都县水族辫带凳主图

辫带凳是制作刺绣中的一种预制材料所用的类似小凳子的工具。在贵州少数民族的刺绣中常常会用到一种由多根丝线编织成的扁平的细带子，水族刺绣主要是将之用于马尾绣中图案的填充。

本案例采集自三都水族自治县，全部由实木制成，榫卯连接。辫带凳的"坐面"是直径为29厘米的圆形，至底面高48厘米，底面连接三条腿，正面两条腿下部1/3处有一条横木连接，起加固作用，横木中间垂直伸出一根木条与后面的腿连接，腿部最宽处35厘米。"坐面"横向靠后1/3处竖立一块"靠背"，高约12厘米，中间凹下一块，从中穿过一两根铁丝，铁丝在右侧延伸出来拗成简易的手柄。辫带凳在使用时还必须配有7根~9根细竹条或木条，每根竹条或木条的顶端缠绕待编织的丝线，底端则挂上有一定重量的螺丝、石头、钱币、金属片等。编织者将丝线的顶端结在一起，固定在"靠背"的铁丝中间，然后将连有丝线的竹条分列在圆形"坐面"的四周，便可开始按照特定的穿插手法将7根丝线相互交织成扁平的细带，编好一截后，便可转动铁丝手柄，将成品卷在铁丝上，方便后续继续操作。

熟练的妇女利用辫带凳操作7根~9根丝线相互交织的手法快速至极，过程眼花缭乱，竹条前后飞舞，不停变化位置，只听见竹条与凳子边缘"嗒嗒嗒"的撞击声。学习辫带可以算是水族女童学习女红的入门技能，四五岁的孩子便能熟练操作。将辫好的带子卷好，待马尾绣中的图案用马尾丝绣线勾勒好后，再将不同颜色的辫带钉入图案内，填充空隙。

图片来源
图一、图三至图六　潘淘洁　摄影
图二　古慧婕　制图

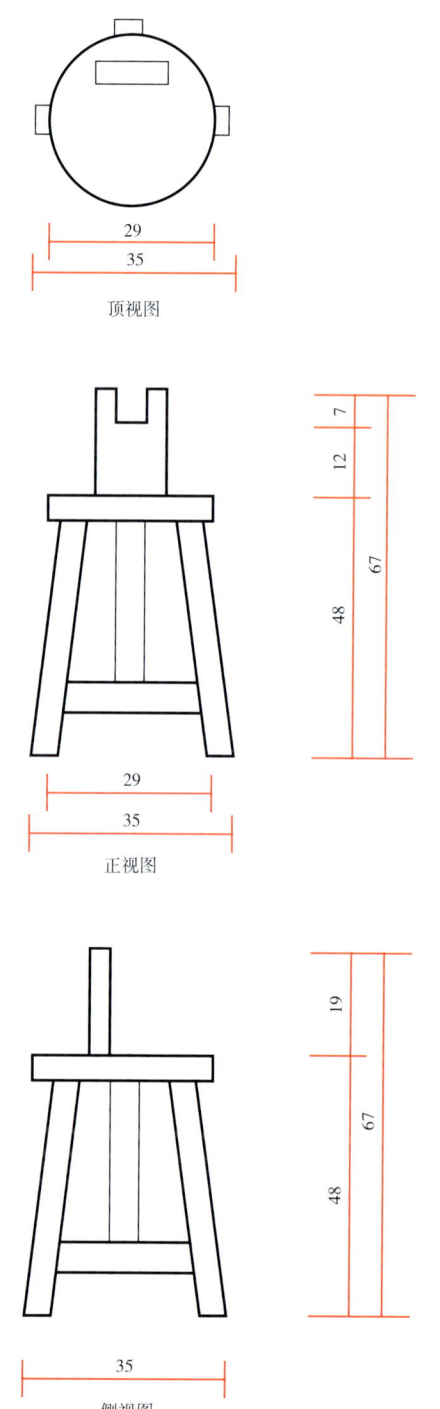

图二　三都县水族辫带凳三视、尺寸图（单位：cm）

图三　三都县水族辫带凳使用情境图

图四　水族女孩学习辫带图

图五　水族马尾绣中用各色辫带填充的刺绣图案

图六　其他款式的水族辫带凳

水族捣布石及捣布槌

图一　三都县水族捣布石主图

　　捣布即把新织好的布匹放在砧石上，用木棒反复捶打，使布匹绵软熨帖，以便裁缝制衣物或作蜡染等加工。

　　本案例三件物品均采集自贵州省三都水族自治县。长期以来，水族聚居地区保持着小农经济生产，大量物资自给自足的传统，普通百姓日常衣物的面料主要是自种自织的棉布，也有少量葛麻织物。不同于现代先进纺织技术所生产的棉麻织物，这些纯手工棉麻制品普遍较硬，并且为了防污和面料挺括，常常还上过浆，因此穿着舒适度差，而且也不方便裁剪缝纫，所以在缝制之前需要将织好的整卷布匹呈"Z"字形依次整理成比捣布石略窄的形状，然后平放于捣布石上，人蹲坐于捣布石前，用捣布槌反复多次捶打布匹，并不时翻动，使之均匀地受到捶打。经过这般加工的布匹裁缝时更方便快捷，穿着起来也更舒适。

　　捣布石由本地常见的青石料制成，捣布槌则由一段质地较密实的木料简单加工而成。本案例中的捣布石由一块完整的青石料加工而成，总体呈长方体状，顶面弧形，最高处23厘米，宽27厘米，长46厘米。顶面的弧形较光滑，其余各面较粗糙，捣布石的顶面是与布匹的接触面，太光滑布匹容易滑落，太粗糙则会磨损布匹，使用时常在布匹和捣布槌顶面之间垫一块废布料，可以防滑并减少磨损。本案例中的捣布槌有两根，均为下粗上细的圆柱体状，较粗的一端为捶击端，长为38厘米，直径7.5厘米，较细的一段为手持端，直径约3.5厘米，两根捣布槌的区别在于手持端的长度不同，较长的一根总长64厘米，较短的一根手持端相差10厘米。根据使用者的身材和使用习惯可选择不同长度的捣布槌。

图片来源
图一、图三　潘淘洁　摄影
图二、图四至图五　胡晓斐　制图

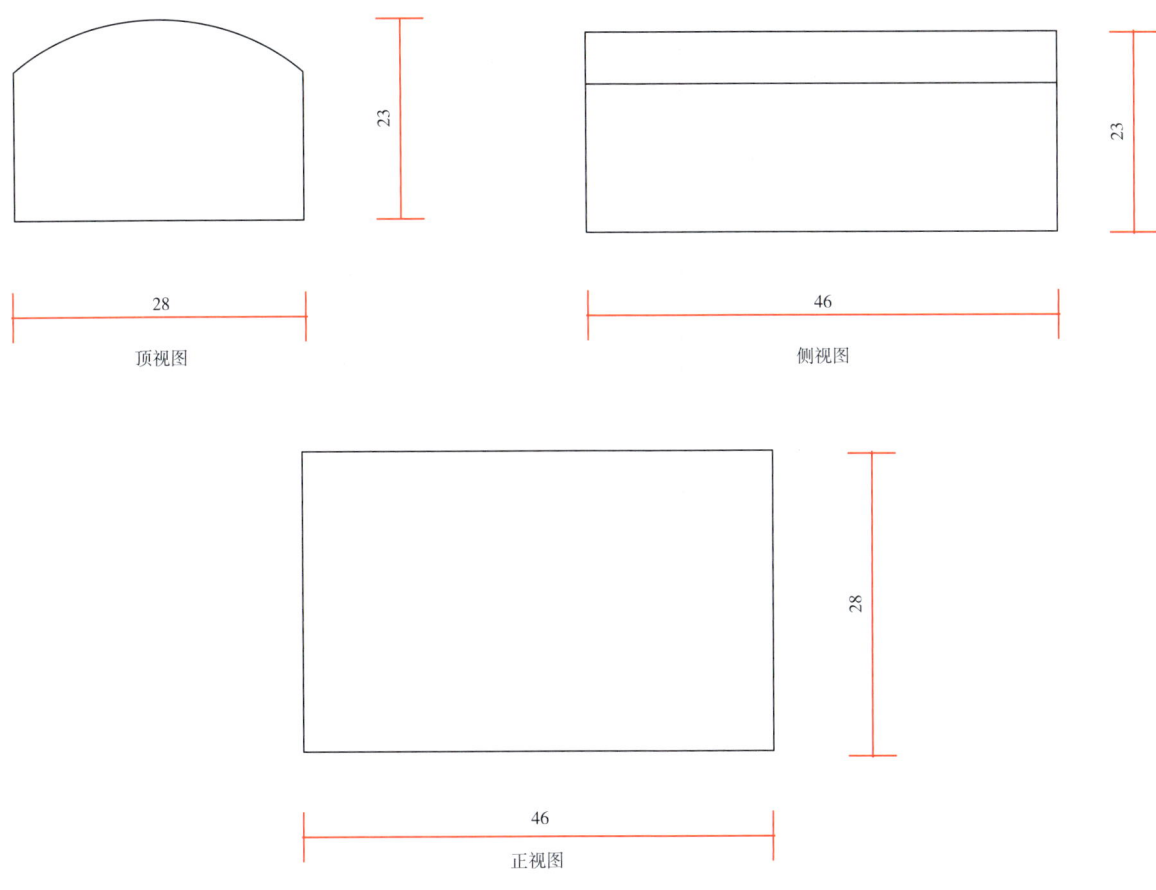

图二　三都县水族捣布石三视、尺寸图（单位：cm）

图三　三都县水族捣布槌主图

第五章　水族传统生产工具

149

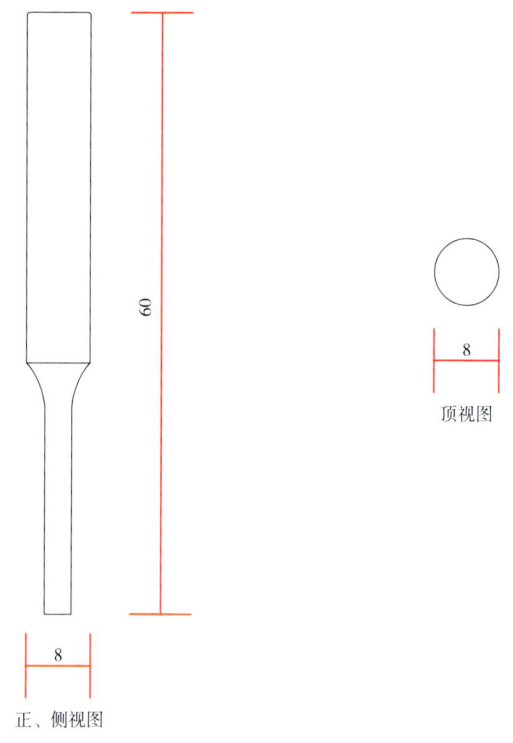

图四　三都县水族捣布槌三视、尺寸图（单位：cm）

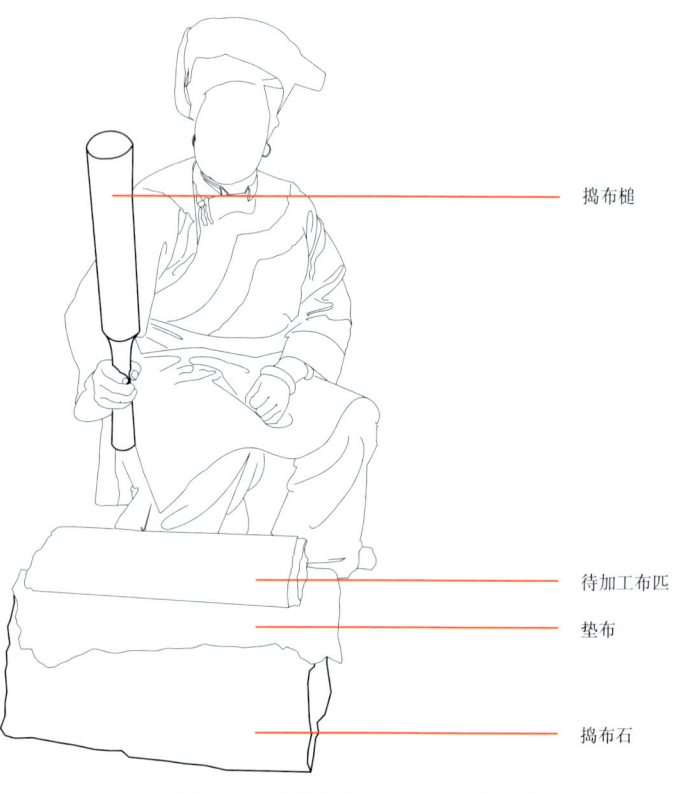

图五　水族捣布槌和捣布石操作示意图

水族倒纱车

图一　三都县拉佑村水族倒纱车主图

倒纱车是用来将大卷的棉纱线转换为小支棉纱，以便放入梭子内织布时使用的一种道具。该案例采集自三都水族自治县拉佑村，倒纱车由大转轮和小转轮两部分组成，用木条和竹条制成。大转轮总长85厘米，高64厘米，底座由两根木条组成"T"字形，短边底座上垂直竖立两根木条，均采用榫卯方式连接，靠近顶端处一根铁签做轴，支撑起一个竹篾条做轮毂的转轮，并于一侧延长弯曲成摇柄状，底座长边的末端立有一块高约17厘米的小木板，板上凿有一孔，一根草绳从孔中穿过，留出一个小洞，一根细绳从洞中穿过并绕大转轮一周；小转轮长62厘米，高55厘米，底座同样是"T"字形，竖立在底座上的两根木条间距略宽于大转轮，同样由铁签作轴支撑小转轮。倒纱时，先将大卷的棉纱绷于小转轮上，然后牵出线头绕在一根细竹管上，再将竹管套在大转轮末端的草绳孔处，之后操作者坐在矮凳上，一脚踏住大转轮底座长边，一手摇动大转轮上的摇柄，通过细绳带动竹管转动，进而带动小转轮转动，另一手则轻轻拉住棉纱，控制棉纱在竹管上缠绕的位置，如此这般，小转轮上的大卷棉纱便可飞快地转换到小竹管上了。竹管缠绕棉纱后的直径一般不超过4厘米，这是由该地区常用的梭子造型决定的，绕的棉纱太厚就会装不进梭槽内。

经倒纱车转换分装的棉纱织布时都是用作纬线，随着木梭在织机上穿梭，与经线交织出各种纹样。织布时常备有不同颜色的绕在小竹管上的棉纱，根据布料的纹样设计随时变化。

图片来源
图一、图五至图十　潘淘洁　摄影
图二至图四　胡晓斐　制图

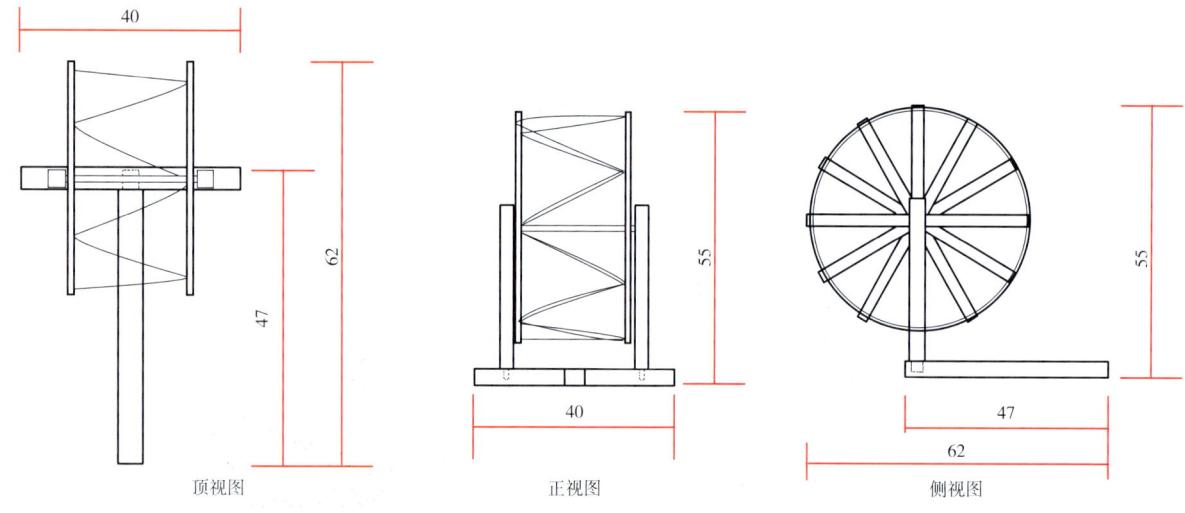

图二　三都县拉佑村水族倒纱车三视、尺寸图1（单位：cm）

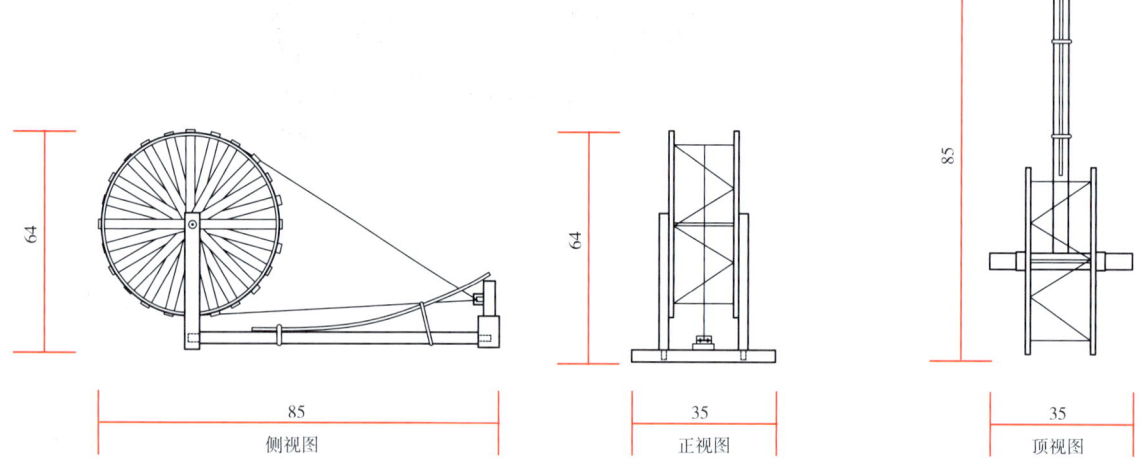

图三　三都县拉佑村水族倒纱车三视、尺寸图2（单位：cm）

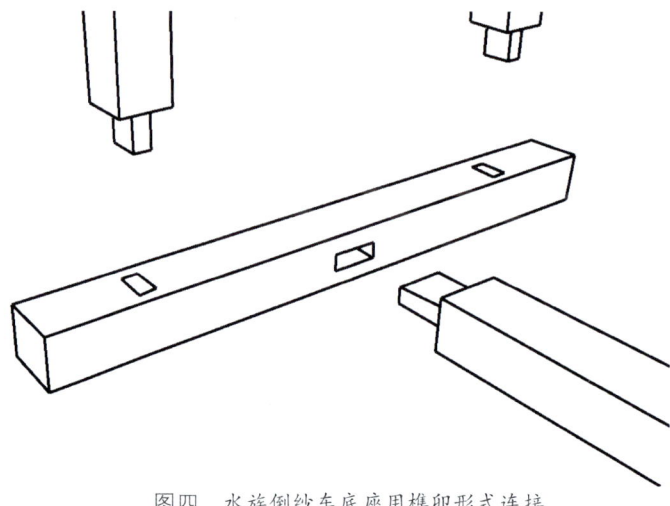

图四　水族倒纱车底座用榫卯形式连接

图五　水族倒纱车倒纱流程图1：准备大卷的棉纱

图六　水族倒纱车倒纱流程图2：绷棉纱于转轮上

图七　水族倒纱车倒纱流程图3：牵线头

图八　水族倒纱车倒纱流程图4：转轮倒纱

图九　水族倒纱车倒纱流程图5：倒纱完成

图十　绕在竹管上的棉纱被植入梭槽内

水族石磨

图一　三都县三洞乡水族石磨主图

石磨，是用于将米粒、麦子、豆类等粮食加工成粉末或浆汁的一种传统机械，水语的汉字谐音为"磨"，支撑磨盘的木架谐音为"架磨"，这也体现了水语保留着大量中原古音的特征。水族家庭常用的小型石磨用两块大小相同的圆形石料做磨盘，上下垒叠在一起，磨盘相互结合的面都錾有磨齿，上方的磨盘开有小圆孔，待加工的粮食从小孔中添入磨盘，推动上层磨盘上连接的木制手柄，使磨盘转动，内中的粮食受到碾压后沿着磨盘上的纹理向外移动，最终掉落到磨盘之外。

本案例采集自三都水族自治县三洞乡，石磨盘直径31厘米，高21厘米，手柄长17厘米，高27厘米，磨盘之下另有木制的托盘，托盘长133厘米，放置石磨盘的最宽处宽45厘米，一端是直径33厘米的圆形凹槽，另一端是宽27厘米的引流槽。托盘选用整段实木，对半锯开，在一端留出承载待加工食材的圆形凹槽搁架，其余部分内凿开挖成半弧形槽状，磨盘一端略高，缓缓向槽口倾斜，形成坡面，再以两块木条横架在木槽中用以放置石磨，槽状的托盘能将磨好的食物往槽口引导。托盘下还有一个"X"形的木架子，高59厘米，将托盘和石磨架高到适合操作的高度，并且能够在托盘的槽口下放置木桶木盆等容器，承接磨好的食物。

图片来源
图一、图二　潘淘洁　摄影
图三至图五　古慧婕　制图

图二 三都县三洞乡水族石磨俯视图

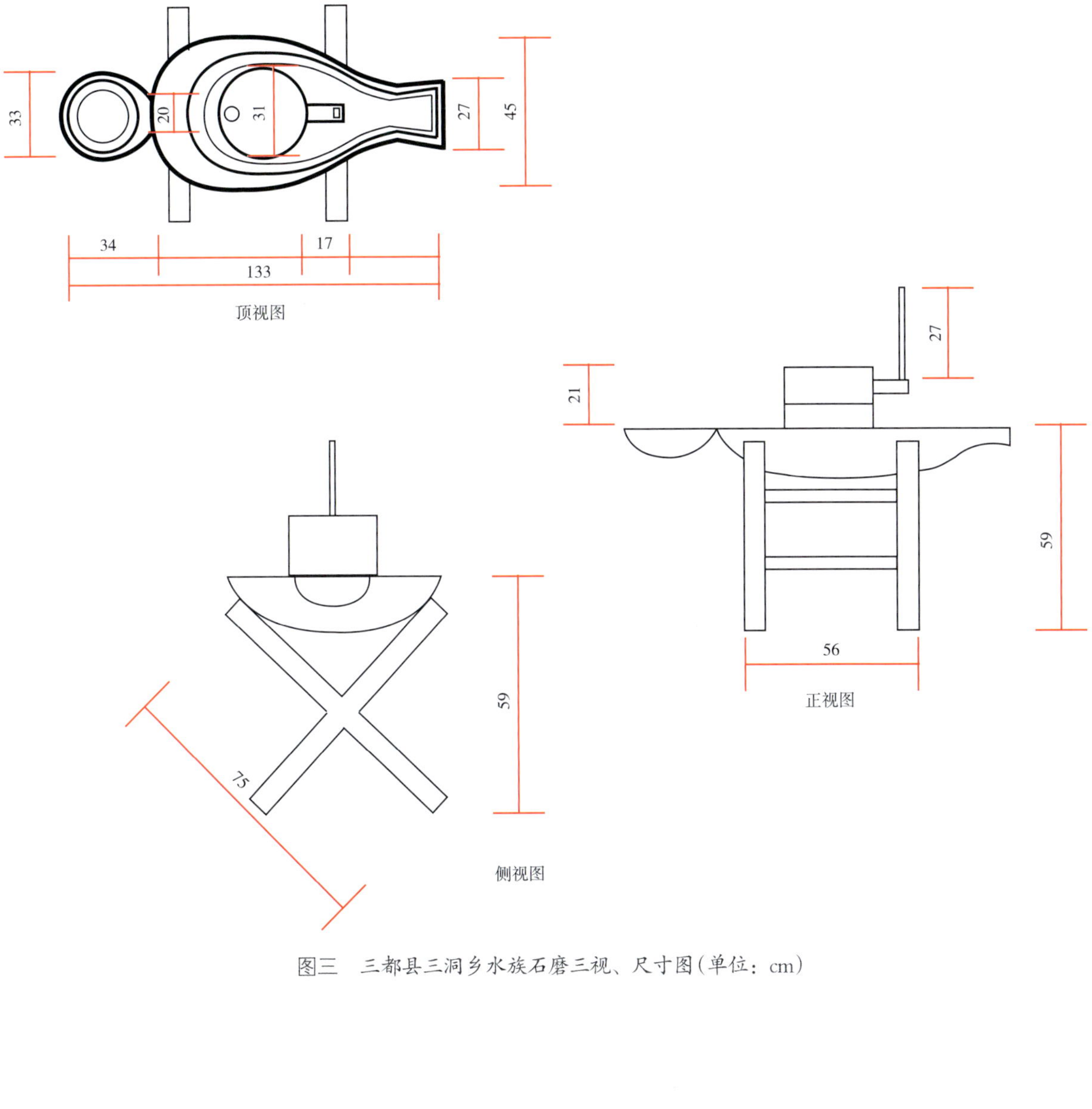

图三 三都县三洞乡水族石磨三视、尺寸图（单位：cm）

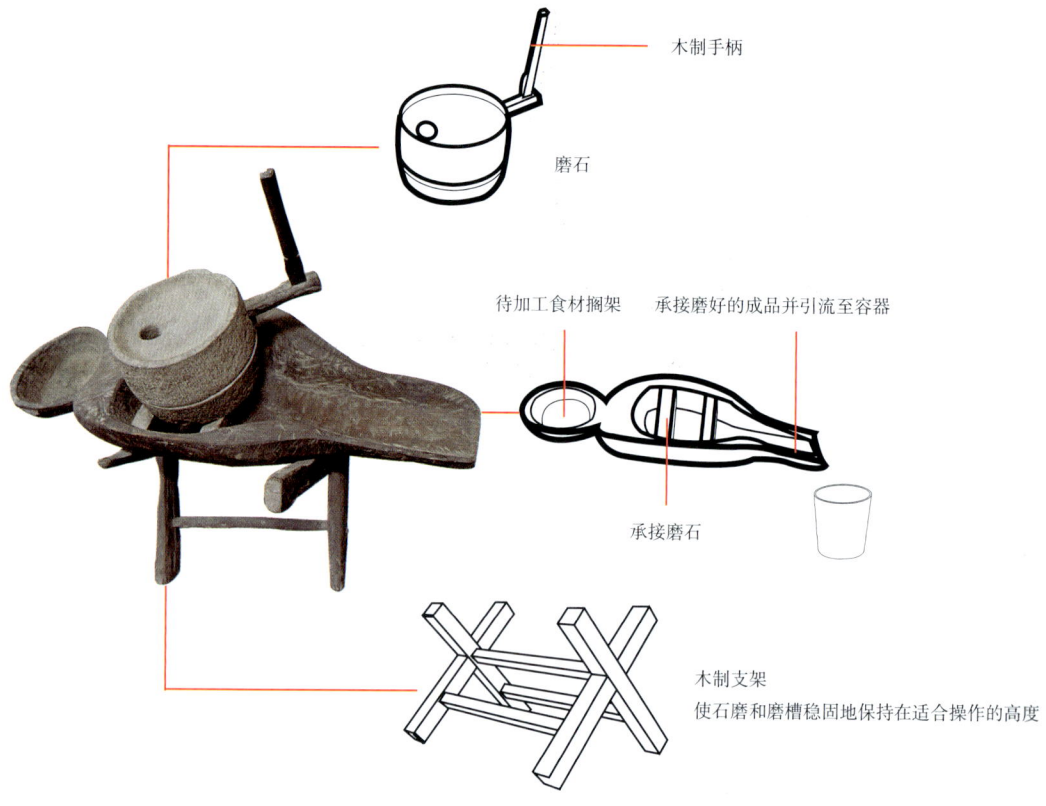

图四　三都县三洞乡水族石磨结构名称图

图五　三都县三洞乡水族石磨操作示意图

水族步犁

图一 三都县水懂大寨水族步犁主图

水族是有着悠久稻作历史的民族，木犁是犁田、耕地、破土的重要农具。本案例采集自三都水族自治县九阡镇水懂大寨，步犁为铁木结构，通高76厘米，主要由犁柱、犁脚、犁拱、犁铧构成。犁柱中部凿长方孔眼，用来穿套犁拱；犁拱上方的大木屑用于调节犁口深度；犁柱底部用卯榫方式连接一段与地面平行的木条，用来安装破土的铸铁铧片。犁铧可分为两种：整块铧片，或分铧头、铧叶连拼，本案例为后者。犁拱尖端钻孔系65厘米长的横木条，其两端系拉力的藤条，藤条的另一端系上弓形牛弯，套在动力牛的肩胛靠背处即可工作。犁用于破碎土块，翻动泥土，或开沟拉畦之用，使用时人需随犁步行。犁耙通常配合使用。

在水族古籍水书中，有犁的象形文字，一作犁田土的动词，二作农具名称使用，三作为重耳代名词。水语读音有两种，国际音标注音为：lí，通汉语；另有一种读音为tōu，谐音"脚"。

图片来源

图一、图五 潘淘洁 摄影
图二至图四 胡晓斐 制图
图六 王何以 摄影

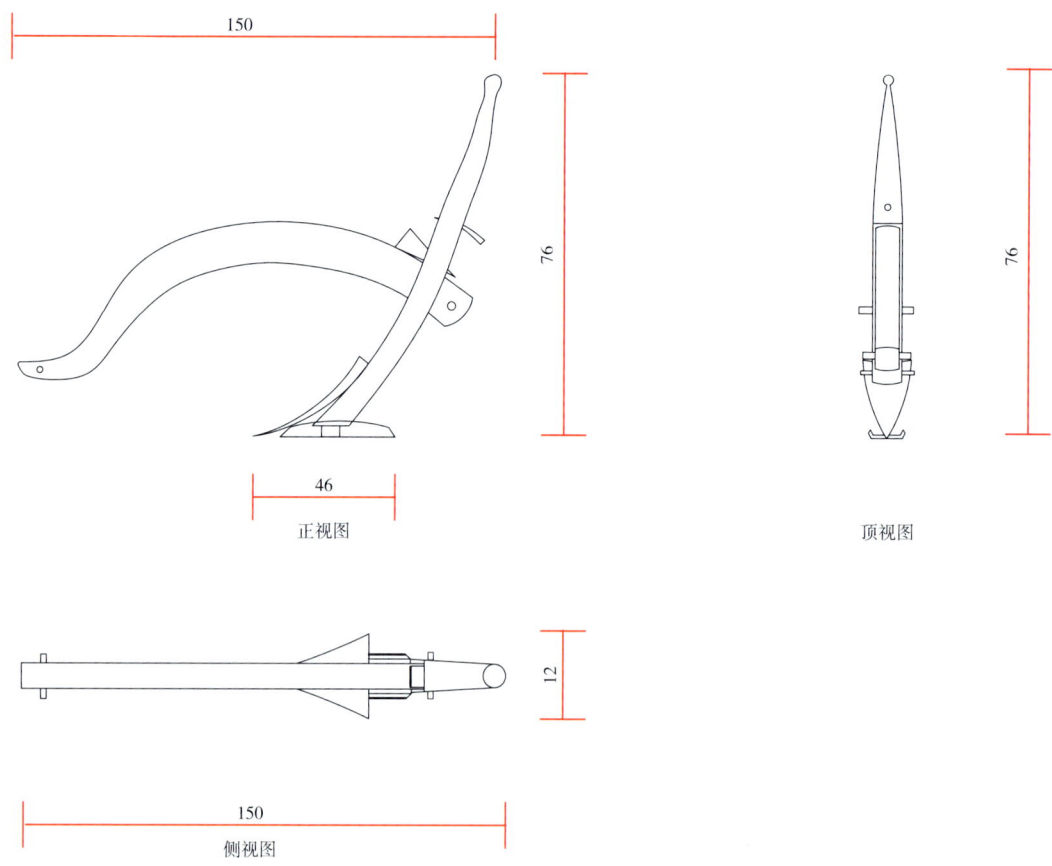

图二　三都县水懂大寨水族步犁三视、尺寸图（单位：cm）

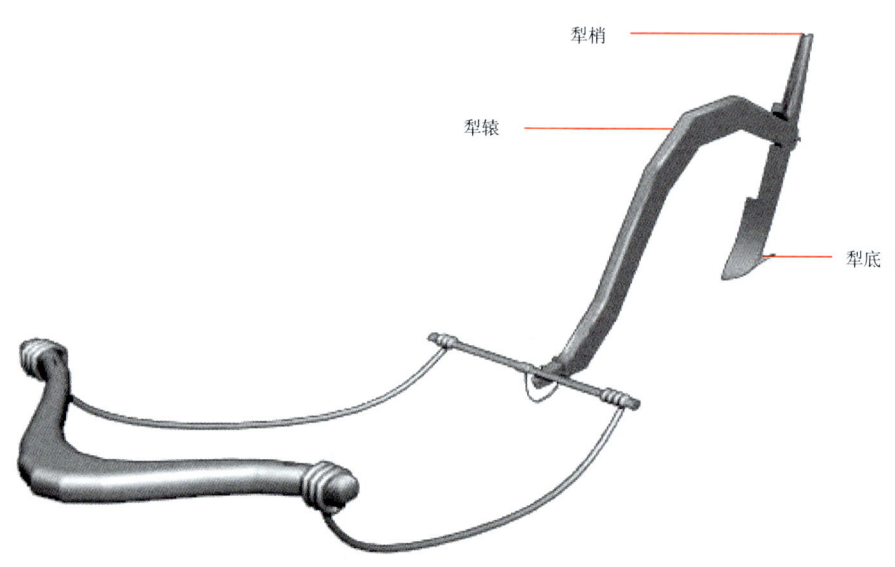

图三　三都县水懂大寨水族步犁结构名称图

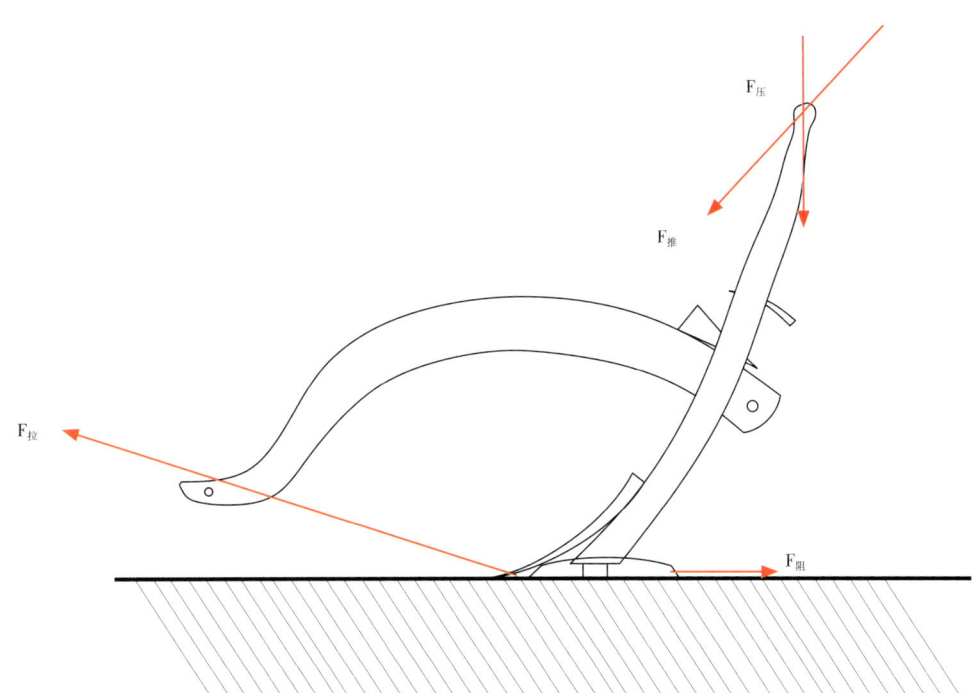

图四 步犁受力分析图

图五 三都县水懂大寨水族步犁犁头细节图

图六 水族步犁使用情境图

第五章 水族传统生产工具

水族木耙

图一　三都县水懂大寨水族木耙主图

木耙是以农耕经济为主的水族人民重要的生产工具之一。本案例采集自三都县水懂大寨，以木头为主材料，通高76厘米，以4根木材搭成矩形主架，以卯榫结构连接。主横木直径约7厘米，长70厘米，用17厘米长的楔形硬质木条做破土耙齿，嵌入主横木中，为防止主横木炸裂，外套小铁环，并用铁丝缠绕加固。主架其余3根木条截面为扁平的矩形，上端扁横木是扶手，长56厘米，也是控制耙田深度的压力器，垂直方向的两根木条是支架，根据使用者的身高决定其长短。木耙主横木两端各嵌有一根木条作为系耙藤的支点，耙藤的另一端系上弓形牛弯，套在动力牛的背上肩胛处即可让牛拉动木耙。有些木耙的耙齿用棱形的铸铁制作，更为耐用。

水族稻作文化历史悠久，耙是耕作常用的碎土平地农具，水语国际音标注音pá，读音通古汉语。在水族的水书古籍中以耙的象形造字，表示耕作及富裕，有"八耙耙田，九耙休坎"形容大户人家的劳作场面。

图片来源
图一、图四　潘淘洁　摄影
图二至图三、图五　胡晓斐　制图
图六　王何以　摄影

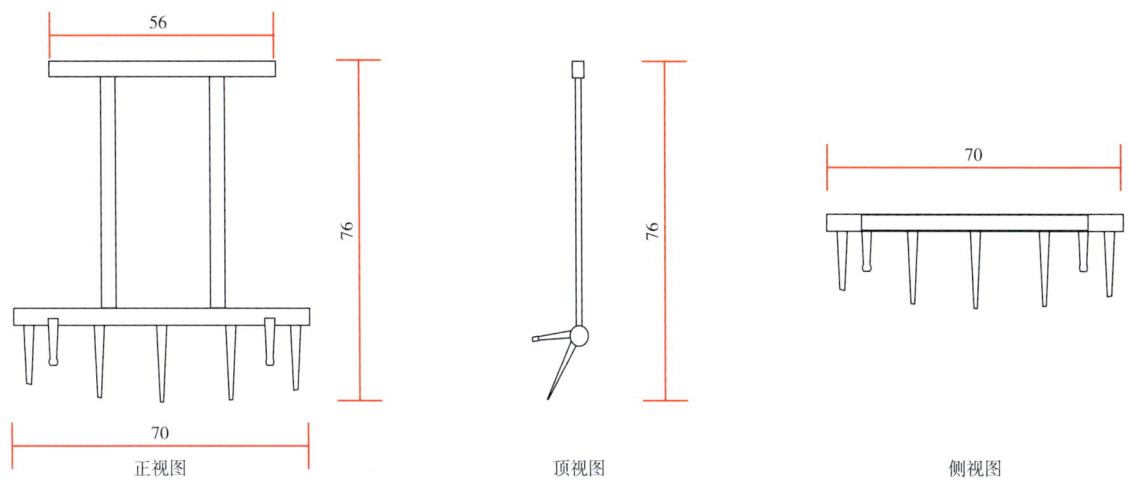

图二　三都县水懂大寨水族木犁三视、尺寸图（单位：cm）

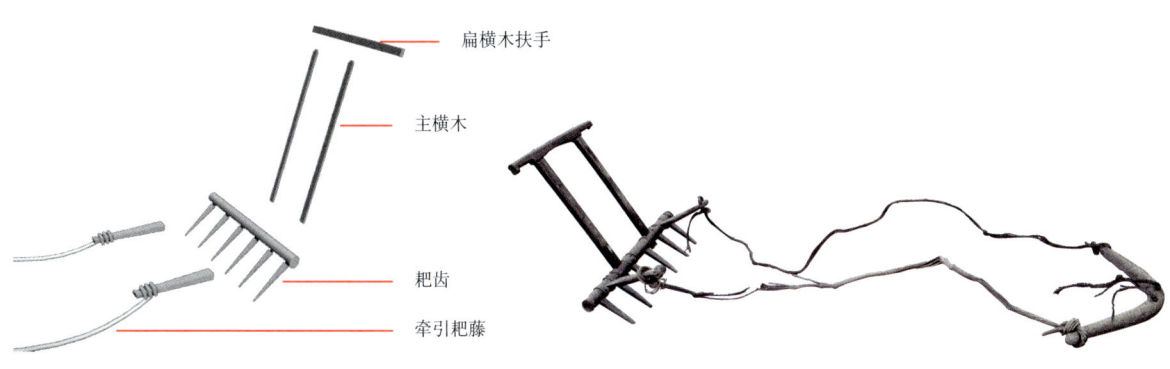

图三　三都县水懂大寨水族木耙解析图　　　　图四　三都县水懂大寨水族木耙与牛弯组合图

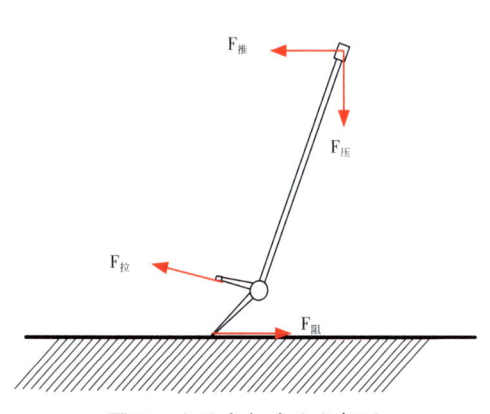

图五　水族木耙受力分析图

图六　水族木耙使用情境图

第五章　水族传统生产工具

水族木制四踏板织机

图一　三都县水族木制四踏板织机主图

织机是将两组或多组纱线以直角交织的形式组织成织物用的设备，纱线分经线和纬线，分别从纵横方向交叉穿过，经纬交织，并通过多页综片控制不同开口方式，形成不同纹样的布匹。

本案例采集自贵州省三都水族自治县，通体木结构，总高188厘米，总长176厘米，宽度80厘米。织机由机身、机架、坐面板、踏板、综片、综片操纵悬臂（鸦二木）、经线卷轴、布卷轴和扣板等部分组成。织造过程中通常首先将不同颜色的经纱按预设纹样的要求排好，卷于经线卷轴上，织布的过程中不断地转动卷轴释放经纱，而布匹纹样的变化还需要将经线穿过综片，然后利用脚踏板和操纵悬臂提升不同的综片、形成不同的开口来实现，而纬纱则是卷成小线卷，放在梭子里，通过梭子左右穿梭带动，使纬纱穿过经纱被综片分离出来的不同的开口，形成不同组织的布纹，织布的过程中纬纱可以根据需要经常换纱换色，而经纱是固定不变的。

使用踏板式织机只需一人即可操作，操作者坐在坐面板上，通过脚踩踏板控制经纱的开口，手持木梭子，带动纬纱从开口中穿过，与经纱交织，纬纱每穿梭几个来回还需拉动扣板打纬，使之紧实。每织好一段（约二三十厘米）就转动布卷轴，带动经纱卷轴，使经纱不断往面前移动。

这种踏板式织机的踏板数量与综片的数量是对应的，所挂综片的数目决定了一个单元图案中不同规律的经纱变化方式的数目，踏板和综片越多，能够织出的纹样越复杂。一块踏板的织机只有一页综片，能织出最简单的平纹布匹，水族家织布中最常见的平纹方格图案就可以用单板织机织就,这种布料只需考虑纱线颜色搭配,并用纬纱控制每个单元图案的色条宽度即可。经纬色纱相同的排列可以得到方格织物。如果经纱用两种以上的色纱排列,纬纱用一种颜色,可以得到条纹织物。水族地区所见的踏板织机最复杂的是六块踏板,两块和四块踏板的较为多见。

水族布料的宽度大多在40厘米~55厘米,这主要由投梭的动作幅度和织机宽度决定,长度则根据需要由经纱的长度决定。水族布料的图案以纵向细条纹和小方格子居多。

水族家庭织物的密度变化不大,并且受纱线的粗细所限,每平方厘米的经纬密度大多不超过20支×20支。经密一般是固定的,纬密则由织布者用扣板打纬时用力的大小而决定,一般根据织物的用途而异,如用于做衣服的打纬较松,若是做床单则较紧。

图片来源
图一、图四至图五　潘淘洁　摄影
图二　胡晓斐　制图
图三　潘淘洁　摄影　胡晓斐　制图

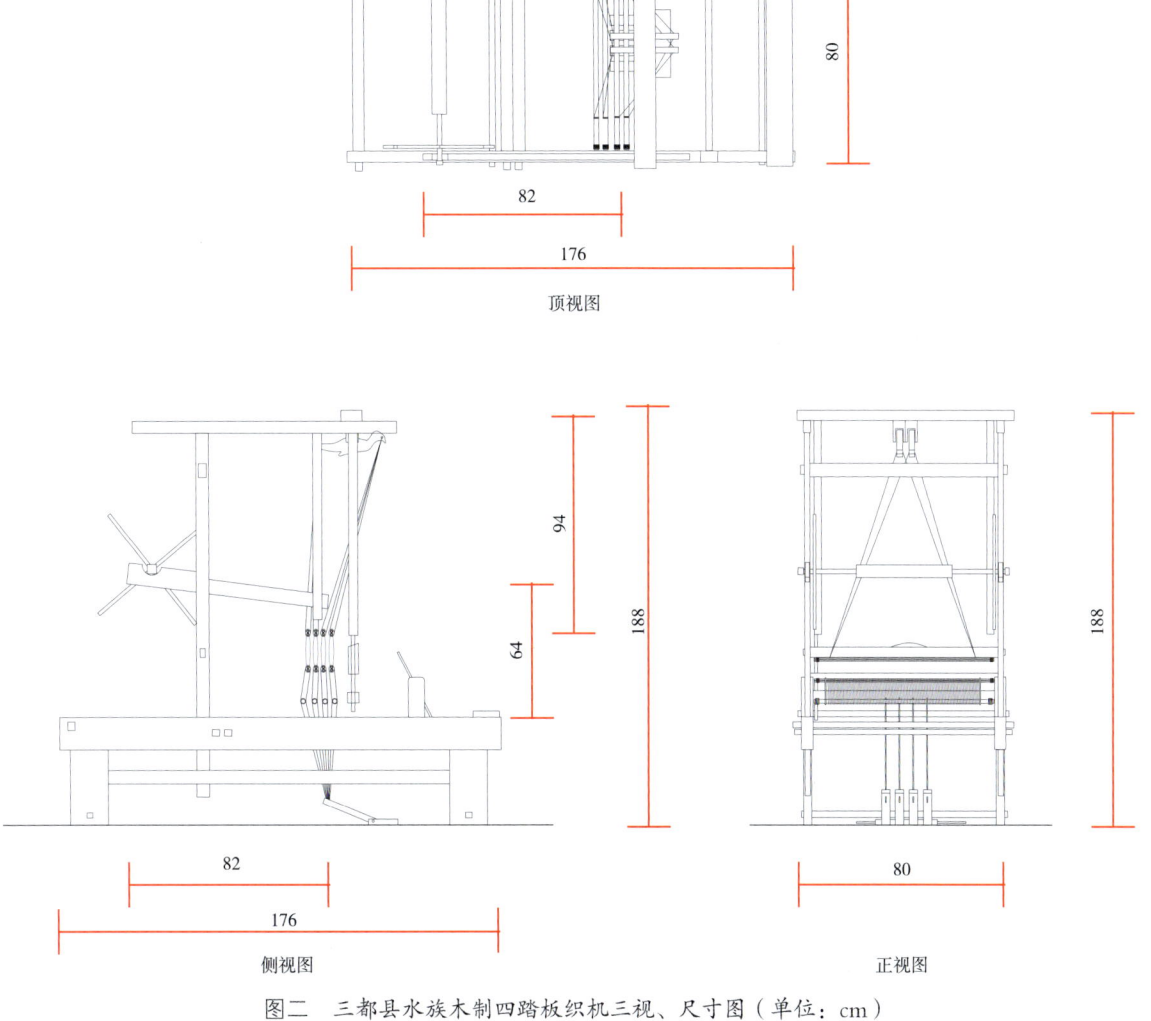

图二　三都县水族木制四踏板织机三视、尺寸图(单位:cm)

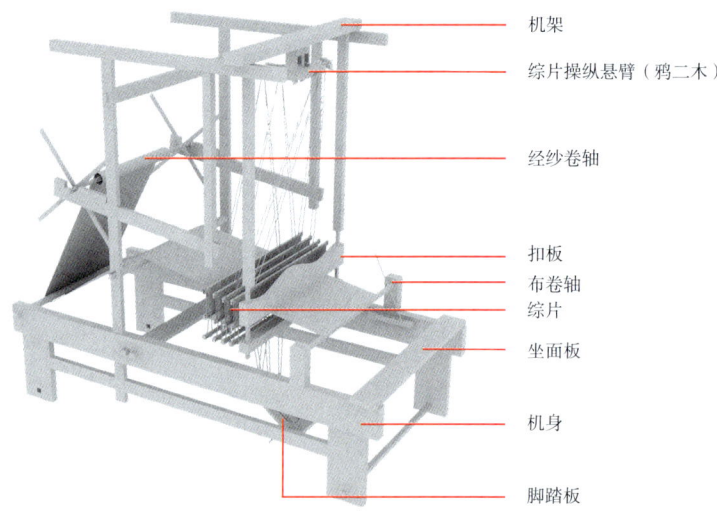

图三　三都县水族木制四踏板织机结构名称图

图四　水族四块踏板对应四块综片细节图

图五　水族本类型织机所织成品布匹

水族打谷桶

图一　三都县羊福乡水族打谷桶主图

　　打谷桶是一种水族民间普遍使用的谷物收获农具，水语汉字谐音为"乎"。水族是南方稻作民族之一，打谷桶是收割水稻、麦子、荞麦、豆类等作物的主要用具，大多选用杉木或梧桐木板为原料制作。

　　本案例采集自三都县羊福乡，整体呈上宽下窄的倒棱台无盖方盒状，上沿边长145厘米，下沿边长125厘米，高度60厘米，选用平整的厚木板，采用传统榫卯工艺横向拼接，木板厚度约三四厘米。桶口四条外脊处留有10厘米超出部分作拉手，在底边加两根10厘米见方的木条做导轨，便于推拉。搬运时，用小圆木一段做抬杠，一端顶在底边内角，一端顶在靠桶口内角，形成对角斜着支撑，谷桶罩头，手扶桶边，一人便可扛着谷桶行走。

　　使用打谷桶时，双手握住稻谷、油菜籽等作物的茎干后部，向上扬过头顶，然后往打谷桶的侧板边缘用力拍打，紧接着双手需稍作抖动，利于已脱粒的谷物全部洒落于谷桶内，防止再次上扬。一个打谷桶可以供四五个人同时使用，除了收获作物，平时打谷桶也可用于盛装粮食等物品。

图片来源
图一　潘淘洁　摄影
图二至图四　胡晓斐　制图

第五章　水族传统生产工具

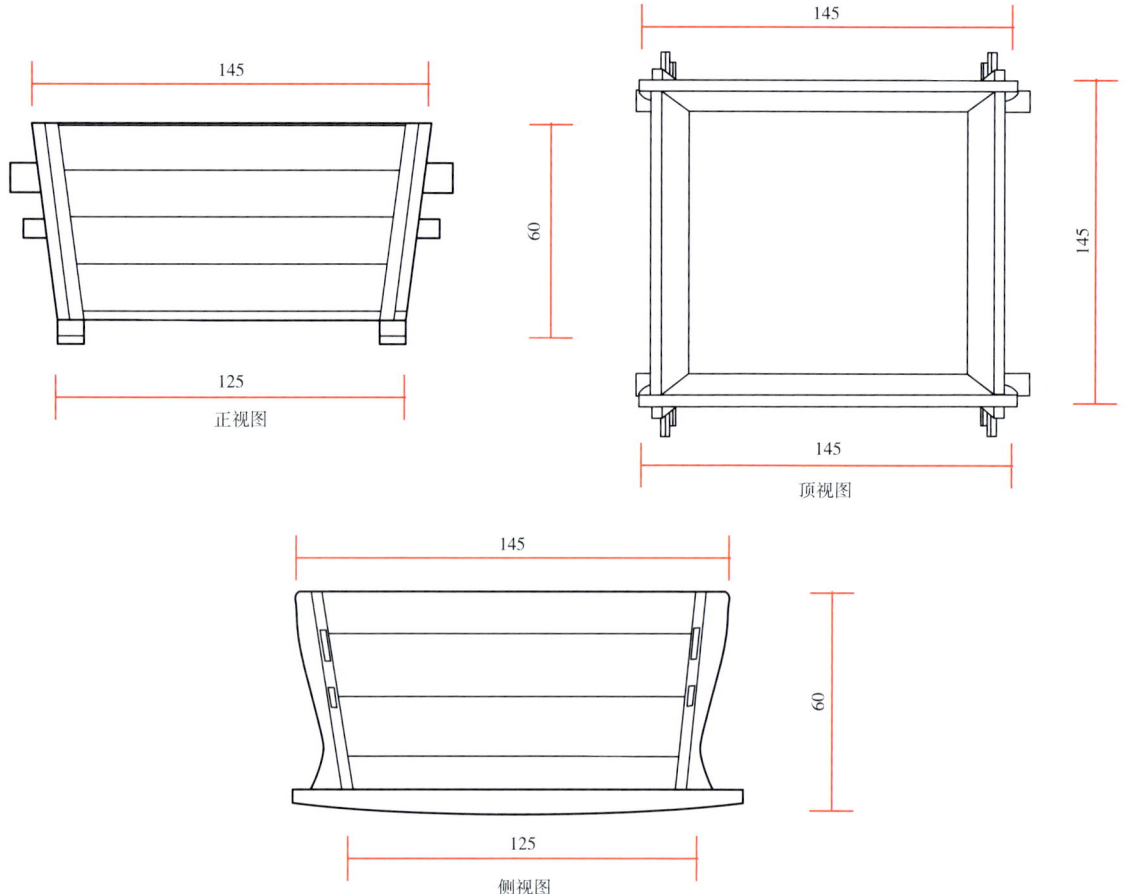

图二　三都县羊福乡水族打谷桶三视、尺寸图（单位：cm）

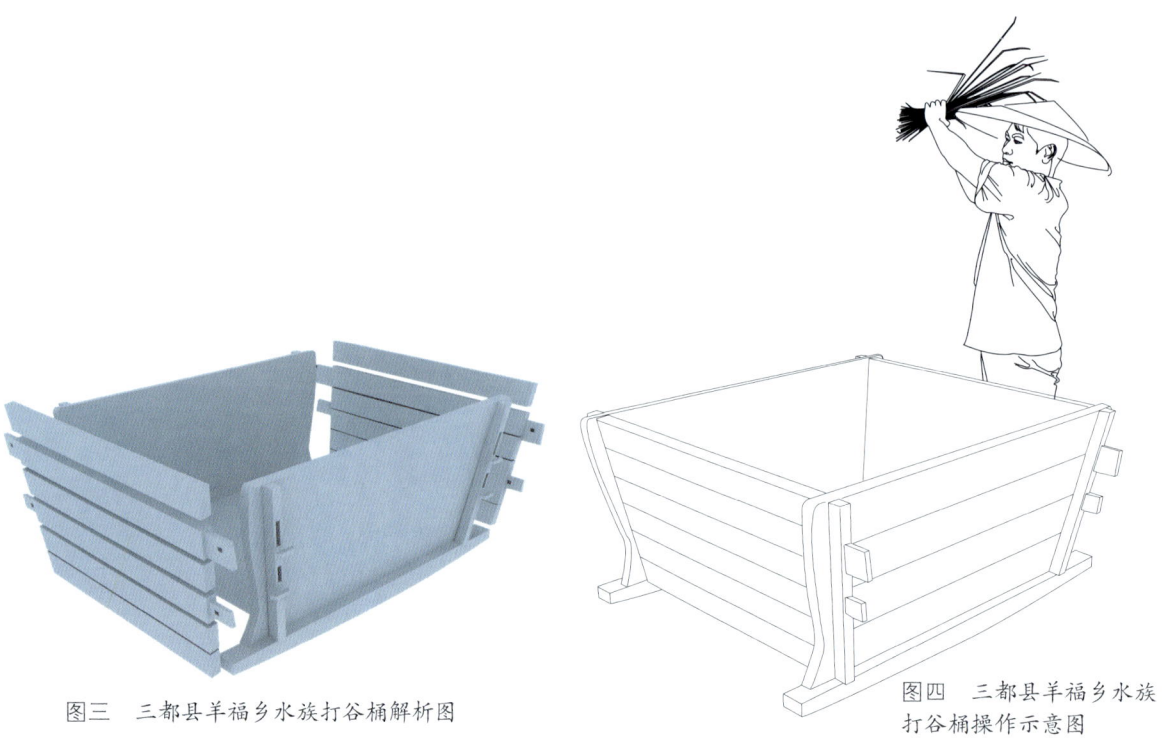

图三　三都县羊福乡水族打谷桶解析图

图四　三都县羊福乡水族打谷桶操作示意图

水族鱼笱

图一　三都县水族鱼笱主图

　　鱼笱，是一种用竹篾条编成篓状的捕鱼器具，水语名称的汉语谐音为"娘"。这种鱼笱结构上可分为三部分：进鱼口、储鱼器和出口，它头大尾细，状似喇叭，在由宽收窄的进鱼口和储鱼器之间由具有良好弹性的竹篾条交织阻拦，利用竹篾条的韧性形成倒刺，鱼儿一旦入篓便不易游出，捕鱼结束，打开末端出口的塞子即可取出鱼虾。

　　本案例采集自三都水族自治县，大口一端直径48厘米，最细的进鱼口直径14厘米，总长142厘米。捕鱼时将整个鱼笱横卧在溪沟中或是稻田开沟排水口，用绳索或大石块固定住，大口端朝向水流上游方向，利用水流冲力使得鱼儿自动进入鱼笱，无须专人捕捞看管。使用竹丝编制的鱼笱，水流可以从缝隙中穿过，捕到鱼后还能利用活水使鱼儿继续存活，保持新鲜，拎起鱼笱便能自动滤掉水只留下鱼，并且竹丝这种材料在水族地区随处可得，韧性好，坚固耐用还轻巧便携。

　　用竹篓捕鱼的历史十分悠久，虽然后来产生了鱼叉、渔网等捕鱼工具，但是这种古老的捕鱼方式依然延续使用，充分说明其设计的科学和使用的便利。水族地区使用的鱼笱有大有小，根据不同河流区域鱼类的体型特征而灵活设计编制。

图片来源
图一、图五　潘淘洁　摄影
图二至图四　胡晓斐　制图

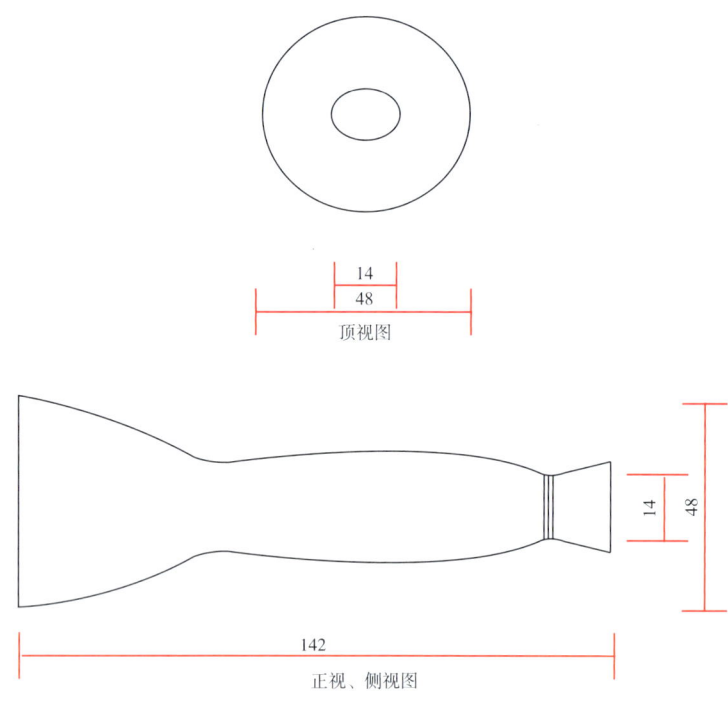

图二 三都县水族鱼笱三视、尺寸图（单位：cm）

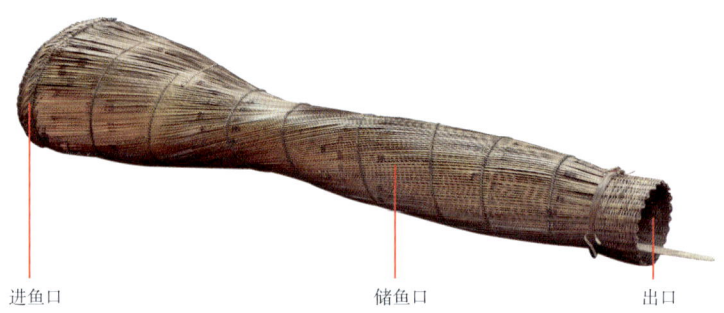

图三 三都县水族鱼笱结构名称图

进鱼口　　　储鱼口　　　出口

竹篾条在鱼顺向进入时会向两侧弹开，逆向则无法开启

图四 水族鱼笱进鱼口工艺分析图

图五 三都县水族鱼笱使用说明图：向内延伸的竹片形成的倒刺能阻止鱼儿游出

第六章 水族传统手工艺

水族手工纺织棉布

图一　花色繁多的水族家庭纺织布料

水族传统手工纺织棉布在水族人民的生活中用途很广泛，主要用于制作衣服、头巾、腰带、床单、被面、架子床的帷幔、门帘、桌布、口袋等。手工纺织棉布大致可分为两类，一类是素色白布，以及由白布整体染色而成的灰白、蓝、青等有色布。这类布料制作相对简单，使用范围广，用量大，布幅较宽；另一类是花布，将预先染好颜色的棉纱通过经纬线不同的搭配方式，织成各种不同图案的花布，图案以纵向细条纹和小方格子居多。布料因不同的织法会呈现不同的纹理效果，有平纹布、斜纹布、回纹布、鱼骨纹布等。水族传统手工纺织布不同于印花、蜡染布料可以描绘具象事物，它所织就的图案是将几何纹样做重复、反向、错位、二方或四方连续等变化而成。

手工纺出的棉纱线精细度和均匀度不及机纺，纱支较粗，织出的织物较粗厚。手织布的布幅宽度通常为35厘米~55厘米。每定布的长度则根据需要而定，一般为12米~24米。

水族传统手工纺织棉布具有大方、简朴、实用的特点，从始至终全手工制作使之具有自然亲切的气息。其所用的主要原材料是自纺的棉纱，棉纱没有丝织品的华丽，也没有麻织品的粗犷，具有立体感强、吸湿透气、触感温和、厚实耐用等特点，淳朴典雅，具有浓郁的乡土气息。水族传统手工纺织棉布的主色调以蓝、青色调为主，搭配黑、白两色，颜色总的来说偏冷色调，色彩纯度低、对比弱，与大自然及居室原木色调的朴实风格协调统一，土红、土黄等暖色调偶尔用作点缀色以及缝制儿童的衣裳。

图片来源

图一至图七　潘淘洁　摄影

图二　水族市集上的各种布匹

图三　水族传统手工纺织花色棉布1

图四　水族传统手工纺织花色棉布2

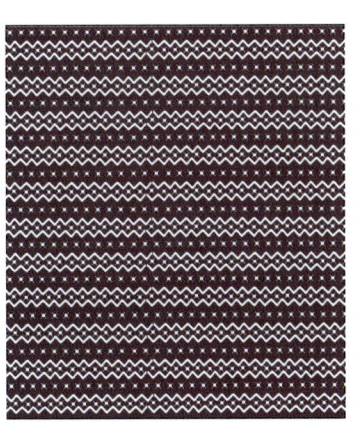

图五　水族传统手工纺织花色棉布3

图六　水族传统手工纺织花色棉布4

图七　用于床帷和床单的水族家纺棉布

水族豆浆染枕巾

图一　三都县普安镇水族豆浆染枕巾主图

　　豆浆染是水族一种古老的手工印染技艺，是以黄豆浆混合石灰等材料作为防染剂的一种型染技艺。本案例豆浆染枕巾一幅，采集自三都县普安镇，长72厘米，宽39厘米，用植物靛蓝染料染成深蓝色。枕巾的图案顺应长方形轮廓，外圈是两层植物变形的二方连续纹样，围绕中间的花鸟主题纹样，正中心是两个正圆形的团花纹，每一层图案均有连续、密集排列的小圆点作分界线。

　　水族豆浆染制作步骤：首先，在厚棉纸或牛皮纸上用刻刀镂刻出所需纹样，并反复三至五次刷上桐油防水，使纸样可反复多次使用；而防染剂的制作则是将新鲜磨好的豆浆糊与生石灰粉混合搅拌成膏糊状；然后将预先漂洗、晾晒后的手织棉布铺开，将刷好桐油的模板平展压在白布上，用薄刮板将防染剂均匀地涂敷在白布上，放置在阴凉处待防染糊完全干透后便可开始染色。将布浸染于蓝靛染缸中，反复浸染三五次，由于靛蓝染料的氧化还原上色原理，浸染次数越多所染出的颜色越深，染好后用清水反复漂洗干净后，用刀刮、搓洗、槌捣等方法去除防染剂，即可呈现出蓝白交映、古朴素雅的图案。制作这种采用预制纹样模板制作的豆浆染作品，效率比用毛笔、蜡刀等工具描绘要高得多，而且品质稳定，可重复使用，不会受个人绘画水平的影响。而纹样模板的刻制一般都由专业人士完成，由于对豆浆染制品的需求量越来越少，制版师也面临后继乏人的窘境。

　　水族豆浆染图案和构图受汉族蓝印花布影响较大，多为寓意吉祥的凤鸟、牡丹等，几何纹样常用作边框装饰。豆浆染制品主要用于被面、床单、枕巾、童衣、口袋等。

图片来源
图一　潘淘洁　摄影
图二至图五　古慧婕　制图

图二　三都县普安镇水族豆浆染枕巾尺寸图（单位：cm）

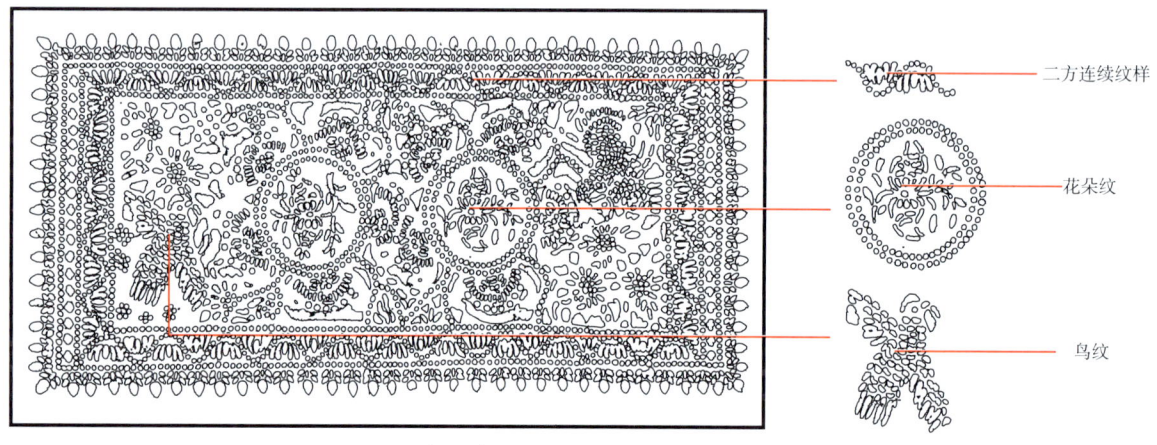

图三　三都县普安镇水族豆浆染枕巾纹样分析图

图四　三都县普安镇水族豆浆染枕巾纹样布局图

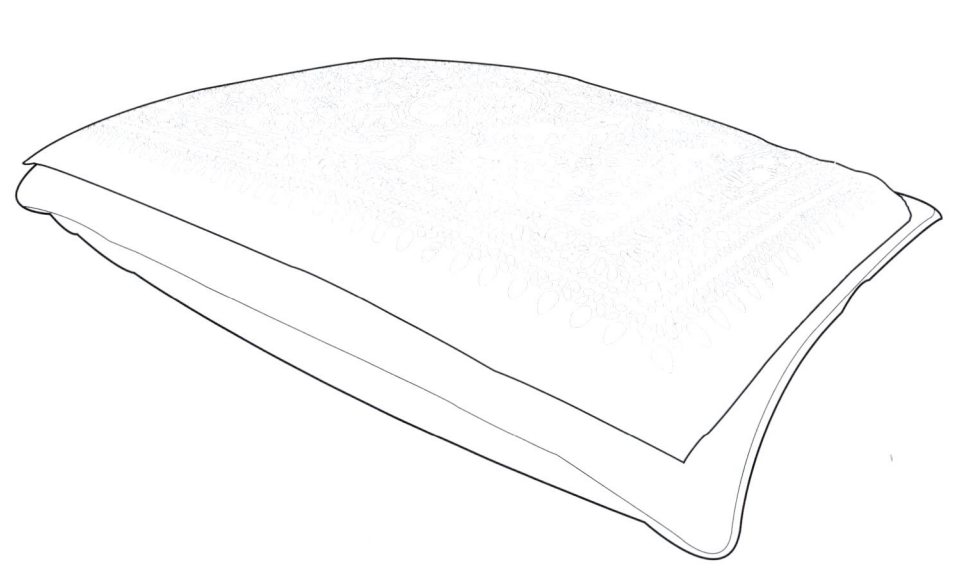

图五　三都县普安镇水族豆浆染枕巾使用情境图

第六章　水族传统手工艺

175

水族蜡染床单

图一 三都县普安镇水族蜡染床单主图

床单，也称被单，是用作床面铺饰的宽幅织物。本案例采集自三都水族自治县普安镇，床单宽160厘米，长210厘米，可用于双人床铺垫。

整幅床单用家织棉布制成，纵向分为四幅，每幅宽度均为40厘米，中间两幅的中心2/3部分是天蓝色底白花的蜡染花鸟纹图案，周围是蓝黑色的纯色布料。蜡染部分的图案以动植物为主要题材，正中是圆形花朵，内含一只蝴蝶和一条鱼，花朵周围环绕着石榴、桃等花草藤蔓，中间穿插着动态各异的蝴蝶、鱼儿和龙等动物形象，总体布局看似上下对称，实则变化繁多，构图丰满，形象生动，线条流畅；中心图案的周围有三层二方连续纹样作边框装饰，第一层是连续的椭圆形，第二层为两个"丆"字为一组的直线型图案，最外层则由交错的长盘符号和寿字符号组成，三层边框图案丰富，宽窄相间，疏密得当。周围蓝黑色的布料就像是画框，充分衬托出蜡染装饰部分的精美，蓝黑色和天蓝色相互映衬，使得整幅床单层次分明，重点突出。由于蜡染以蜡防染，蜡层龟裂产生随机的裂纹给蜡染作品增添了特殊的肌理效果。

水族地区的蜡染并不用于服饰穿戴，主要用于家居纺织品，颜色受染料的限制几乎只有蓝白两色，图案内容有自然纹样与几何纹样，尤其喜好植物藤蔓、花卉、果实、飞鸟、走兽、翔龙、游鱼等，漩涡纹、回纹、丆字纹、寿字、盘长等也很常见。蜡染床单的颜色都是蓝色系，深浅由浸染的次数决定。水族妇女绘制蜡染图案时大胆随性，夸张奔放，不拘一格；取像自然却又别出心裁，形象变异但又生动传神，体现了她们独特的艺术才华。

图片来源

图一、图五至图七　潘淘洁　摄影
图二至图四　古慧婕　制图

图二　三都县普安镇水族蜡染床单尺寸图（单位：cm）

图三　三都县普安镇水族蜡染床单色彩分析图

第六章　水族传统手工艺

177

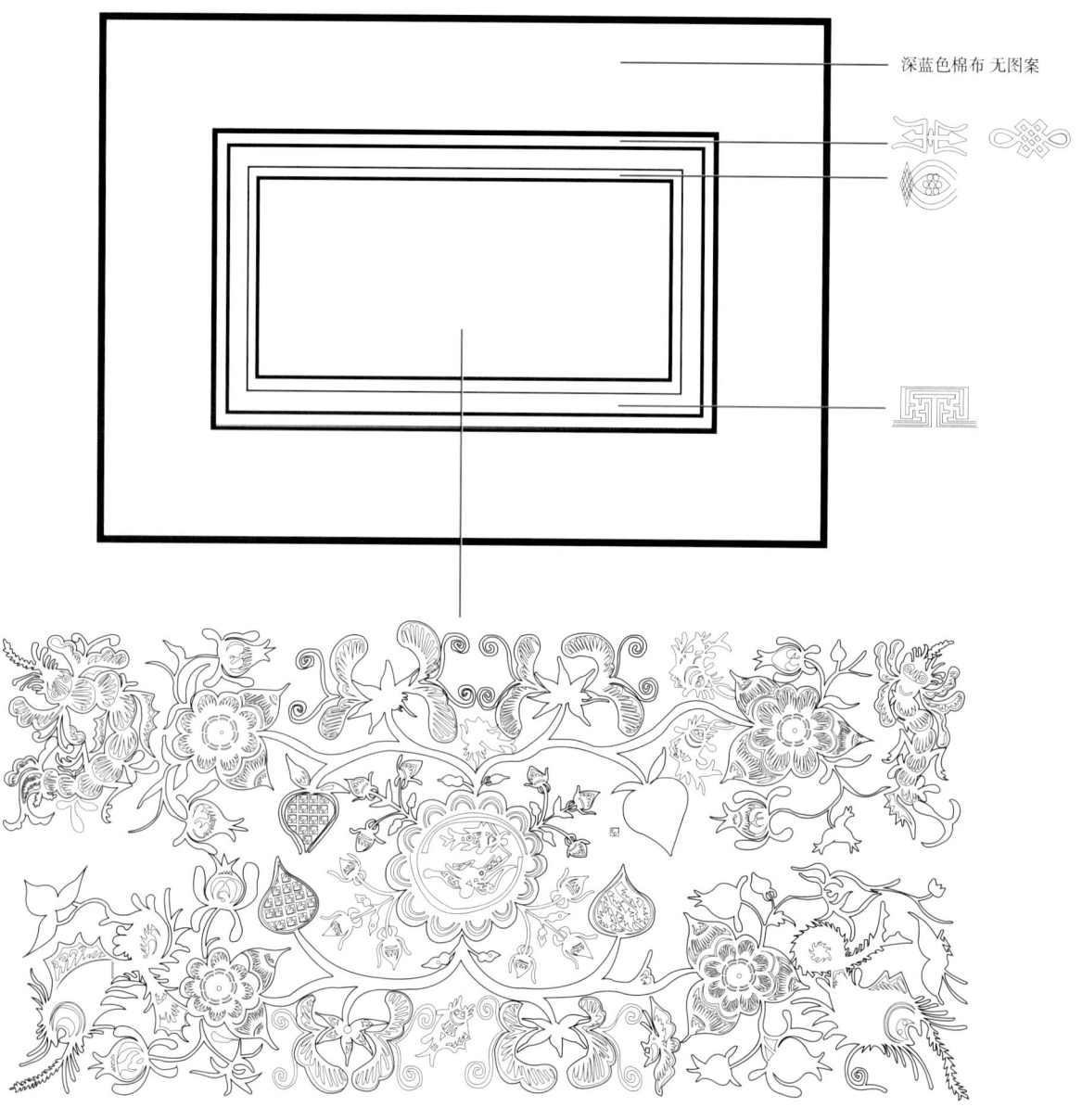

图四　三都县普安镇水族蜡染床单图案分析图

图五　水族蜡染床单上的鱼图案　　　　　　　图六　水族蜡染床单上的花与鱼图案

图七　水族蜡染床单上的边框二方连续纹样

水族套绣玩具祥云神虎

图一　水族套绣吉祥玩具祥云神虎主图

祥云神虎是传承了水族刺绣中的套绣和拼布绣等传统手工技艺、在水族传统布老虎制作手法基础上制作而成的、有吉祥寓意的立体虎形玩具，也成为水族传统文化传承发展的典型代表。

祥云神虎是用棉布、丝绢、金箔线等材料，经绘、剪、贴、包、套、绣、缝等多道工序制作而成，因躯干部分是由若干片不同颜色的祥云纹样绣片相互嵌套组成，所以得名祥云神虎。整只老虎外皮分四块分别制作后缝合，内里填塞棉花等软性材料。首先，在纸上绘制出老虎躯干、头部、耳朵和尾巴部分的轮廓和祥云纹样，然后用细针沿轮廓线扎出小孔，这样便可将图案轮廓透印到白棉布上和白纸上，并可反复使用多次；第二步，将白纸上每朵祥云图案分别剪下，并用不同颜色的丝绢包覆粘贴，边缘折到纸张的背面；第三步，将包覆好丝绢的各部件组合起来，固定在印有轮廓线的白棉布上，将所有部件的结合处都用金箔锁边；第四步则将左右两片躯干和头的部件从头部正中间缝合，并在脸部绣上同样包好丝绢的眼鼻嘴部件，眉毛和胡须则直接用丝线刺绣；第五步将老虎背脊和尾巴部分缝合，并填充内空；最后，将同样包覆好丝绢的腹部与躯干缝合。

在水族人心中，虎是保佑家人幸福安康的守护神、吉祥物，在水书典籍中描绘有许多虎豹的图案，民间也有制作布老虎的风俗。

图片来源
图一、图三至图七　潘淘洁　摄影
图二　古慧婕　制图

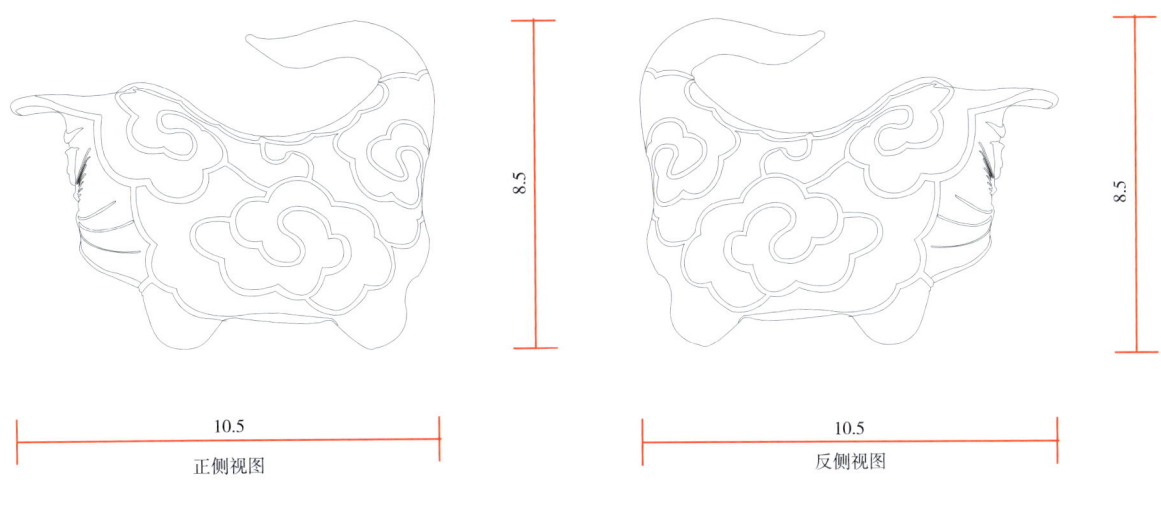

图二　水族套绣吉祥玩具小号祥云神虎三视、尺寸图（单位：cm）

图三　水族祥云神虎制作流程图1：扎好细孔

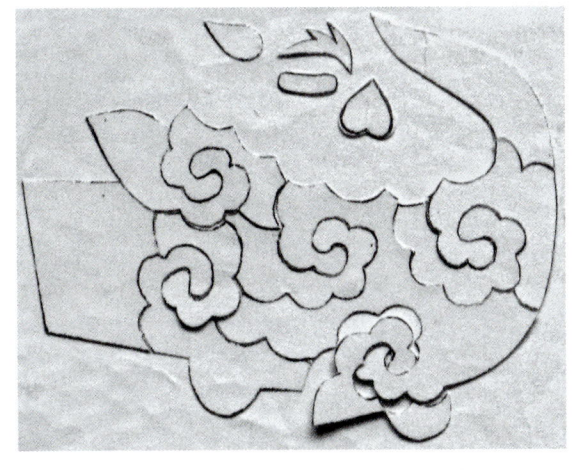

图四　水族祥云神虎制作流程图2：沿图案轮廓剪下祥云

图五　水族祥云神虎制作流程图3：每片部件用丝绢包覆后摆放至预定的位置

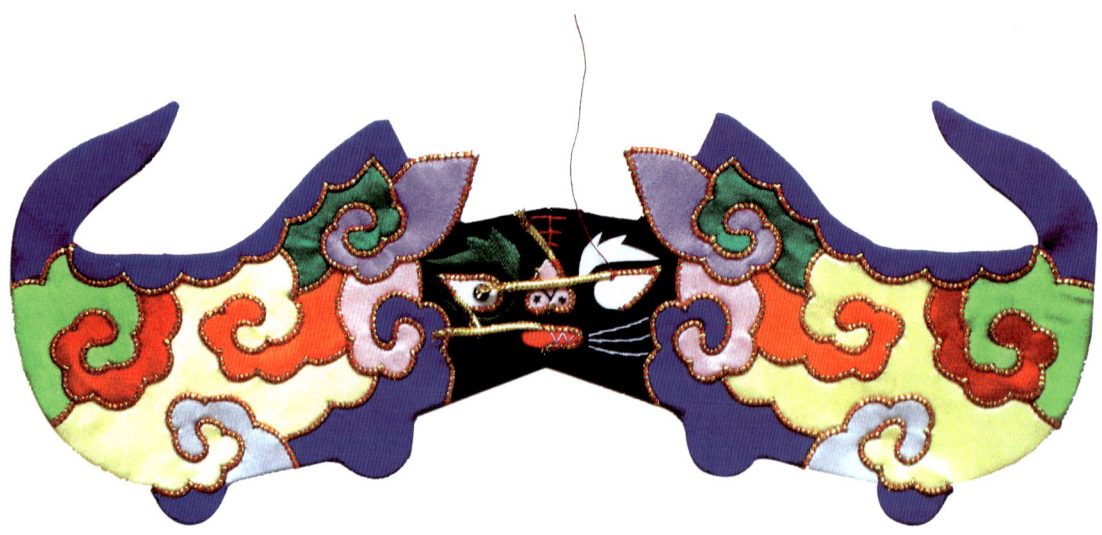

图六　水族祥云神虎制作流程图4：部件连接处用金箔锁边后连接组装，添加面部细节

图七　水族祥云神虎制作流程图5：腹部也用丝绢包覆后与祥云神虎的躯干缝合

水族铜皮竹丝王冠

图一　三都县水族铜皮竹丝王冠主图

该案例采集自三都水族自治县，据藏家杨秀龙先生介绍，此物大约为清咸丰同治年间制品，是水族抗清起义英雄潘新简称王时所戴的王帽。该王冠用薄铜皮及细竹丝篾条制作，品相完好。水语的汉字谐音为"帽王简"，意为潘新简的王帽。

王冠高36厘米，直径42厘米，外侧分三部分：冠面铜皮装饰、冠顶装饰柱、冠面正面装饰。

冠面铜皮装饰：将冠顶至冠沿均分为前后左右四块矩形，然后缝合在细丝篾条编织的斗笠状衬底之上。前后两块冠面纹饰相同，每块以四个隆起的大圆丘形为主图案，再用三组同心小圆丘及小圆、线条等配搭构图。左右两块冠面纹饰相同，分三层凸显五个隆起的大圆丘形为主图案，再用小圆丘分布周边作装饰。冠面的装饰体现满天繁星的主题。

冠顶装饰柱：从下至上，以直径递减的六片凿花铜片为主要装饰物，第六个为扁形铜泡，顶端以扁形圆铜炮收束，体现以追求六八数为吉利的理念。

冠面正面装饰：以三根铜条为支架支撑的独立体，下部是三个凿花的圆形铜片，中间是如展开的鸟翼，顶部是状如三片羽毛的链接圆片，体现舒展大志的理念。

王冠内侧是细丝篾条精心编织的斗笠状衬底，上面用靛青染的青色土布铺盖，冠沿将土布内折包边。

清咸丰同治年间（1855年~1869年），在太平天国革命运动的推动下，潘新简领导以水族人民为主体的抗清起义，蓄发参加起

第六章　水族传统手工艺

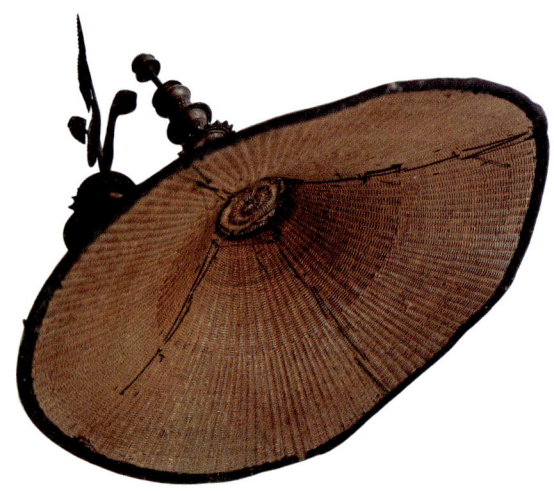

图二 三都县水族铜皮竹丝王冠内侧图

义达四万余人，是水族历史上规模最大、范围最广、时间最长、影响最深远的农民革命。潘新简被拥戴为辅德王，为此制作了王冠，以及龙袍、皮铠甲战袍。

图片来源

图一、图二、图四　潘淘洁　摄影
图三、图五　古慧婕　制图

图四 三都县水族铜皮竹丝王冠纹样细节图

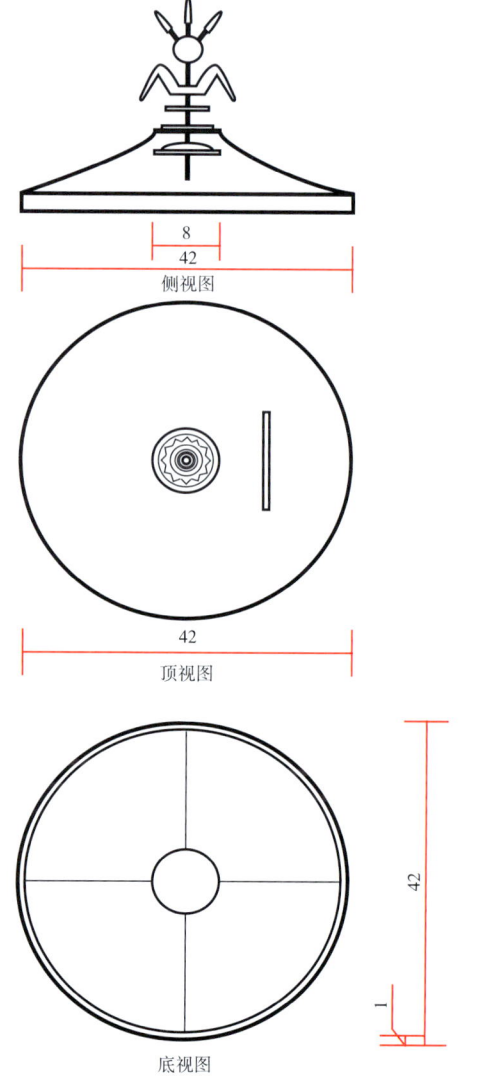

图三 三都县水族铜皮竹丝王冠三视、尺寸图（单位：cm）

图五 三都县水族铜皮竹丝王冠纹样细节分析图

水族银冠

图一　水族银冠主图

银冠是水族女子婚嫁盛装时必不可少的一件头部银饰，在头部所有装扮完成后，最后将银冠高高地插在头顶的发髻内，它是盛装女子全身最耀眼的焦点。本案例采集自贵州省三都县，总高28厘米，宽度21厘米。形如牛角，中心一条竖直的主干串起上下两层月牙状的银片，下面的一片略宽，弧度也较大，整体类似汉字的"出"字。银冠的边缘细密地敲上圆点作装饰，内里根据宽窄，还装饰有花草纹和螺旋纹。

水族的银冠用扁平的薄银片经冲、压、敲、焊、錾等工艺制作而成，有的还在银冠上用彩色毛线或绸缎扎小花朵装饰。银冠的形制有大有小，本案例属于较小巧的，三都水族自治县九阡镇一带的银冠就要大得多，高度约40厘米，宽约30厘米，比头部还宽。水族女子盛装头饰，在佩戴银冠之前，会依次先戴好银梳、银簪、银步摇等部件，最后才戴上银冠，标志着头部装扮的完成。

图片来源
图一、图三、图五　潘淘洁　摄影
图二、图四　古慧婕　制图

图二　三都县水族银冠尺寸图（单位：cm）

图三　三都县水族银冠佩戴情境图

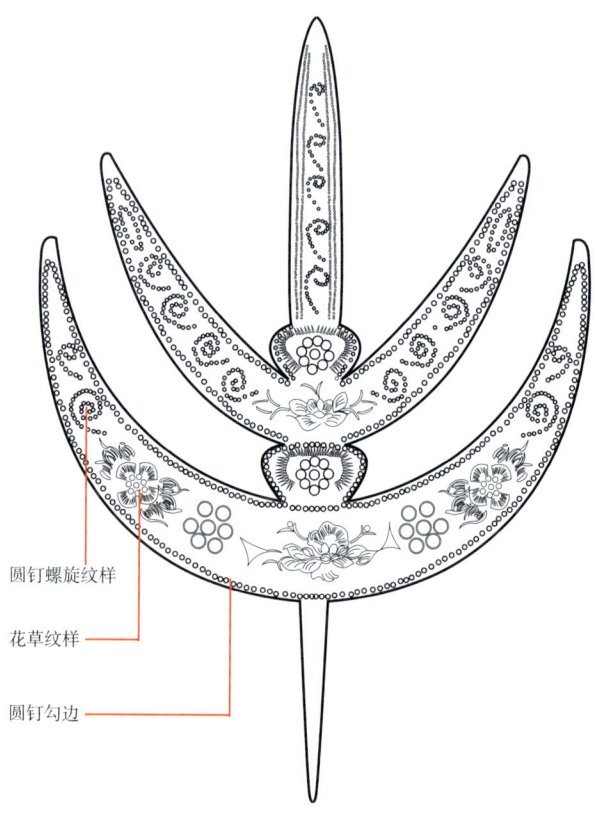

圆钉螺旋纹样
花草纹样
圆钉勾边

图四　三都县水族银冠纹样分析图

图五　三都县水族银冠佩戴情境图

水族鸟头银簪

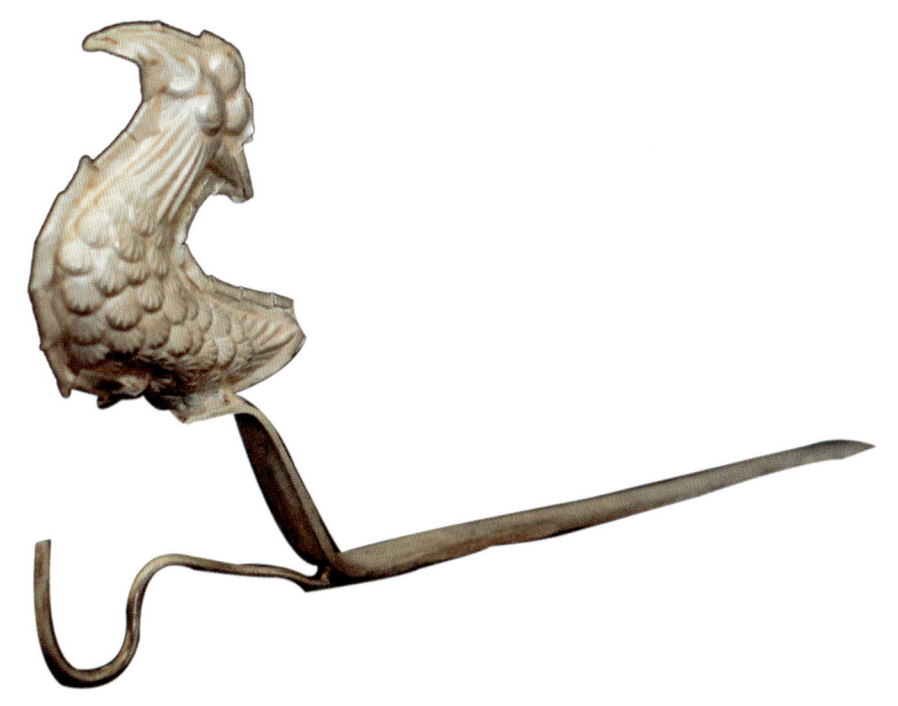

图一　三都县水族鸟头银簪主图

《辞海》对"簪"的解释为：古人用来插定发髻或连冠于发的一种长针，后来专指妇女插髻的首饰。本案例正是一端饰有鸟儿的长针状发饰，采集自三都水族自治县。银簪是水族妇女常用的头饰之一，主要起装饰作用，基本不用于固定发髻。

本案例鸟头银簪，外形小巧，造型简洁，一根厚约0.2厘米、宽0.5厘米的扁平银针末端逐渐收窄为三角形，便于插入发髻中，簪首则向上斜挑1厘米高，端头站立一只高宽皆为3厘米的小鸟儿，鸟儿中间空心，呈立体效果，厚度约为0.8厘米，由两片铸压好鸟形图案的薄银片左右扣合而成，其中一片比另一片略大一圈，边缘每隔约0.3厘米剪一个深0.2毫米的小口，然后沿着另一片的边缘折叠到背面，以此方式扣合。银针起挑处的下面焊接了一根弯钩状细银丝，可以在发簪上佩挂其他坠饰，成为步摇，若不需要时则可以将它扣入小鸟底部的空心处隐藏起来。

这种鸟头银簪功能多样，设计巧妙，是水族姑娘出嫁时必戴的头饰之一，其材质、造型与其他头饰协调，方便各种形式的搭配。

图片来源
图一、图三至图五　潘淘洁　摄影
图二　古慧婕　制图

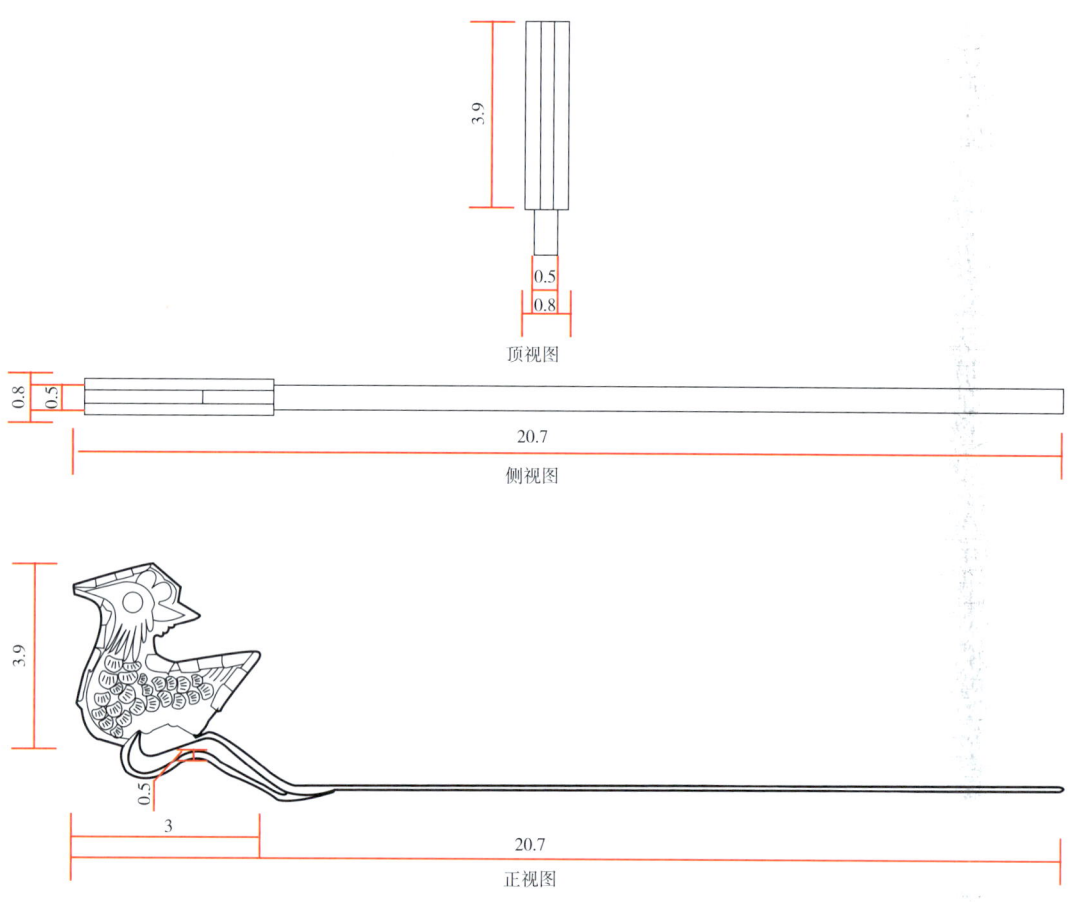

图二　三都县水族鸟头银簪三视、尺寸图（单位：cm）

图三　水族银簪的鸟头细节图

图四 三都县水族少女佩戴鸟头银簪佩戴情境图

图五 水族鸟头银簪搭配步摇佩戴情境图

第六章 水族传统手工艺

水族双鸟吊坠银发插

图一　三都县水族双鸟吊坠银发插主图

银发插是水族新娘盛装头饰中的一件，通常配合银梳、银冠、银簪、银步摇等发饰使用。本案例采集自三都水族自治县，发插结构可分为三个部分，以"山"形的银片为中心，"山"的底边左右1/3处各焊接一支长6厘米的发夹，上层呈波浪形，下层是扁平的，整个发插靠这两支发夹固定在头顶的发髻中，银片的上沿则均匀地凿有9个小孔，每个孔挂有一根细银链串成的吊坠，奇数孔吊坠仅有一片橄榄形银叶，长约3.8厘米，偶数孔吊坠长约11厘米，从上至下分别有菱形、叶片形、蝴蝶形、三棱锥形的装饰银片，两种吊坠长短相间，环佩叮当。而发插上最华丽的部分是银片上焊接的立体花鸟装饰，银片上沿均匀分布，焊接了7朵花儿，每一朵都由细弹簧丝支撑，可随意弯折弹簧改变位置和花朵的朝向，银片中间与发夹相对的位置则是两只身长6厘米，高约4厘米的鸟儿，同样由弹簧丝支撑，替代了鸟儿的腿脚，高度略高于前排的花朵，鸟儿的翅膀左右展开，头颅高昂，稍有动作两只鸟儿便会摇摇晃晃，造型十分逼真。

这类银发插在新娘盛装头饰中用在银发梳的上面，可在脑后和左右两侧各插一枚，其形制比发梳略小，在女子的头顶形成上下两层银瀑，在阳光的照射下璀璨夺目，行走时叮当作响，十分华丽。

图片来源
图一、图三至图五　潘淘洁　摄影
图二　古慧婕　制图

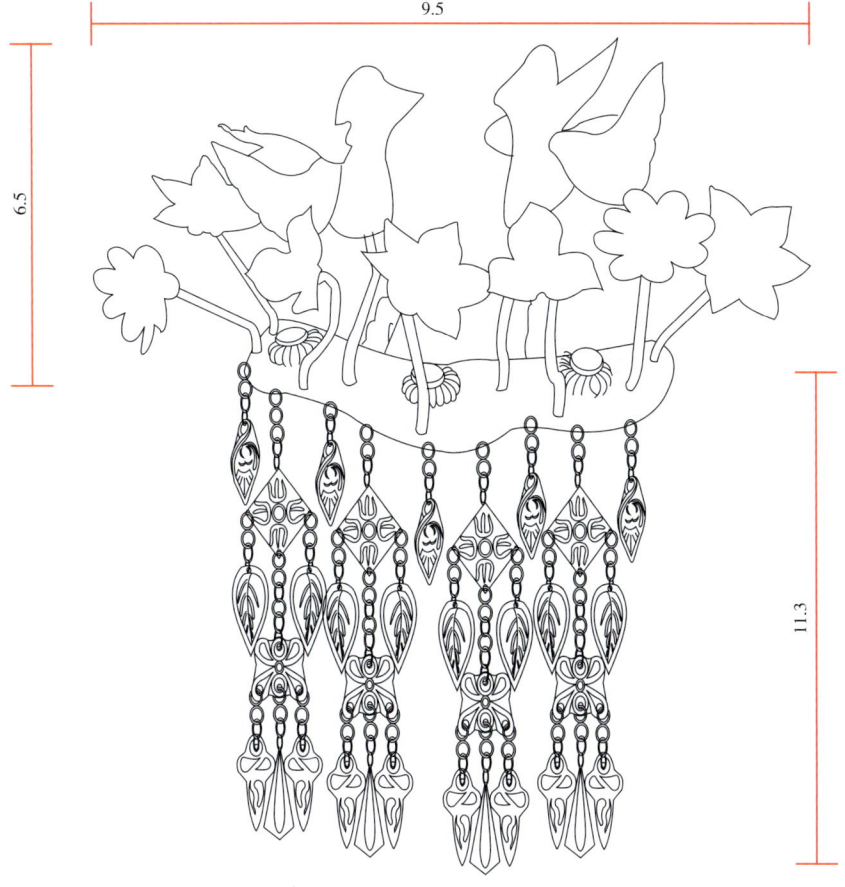

图二　三都县水族双鸟吊坠银发插尺寸图（单位：cm）

图三　水族鸟头发插戴在银梳之上的使用情境图

第六章　水族传统手工艺

191

图四 水族女子盛装发式会佩戴多个发插的使用情境图

图五 其他款式的水族发插

水族围腰银链

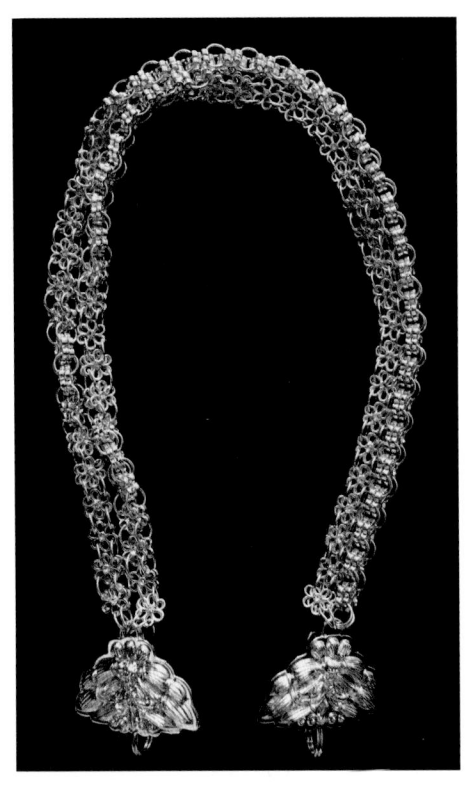

图一 水族围腰银链主图

围腰银链是水族妇女穿戴围腰时使用的配件，银链的两端有挂钩，围腰上沿两角钉有银饰片，将银链绕过脖颈，挂钩扣在银饰片上端的小孔内，便可稳稳地把围腰挂于胸前，围腰左右两侧位于腰际之处另有两个扣襻，将围腰带穿过扣襻系于腰后，围腰便穿戴完毕。

本案例采集自三都水族自治县，银链是两根并列，长45厘米，两端各连接一个蝴蝶形的装饰牌，高约4厘米，宽5厘米，挂钩便藏在装饰牌之后。银链是由若干个六瓣的圆形花朵单元组成的，每两个花朵为一组重叠在一起，花瓣中间镂空，上下各有两个圆环分别从镂空的花瓣中穿过，连接下一组花朵。每一组花朵加圆环的长度约2厘米，花朵和圆环的直径为1厘米左右。

围腰银链是水族妇女传统日常服饰中最华丽的配饰，并且具有固定围腰的实用性。以往围腰银链大多是单独一条，近些年生活条件改善后，为了显示家庭的富有，开始出现两条并列使用的围腰银链，并且围腰上钉的银饰片也多了很多吊坠装饰，走起路来沙沙作响。

图片来源
图一、图三至图四　潘淘洁　摄影
图二　古慧婕　制图
图五　王何以　摄影

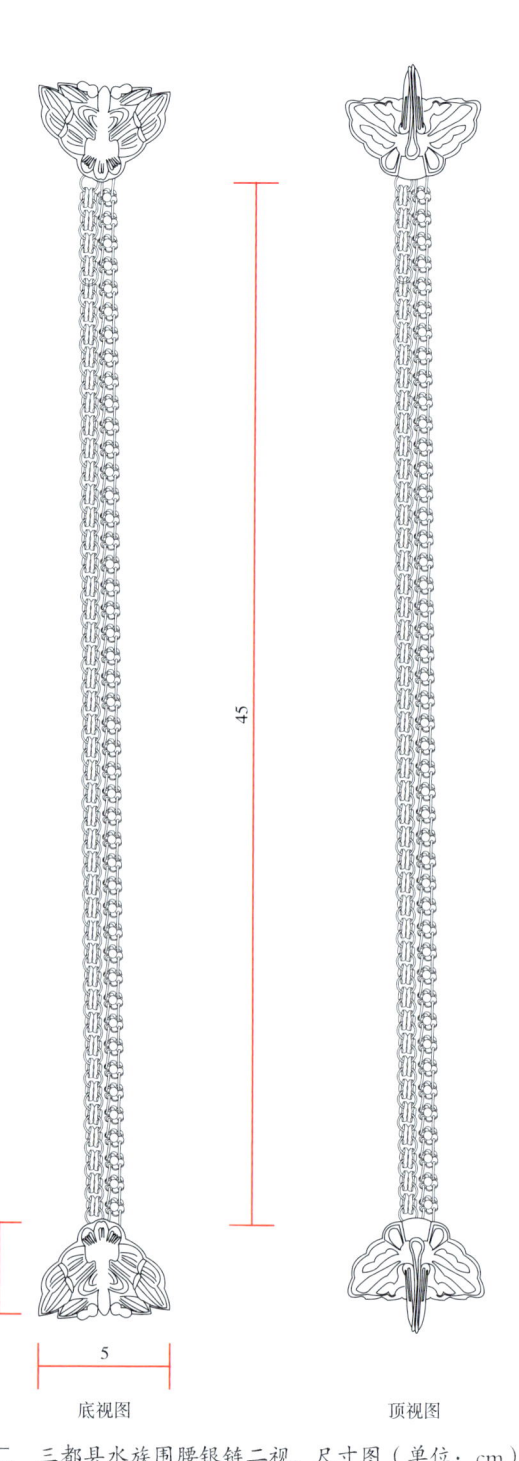

底视图　　　　　　　顶视图

图二　三都县水族围腰银链二视、尺寸图（单位：cm）

图三　三都县水族围腰银链细节图

图四　围腰银链佩戴图

图五　20世纪50年代水族妇女在市集上挑选围腰银链情境图

水族银梳子

图一　三都县水族银梳子主图

　　银梳子是水族妇女盛装头饰必不可少的物件之一。本案例采集自三都水族自治县，宽度13.6厘米，梳子部分高9厘米，坠饰部分长约5厘米，银针链长16厘米。水族所用的银梳子是将一柄月牙形木梳除了梳齿部分全部用薄薄的银片顺应梳子的造型包覆起来，再加以装饰。本案例银梳外弧线上密集整齐地凸起一列银钉，银钉下侧缀一排蝴蝶银片，每只蝴蝶下还有3个锥形坠子，包覆木梳把手部分的银片上还有变形的蝴蝶适形纹样，周围顺应月牙梳的弧线，还有2~3排凸起的细小银钉勾勒轮廓；在梳子的两侧各连接了一条银针链，作用是将银梳固定在发髻上。

　　水族少女出嫁时，女性长辈会将她的长发扎成一束，高高地盘在头顶，如果发量不够多或者头发不够长，还会在发束中掺入部分黑色毛线，使得发髻能够盘稳当。然后便是整理好坠饰后将一柄银梳子从脑后深深地插入盘好的发髻底部，再将银针链从正面插入发髻，使银梳子可以非常稳妥地固定在头上，之后再佩戴样式繁多的其他发饰。

　　银梳子是水族妇女盛装头饰的第一步，也是非盛装时唯一会佩戴的发饰，对水族妇女而言是日常必备的首饰之一。

图片来源
图一、图三至图四　潘淘洁　摄影
图二　古慧婕　制图

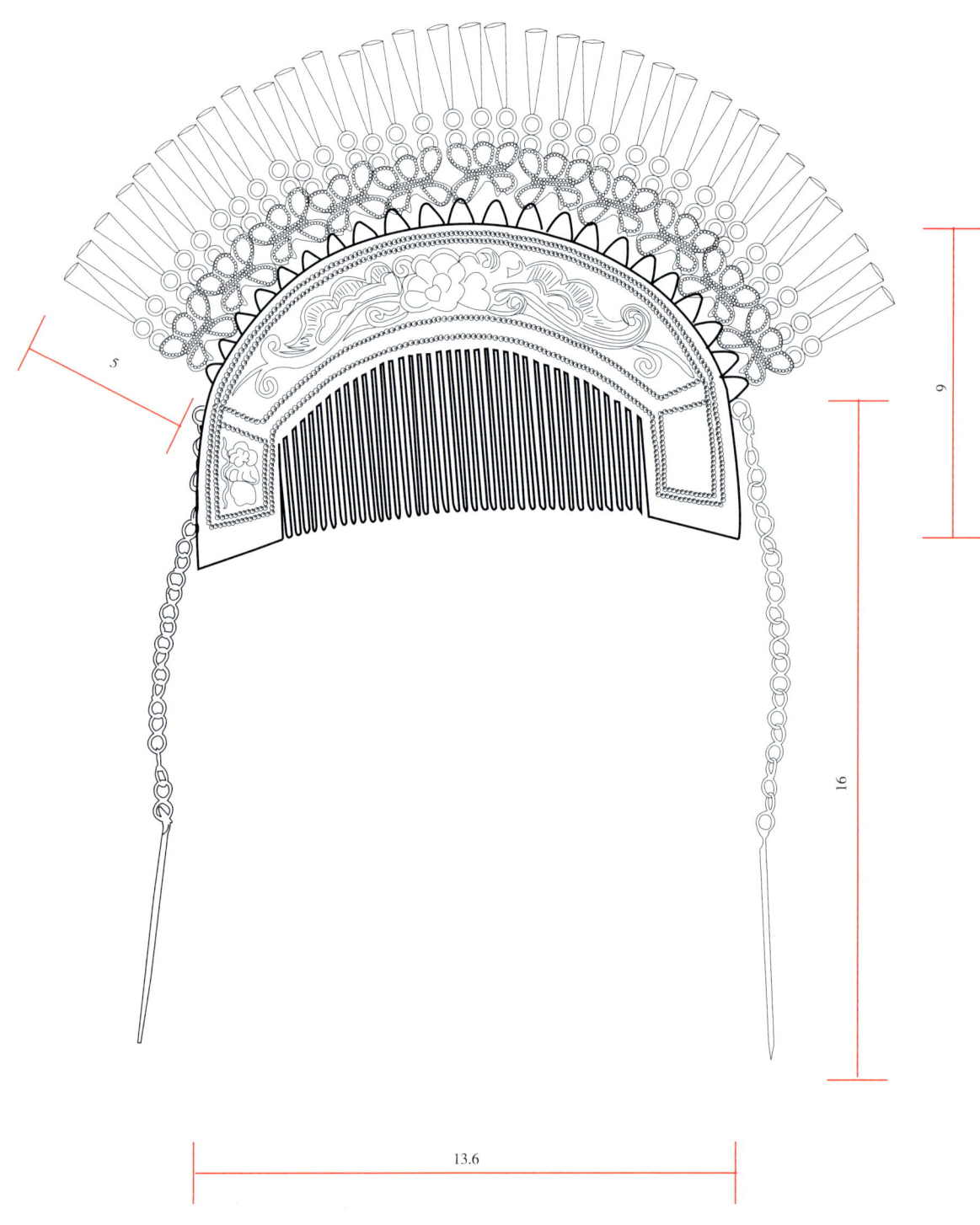

图二 三都县水族银梳子正视、尺寸图（单位：cm）

图三　三都县水族银梳子使用情境图1

图四　三都县水族银梳子使用情境图2

第六章　水族传统手工艺

水族银压领

图一　三都县水族银压领主图

　　银压领是悬挂在银项圈上、佩戴于胸前的银饰，属水族妇女银饰中最为隆重的大型饰品，一般重七八两。压领这一名称是因佩戴后可平贴在衣襟上而得名。银压领的造型是从长命锁演变而来，形如一个放大压扁了的锁子，下面再缀上银链装饰。

　　本案例采集自三都水族自治县，压领及项圈总长62厘米，不计项圈则长29厘米。压领的锁子部分顺应项圈的圆弧形，总体呈月牙形，主要采用盘银丝的工艺制作出镂空半立体的龙凤呈祥的装饰图案，形象生动逼真，构图饱满均衡，工艺细腻精湛。锁子下沿缀满了银链条，每条间隔约1.5厘米，长21厘米，每条银链上都串联了若干用银片冲压制成的叶片、花朵、鱼儿、蝴蝶等坠子。锁子上沿左右两侧各连接一个小圆环，用于与项圈连接。

　　水族妇女将银压领佩戴在胸前，如银瀑一般，光辉熠熠，富丽堂皇，随着身体动作，环佩叮当，煞是悦耳。银压领可算是最具水族特色的银饰工艺品，也是水族妇女的吉祥之物，同时由于压领是全身分量最重的银饰，因此也是妇女家庭财力的重要象征，婚嫁节庆、走亲访友的时候一定会佩戴。

图片来源
图一、图三至图五　潘淘洁　摄影
图二　古慧婕　制图

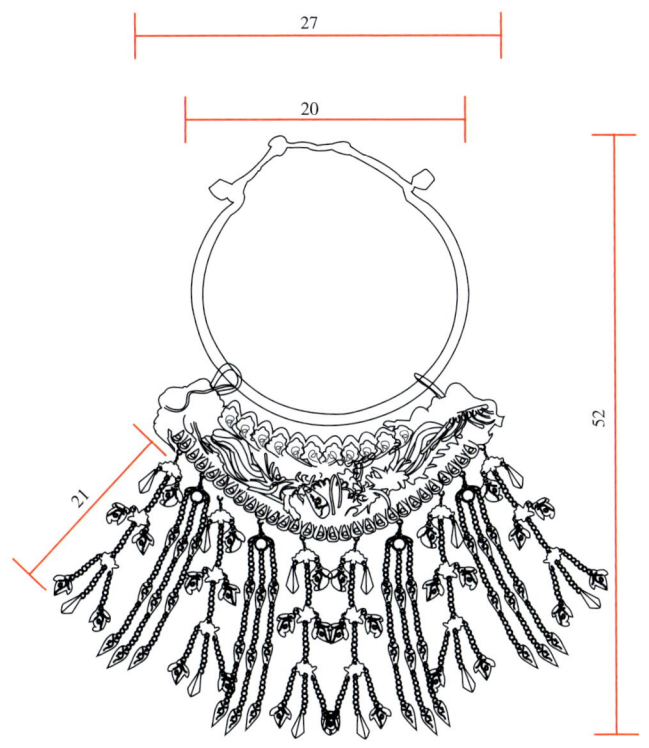

图二　三都县水族银压领尺寸图（单位：cm）

图三　三都县水族银压领银链细节图

第六章　水族传统手工艺

199

图四　水族少女佩戴银压领情境图

图五　水族新娘佩戴银压领情境图

水族银腰坠

图一　三都县水族银腰坠主图

银腰坠是水族妇女盛装时佩戴在腰侧的银质饰品。本案例采集自三都水族自治县，总长50厘米，末端银链缀饰部分长约10厘米，宽23厘米，银珠子宽约2.5厘米，高1.5厘米。银腰坠从上至下由一只鸟雀、一颗四瓣花形珠子、一颗扁圆形珠子、一颗正立方体珠子、六颗扁圆形珠子加一块坠有银链缀饰的扇形银牌组成。除了鸟雀下端和最末的银牌顶端焊有小圆环，其余所有部件中间均留有小孔，一根线绳从下到上把所有部件串成一串儿，鸟雀之上留有一个绳套，用以将腰坠挂在腰带上。这件银腰坠使用了錾、压、敲、锤、刻、焊等工艺手法，每一个部分都有精美的纹样装饰，题材有小鸟、山羊、蝴蝶、花草、几何纹样等，每个部件的装饰都随形而作，构图合理，形象生动。末端扇形银牌的下沿坠有13条银链，单数挂的是一个倒锥形的喇叭筒，间隔其中的长链条上则依次挂有一颗正方体珠子、一个圆环内嵌六瓣形花朵、两把迷你兵器——长刀和一个铃铛。银腰坠是水族女子出嫁时、重大节庆盛装时必戴的饰物，在深色面料映衬下耀眼夺目，随着行走的动作，丁零作响。

水族银饰上悬挂迷你兵器的习俗源于汉

朝中原文化五兵吊，现存清代的水族银腰坠上便坠有刀、枪、剑、戟、铜、蛇矛等兵器，其中如铜和蛇矛等兵器以前在水族聚居地绝无存在。（贵州省文化厅编：《贵州文物精华》，贵州人民出版社，2006年）

图片来源
图一、图四至图五　潘淘洁　摄影
图二至图三　胡晓斐　制图

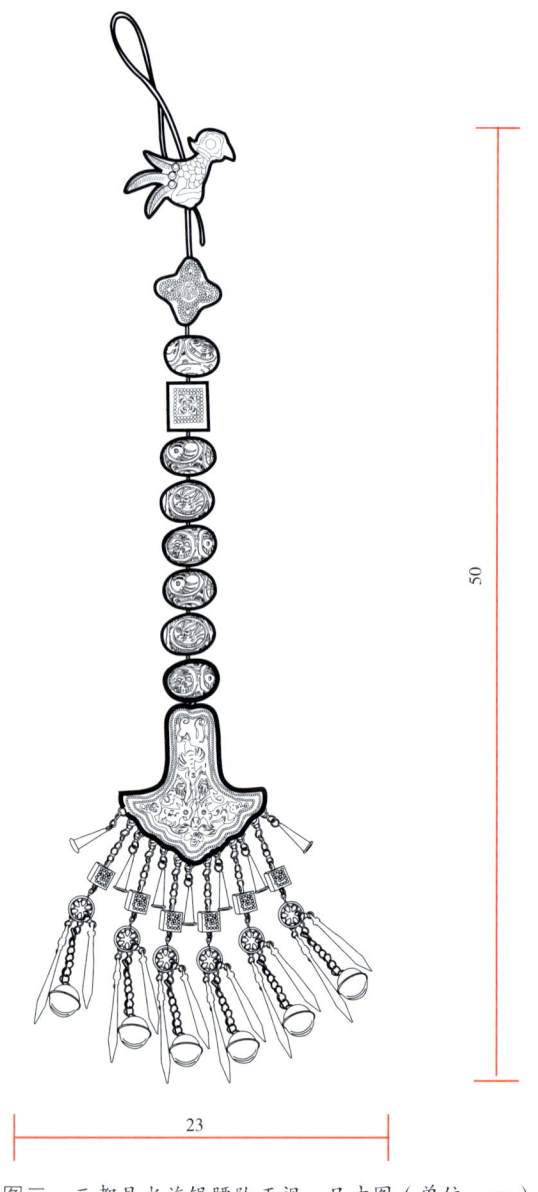

图二　三都县水族银腰坠正视、尺寸图（单位：cm）

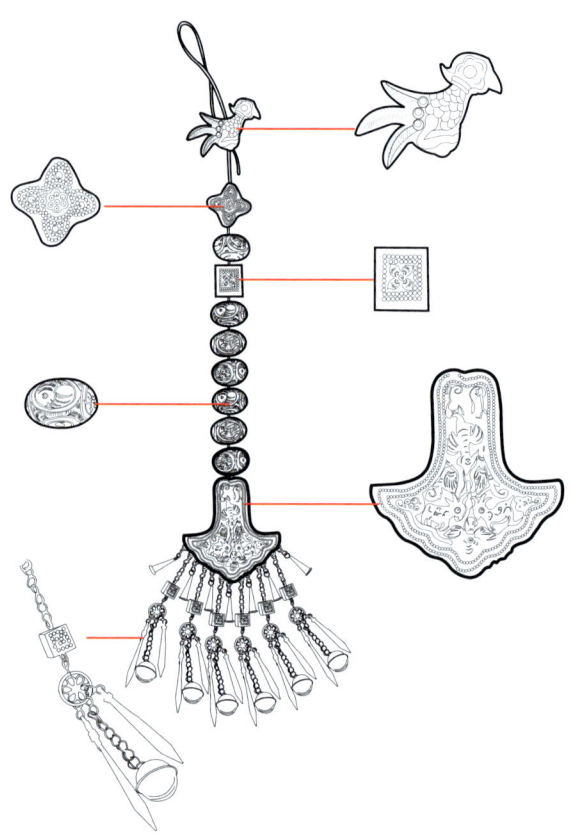

图三　三都县水族银腰坠纹样细节分析图

图四　三都县水族银腰坠佩戴情境图

图五　三都县水族银腰坠细节图

第六章　水族传统手工艺

203

水族盘花银手镯

图一 三都县中和镇水族盘花银手镯主图

盘花银手镯流行于水族各地，是水族妇女日常佩戴的首饰之一。本案例采集自贵州省三都水族自治县中和镇。手镯外圈直径7.8厘米，内空直径5.9厘米，高1.9厘米，外壁略略鼓出，内壁垂直平滑，内部中空。

盘花银手镯的外圈有一组二方连续纹样，重复四次，组成一个圆环。纹样是用细银丝盘成花瓣形焊接而成，每隔一段纹样的花瓣中间都打了小孔，形成密集排列的小黑洞，每一朵花的中心还焊接了一个细小的圆球，类似于铜鼓上的乳钉纹，使得手镯充满了变化，纹样疏密有致，视觉效果丰富。

盘花银手镯厚重、大气、华丽，一般成对使用，水族妇女无论老幼都可佩戴，更是出嫁时必不可少的嫁妆之一。银质手镯佩戴的过程中，经常被皮肤或衣物摩擦到的部分会越来越光亮，而凹陷的部位不易被触碰，则渐渐晦暗，正好形成了强烈的明暗对比效果，装饰效果更佳。

图片来源
图一、图五　潘淘洁　摄影
图二至图四　古慧婕　制图

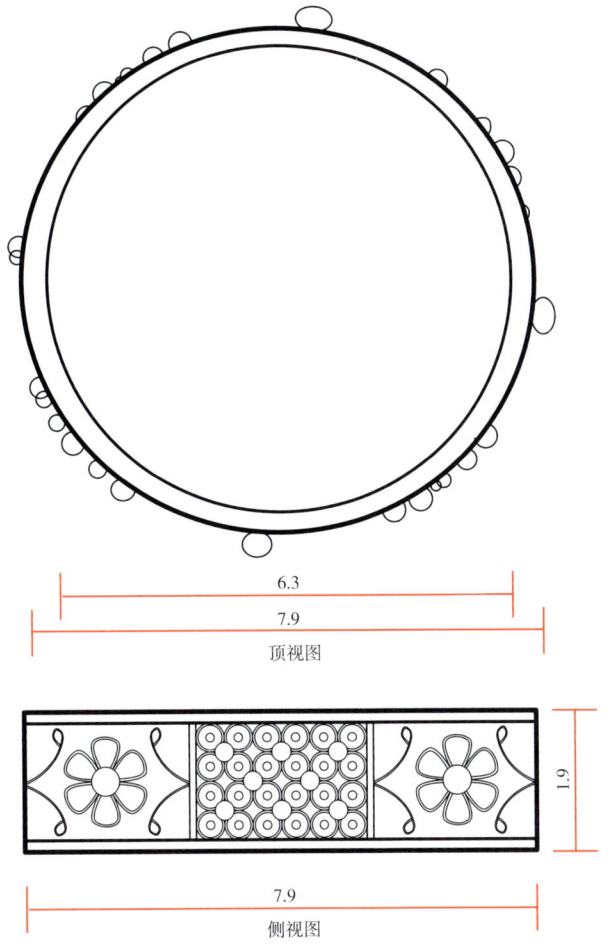

图二　三都县中和镇水族盘花银手镯二视、尺寸图（单位：cm）

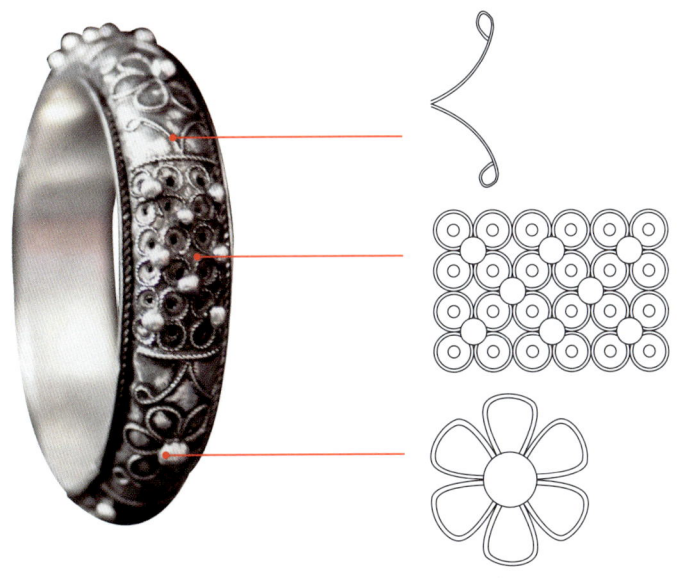

图三　三都县中和镇水族盘花银手镯纹样细节分析图

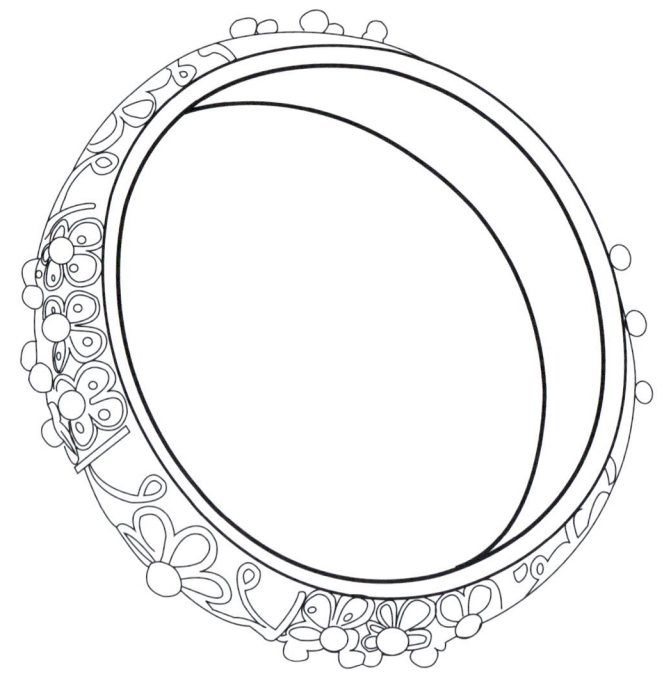

图四　三都县中和镇水族盘花银手镯线描图

图五　三都县中和镇水族盘花银手镯佩戴情境图

水族银项圈

图一　三都县中和镇水族银项圈主图

银项圈是流行于水族地区的、妇女普遍佩戴的一种颈部装饰品，用白银打造而成。水族银项圈的佩戴有只戴一根的，也有三四根一起戴的，最外层的项圈也常用于悬吊银压领。银项圈是水族妇女日常使用的首饰之一，与相对较为朴素淡雅的水族女装风格一致，是日常最佳配饰品，也是家庭财富的象征。

本案例采集自贵州省三都水族自治县中和镇，项圈平放呈开口的椭圆形，长轴为24厘米，短轴为22厘米，通体由一根两端细中间粗的银条弯曲而成，银条中间约1/2处是四方棱形，四面都刻有一条凹槽，拧转银条，使项圈产生麻花状的效果，两端分别焊接了一个圆环和一个挂钩，作为搭扣，方便佩戴。有时为了增加项圈的长度，可以在两端搭扣之间使用一两根延长扣，延长扣由细银条弯曲扭绞而成，长度6厘米~10厘米，一段是钩状，一段是圆环，方便与项圈的两端相连。

由于白银属于贵金属，银项圈的工艺虽然不算复杂，但在水族银饰中却是最有分量的，因此银项圈也是水族家庭财富的重要象征。以往，水族未婚少女一般不戴项圈，而出嫁时所佩戴的项圈数量是最多的，以显示隆重和华美，同时也有展示娘家财富的意思。日常生活中，中青年妇女一般佩戴较轻巧的一两根项圈，老年妇女则较少佩戴。

图片来源
图一、图二、图四至图五　潘淘洁　摄影
图三　古慧婕　制图

图二　三都县中和镇水族银项圈细节图

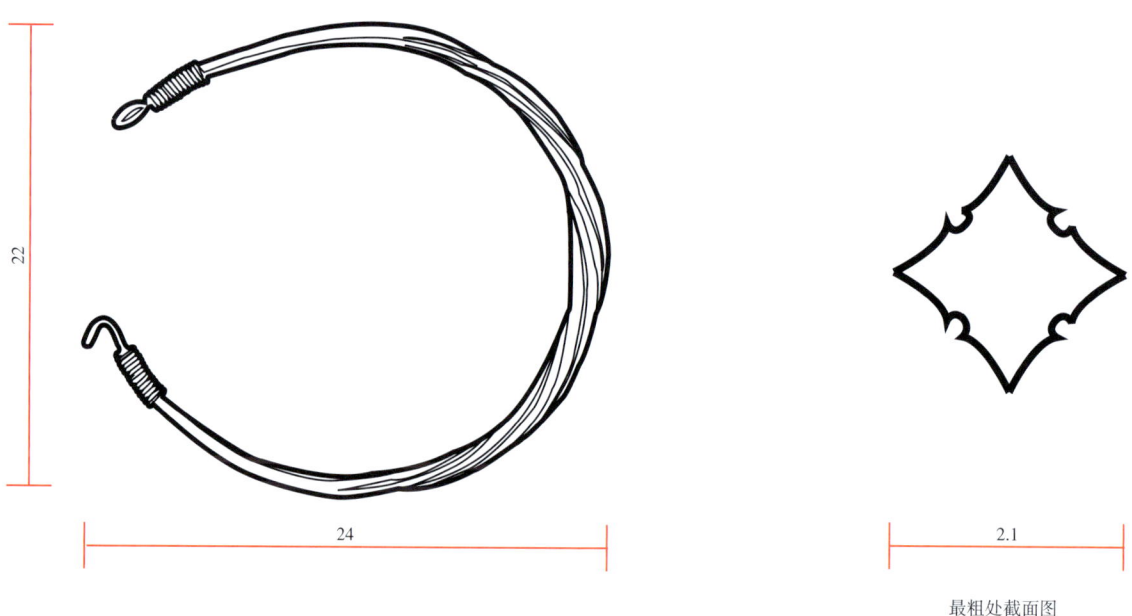

图三　三都县中和镇水族银项圈侧视、尺寸图（单位：cm）

最粗处截面图

图四　三都县中和镇水族银项圈配压领使用情境图

图五　三都县中和镇水族银项圈佩戴情境图

第六章　水族传统手工艺

水族蓑衣

图一　三都县烂土乡水族蓑衣主图

蓑衣是用蓑草或棕片制成的像披风一样穿戴的雨具，在雨衣尚未普及之前，蓑衣是劳动人民在雨天劳作、行走的必备雨具，通常配合斗笠使用。本案例采集自三都水族自治县的烂土乡，是采用山棕树树干部分的纤维缝制而成，整体一片式，呈倒三角形状，上宽下窄，宽度约110厘米，长约93厘米。考虑到雨水从上往下流动的规律，缝制时从下往上叠加棕片，上端向两侧展开，便于防护劳作的双臂。蓑衣上沿脖颈处内挖一个半圆形，以适应披挂在肩上的穿戴方式，半圆形内穿有绳索，在前胸系紧，防止蓑衣滑落。本案例蓑衣由十余片棕片缝合而成，重约4千克，穿戴时能保护肩部、前胸及后背至臀部不被雨淋湿。

水族人民制作蓑衣的原材料来自山棕树的树干纤维。山棕是棕榈科桄榔属丛生灌木，主要分布于我国亚热带与热带交界的山区，云贵高原最为集中，是重要的纤维织物。水族聚居地山棕随处可见，它是水族人民重要的纤维植物，除了缝制蓑衣还可以制作棕绳、棕床垫、扫帚等。用山棕制成的蓑衣经久耐用、防雨效果好、相对轻便，水族聚居区多处多雨潮湿的南方，水族人民主要以种植水稻为生，从整理秧田、播种、栽秧到薅秧，常会遇到雨天，因此蓑衣是水族人民必备的日常用具，除了防雨这个主要功能之外，还可取暖御寒，有时还可以做临时休憩的坐具或卧具。自20世纪70年代塑料雨衣逐渐普及后，蓑衣慢慢淡出了人们的生活，现在仅有少数老年人会缝制蓑衣。

图片来源

图一、图四至图五　潘淘洁　摄影
图二至图三　胡晓裴　制图

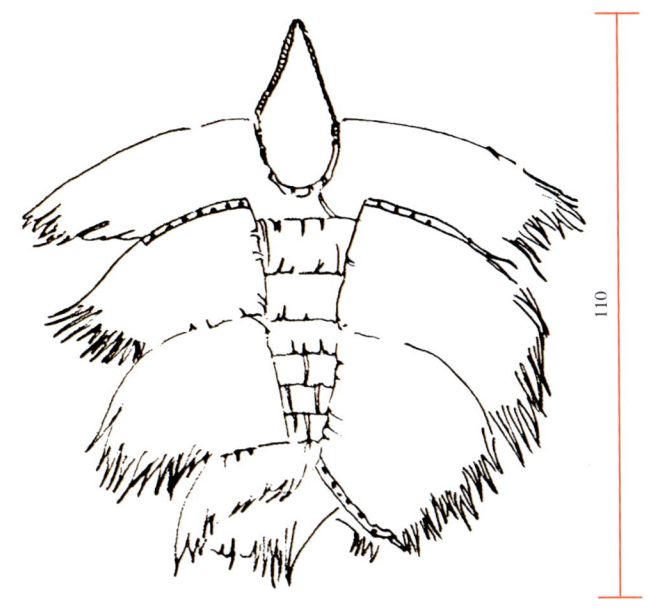

图二 三都县烂土乡水族蓑衣背视、尺寸图（单位：cm）

图三 三都县烂土乡水族蓑衣穿着示意图

第六章 水族传统手工艺

图四　三都县烂土乡水族蓑衣所用原材料采自山棕树

图五　剥下来的山棕树皮是制作水族蓑衣的主要材料

水族木制嵌骨马鞍

图一　三都县水族木制嵌骨马鞍主图

马鞍是放在马背之上，方便人骑坐的器具，常配合马镫、缰绳等马具使用。本案例采集自三都水族自治县，通体木制，两头向上翘起，总长50厘米，高35厘米，宽32厘米，前脸和边缘有精美的动物骨头镶嵌图案。整个马鞍由六块不同形状的木块组合而成，两块对称的条形底板是与马背接触的，前后两端微微上扬，中间留有约12厘米的空隙，内高外低，符合马背部的躯体形状，稳稳贴合，马匹运动时不会被硌伤或将马鞍甩下。底板之上，前后分别有两块弧形的木座，前部的上扬接近90度，后部的上扬约20度，中间则是对称两块木板，流畅地连接起前后木座，并在底板的中缝上方留出一道宽约2厘米的缝，这部分是人乘骑时的坐面，与人的臀部紧密贴合，前后翘起的木座限制了骑手身体的前后滑动趋势，提供了纵向的稳定性。马鞍前部1/3处左右各固定有两个铁环，是为了配合马镫使用的，马镫能固定骑手的双脚，提供横向稳定性。这样，在马鞍和马镫的协助下，人和马便能很好地结合为一个整体，稳当地骑行奔跑。

该件马鞍各部件的连接靠木头的相互嵌接、铁钉以及打孔后皮绳连接。在前后木座和两块底板的边缘均匀地镶嵌了乳白色、加工成小圆钉状的动物骨头，正面则用较大块的骨片刻出马、鱼等图案嵌入木座内，并钉铁钉固定，周围则饰以一圈更细密的骨钉。整件马鞍功能合理，造型优美，装饰精细，在水族山村是不可多得的精品。

图片来源
图一、图三、图五至图六　潘淘洁　摄影
图二、图四　古慧婕　制图

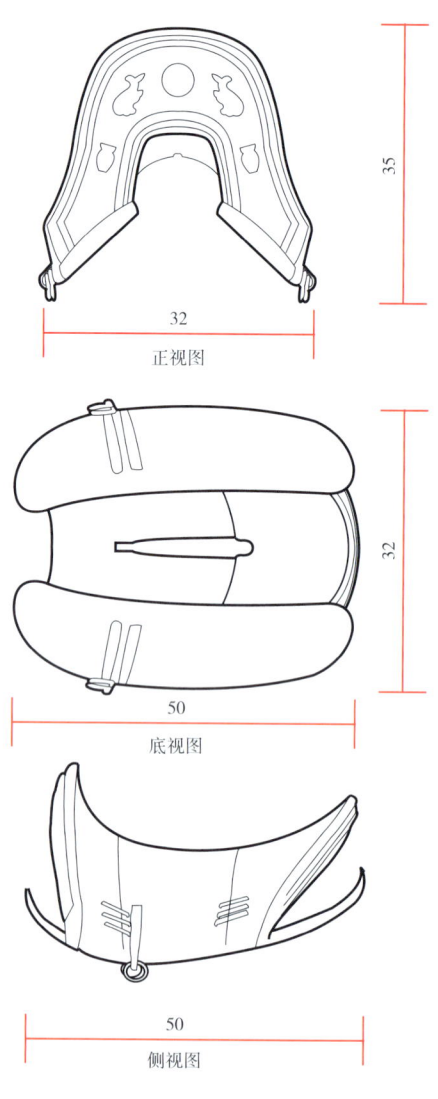

图二　三都县水族木制嵌骨马鞍三视、尺寸图（单位：cm）

图三　三都县水族木制嵌骨马鞍正面嵌骨纹样

图四　三都县水族木制嵌骨马鞍正面纹样细节图

图五　三都县水族木制嵌骨马鞍侧面结构

图六　三都县水族木制嵌骨马鞍底面结构

水族牛角雕花火药盒

图一　三都县水族牛角雕花火药盒主图

本案例采集自三都县民族宗教事务局陈列厅，总长26厘米，底部高度7厘米，厚度4厘米，牛角的尖端截掉一段，作为火药装入及倒出的口子，配竹制的塞子。塞子顶端利用竹节自然封闭，呈一端封口的圆筒状，兼可作为火药的量筒。一般而言，牛角雕花火药盒的塞子也应是用牛角制成，本案例可能是原塞子遗失之后用竹塞临时替补。

这件牛角雕花火药盒是纯手工加工打造的，选用造型美观的小牛角经打磨、雕花、开口、封底制成。体积小巧，便于携带，宽度和厚度正好适合一手握住，倾倒火药的时候很方便。火药盒的正反面及侧面都有浅浮雕阳刻纹样，顺应每个面不同的外形相应变化，纹样的题材有花朵、藤蔓、飘带等。靠近角尖的开口处还刻出两窄一宽的环状装饰，强化结构，在开启塞子时还能起到防滑的作用。牛角内弧线的两端留有小孔，穿有麻绳，可以拴于腰间，便于携带和取用火药，而且这样的佩戴方式使得弧口朝上，顺应人体曲线，行走时不会产生不适感。

牛角雕花火药盒一般与火药枪（火铳）配合使用。有条件者也用其装铁砂，用作子弹。

图片来源
图一、图三　潘淘洁　摄影
图二、图四至图五　古慧婕　制图

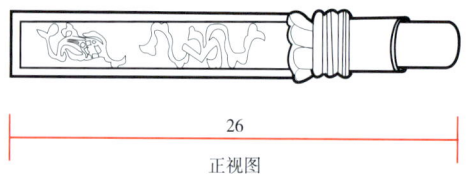

图二　三都县水族牛角雕花火药盒三视、尺寸图（单位：cm）

图三　三都县水族牛角雕花火药盒侧面纹样

图五　三都县水族牛角雕花火药盒材质分析图

图四　三都县水族牛角雕花火药盒纹样图

水族皮铠甲

图一　水族皮铠甲正面展开图

本案例采集自三都县，据藏家杨秀龙介绍，此物是水族抗清起义英雄潘新简称王后所用的护身皮铠甲，用牛皮及皮绳连缀而成。水语的汉字谐音为"龙甲简"，意为潘新简的甲衣，清咸丰同治年间制品。此件铠甲护腹护腰连拼展开长103厘米，通高55厘米，护胸护背各宽38厘米，用土漆涂护，除有几处皮绳断裂之外，品相完好。

本件皮铠甲可分为上下两大部分，上部是用大块的牛皮制成的壳状盔甲，下部则是从腰部至臀部之间用牛皮绳串起若干小片矩形牛皮制成的"皮裙"。上部盔甲的前甲上为护胸、下为护腹，最宽处37厘米，后甲上为护背、下为护腰，最宽处43厘米，均用皮绳穿绑连接。前甲的护胸、后甲的护背部分，各由一块整牛皮制成，形状符合人体结构并充分考虑到上肢活动的便利度；前后甲的护腹和护腰部分则分别由四片牛皮组成，用牛皮绳相互连接，以便更好地贴合身体曲线，并且不阻碍腰部的自由活动。前后甲在左腋下及腰间连拼，穿戴时套住双肩托带，再系右腋下皮带，使之连成包裹身躯的整体。下部"皮裙"共有六层，越往下"裙摆"越大，以便行走、奔跑和骑马，其编缀工艺十分复杂，将百余片小块矩形牛皮四角钻眼，上下左右相互叠压，用皮绳串联，从下往上，宽度逐层递减，最上层与护胸护背的牛皮拼连。铠甲上部大块的牛皮上沿轮廓饰有红黄两色相间的花纹装饰，强化了铠甲的造型，并起到美化作用；前甲腰部正中间用皮绳编织出两条鱼形装饰，鱼是水族的图腾崇拜物，以此祈求得到神灵护佑平安。

这件皮铠甲设计简洁、合理，符合人体工程学的要求，工艺上构思巧妙，在当时物资匮乏的偏远山区仅用牛皮一种材料便制成了既实用又美观的铠甲。

清咸丰同治年间，潘新简领导水族抗清起义，活动范围波及黔桂交界十余县。起义军攻打荔波县城17次，破城6次。这是水族历史上规模最大、范围最广、时间最长、影响最深远的农民革命起义。潘新简被拥戴为辅德王，为此制作了王冠、龙袍、皮铠甲战袍等物。

图片来源
图一、图三至图五、图七至图八　潘淘洁　摄影
图二、图六　胡晓斐　制图

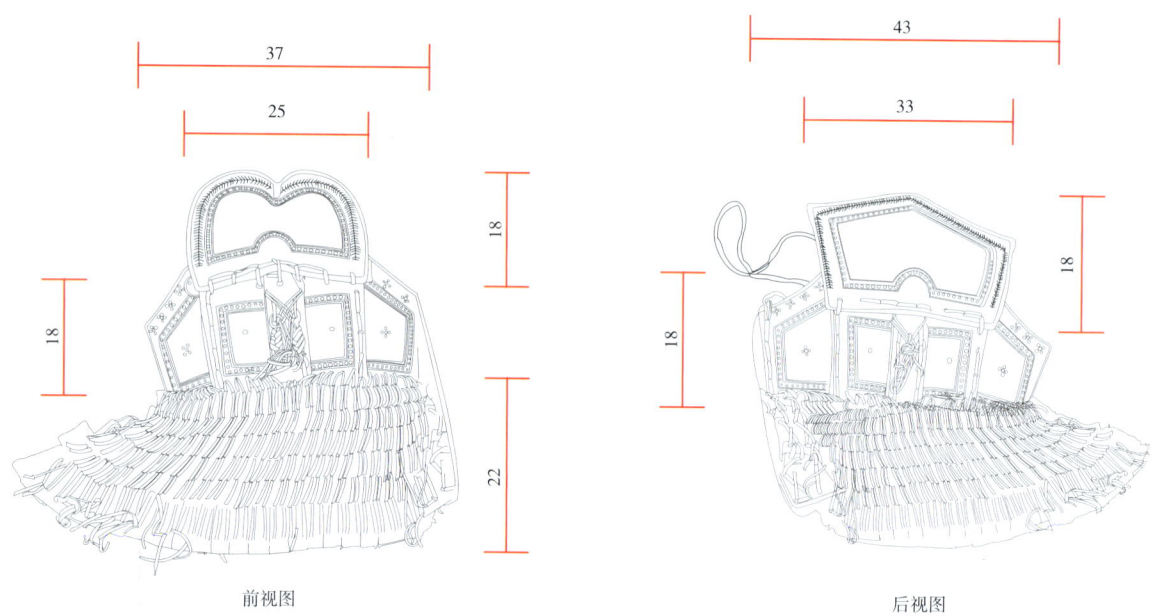

前视图　　　　　　　　　　　后视图

图二　水族皮铠甲二视、尺寸图（单位：cm）

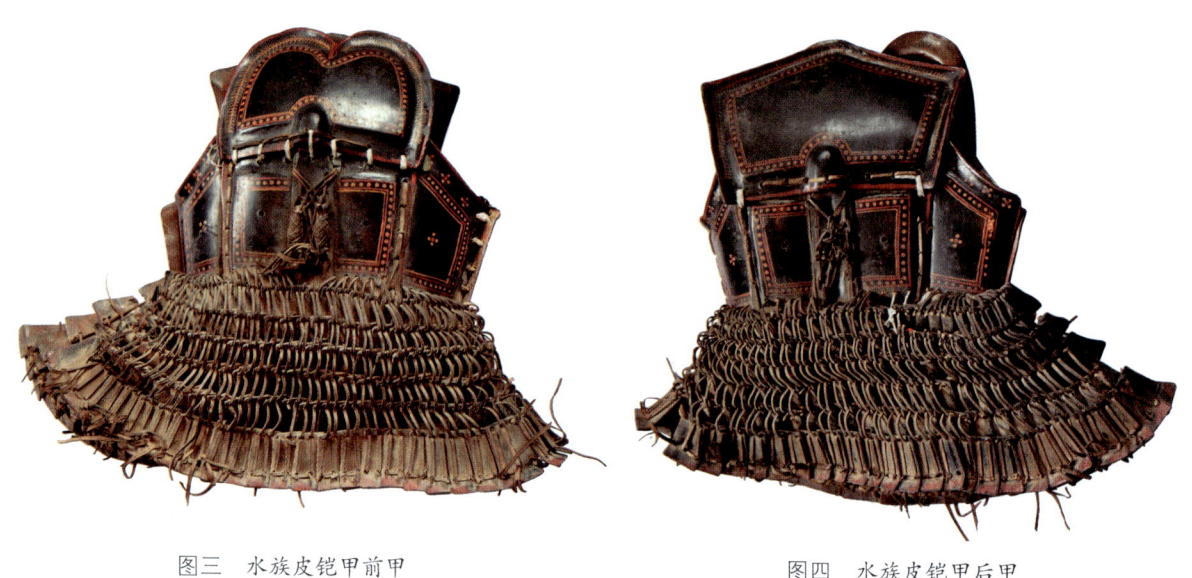

图三　水族皮铠甲前甲　　　　图四　水族皮铠甲后甲

图五 水族皮铠甲背面展开图

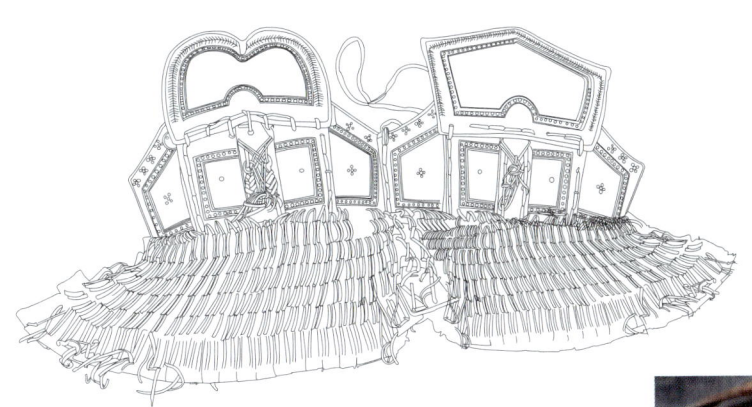

图六 水族皮铠甲结构线描图

图七 水族皮铠甲内侧局部

图八 水族皮铠甲上用皮绳编织的双鱼装饰扣

第六章 水族传统手工艺

水族牛角雕饰品

图一　三都县水族牛角雕饰品主图1

水族有悠久的农耕文化，牛是劳作的主力，牛角雕刻的各种日用品、装饰品便有了原材料来源。牛角经各种加工后可作酒杯、药盒、火药盒、烟盒、装饰摆件挂件等。

本案例采集自三都水族自治县，精选质地、外观上乘的一对黑水牛角做原材料，经打磨、抛光后作浅浮雕图案装饰。角根部最宽处9厘米，厚5.5厘米，外弧线长55厘米。该牛角雕件因材施艺，整根牛角分成四段雕饰不同纹样，疏密有致，布局合理，比例适宜。从牛角根部起首先是一段高约5厘米的回纹加波浪纹装饰带；然后是高约22厘米的主体图案部分，该部分两端饰大小相间的云头纹，正面用"卍"字纹装饰带分隔成三块三角形，雕饰了凤鸟、卷草纹样，而外弧的背脊处则用密布的小三角形做底，衬托五个纵向排列的圆圈，圈内刻的是水族文字，左侧意为日新月异，右侧意为人寿年丰，正中较大的圈内是装饰图案；主体图案之后重复角根部的"卍"字纹加波浪纹装饰带，然后进入角尖部分，同样以云头纹开头，紧接着因材施艺，浮雕了张嘴露齿的龙头形象，然后是一段小三角形底纹装饰，然后又是一段几何纹样，末端依次饰有云头纹、水文字、乳钉纹、波浪纹、云头纹。

这对牛角雕件，构思精巧，雕刻精致，装饰图案丰富多样，水文字的应用更体现了水族特色，是牛角雕饰品中的精品。

图片来源

图一、图二、图五至图七　潘淘洁　摄影
图三至图四　古慧婕　制图

图二　三都县水族牛角雕饰品主图2

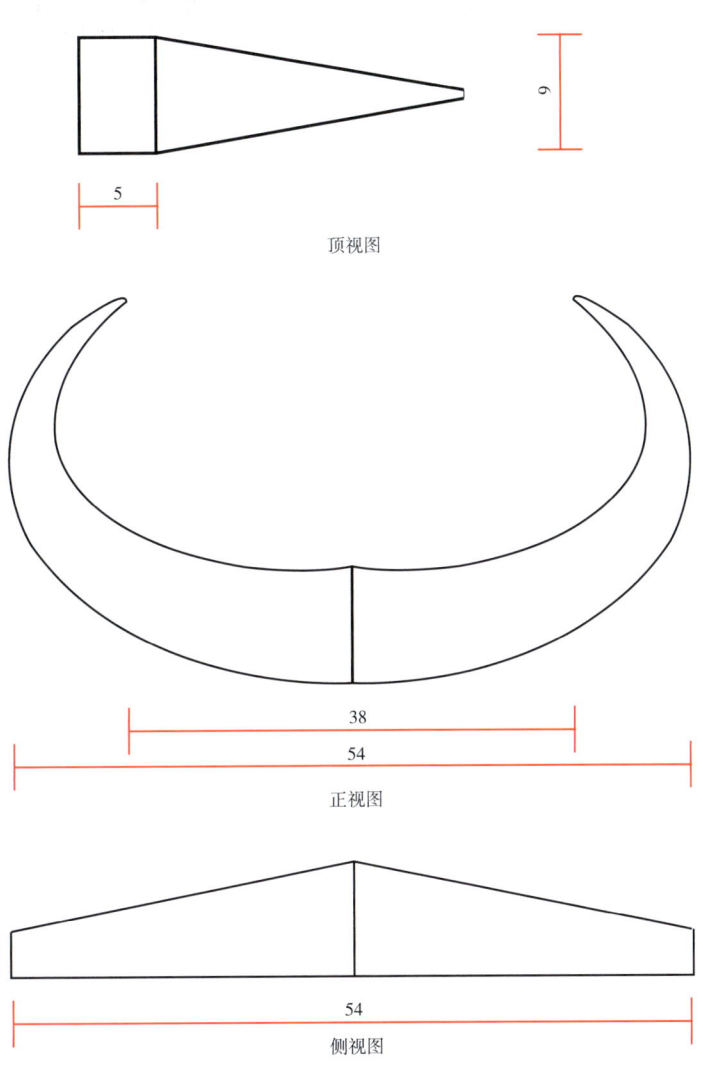

图三　三都县水族牛角雕饰品三视、尺寸图（单位：cm）

图四　三都县水族牛角雕饰品纹样区块细节图

图五　三都县水族牛角雕饰品背脊中段纹样图

图六　三都县水族牛角雕饰品的牛角尖纹样图

图七　三都县水族牛角雕饰品的背脊下段纹样图

水族鸟形牛角雕火药盒

图一　三都县水族鸟形牛角雕火药盒主图

本案例采集自三都水族自治县，选用整只牛角一体手工雕刻而成，是用于盛装猎枪所用的火药的容器。该火药盒长10厘米，高8厘米，厚约4厘米，小巧精致，可握于掌心，系绳后可挂于腰间，方便携带和取用。

火药盒总体造型为一只昂首屈腿的鸟形，优美生动，比例适宜，栩栩如生；鸟头后部的羽毛呈S形延伸至尾部的小孔中，脖颈和身体部分刻有均匀细密的片状羽毛，左右翅膀处浅浮雕外凸约3毫米，依羽毛生长方向刻画纹理；尾部的羽毛向上向内弯曲，呼应颈部曲线，也使得整体造型完整统一，羽毛被分为一缕一缕而加以刻画，层次分明又具有很强的装饰性；腿部承接尾部的曲线，弯曲紧贴于下腹部，流畅生动；胸前羽毛的刻画采用一圈圈向外扩散的弧线来刻画，每层弧线中间密布段直线，既表现了羽毛的柔顺，还强化了立体感。

该火药盒的功能性设计也十分巧妙，鸟儿的眼睛是用细铁钉制成，同时是杠杆的轴心，鸟儿的喙可以通过按压头部延伸至尾部的那根羽毛控制开合；将火药从鸟儿尾部的小孔中放入，存于鸟儿的空心身体中，需要使用时压下头顶的羽毛，便可从鸟嘴里一粒粒倒出火药使用，一只手便可完成操作，且不会四处洒落，十分方便。

这件鸟形牛角雕火药盒设计实用别致，造型生动优美，工艺精巧细腻，是功能与造型完美融合之作。

图片来源
图一、图五　潘淘洁　摄影
图二至图四　古慧婕　制图

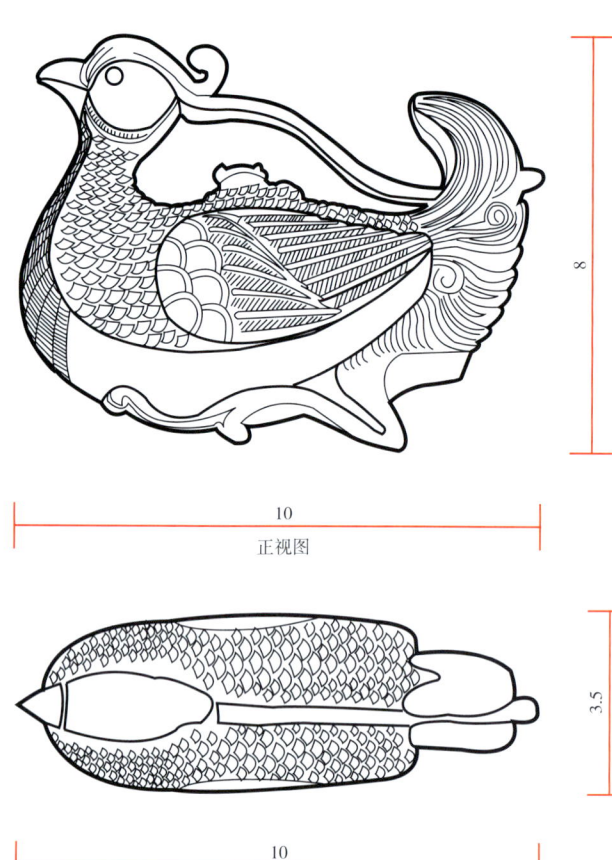

正视图 10

顶视图 10

图二 三都县水族鸟形牛角雕火药盒二视、尺寸图
（单位：cm）

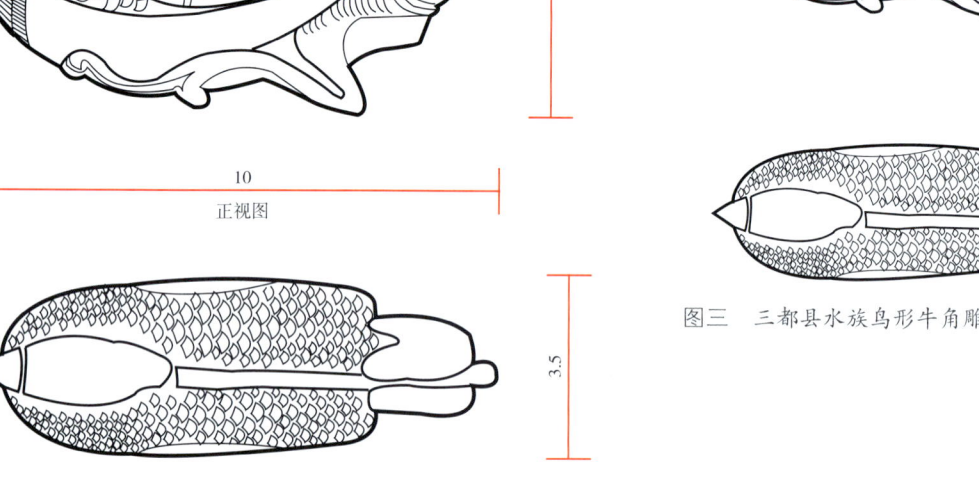

图三 三都县水族鸟形牛角雕火药盒纹样图

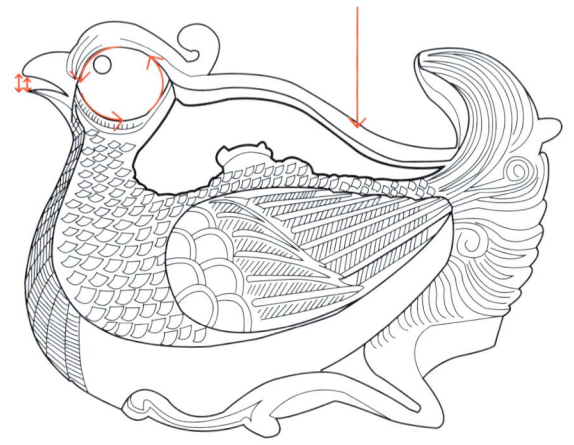

图四 三都县水族鸟形牛角雕火药盒受力分析图

图五 水族鸟形牛角雕火药盒操作示意图：按压鸟头后侧的杠杆使嘴部打开，倒出火药

水族鱼形牛角雕烟盒

图一　三都县水族牛角雕鱼造型烟盒主图

本案例采集自三都水族自治县，是用牛角雕刻的、用于装烟丝的容器。该烟盒为常见的鲤鱼造型，长10.5厘米，高6.5厘米，厚约6厘米，鱼头和鱼身部分分作两段，各用一只牛角的尖部制作而成。鱼头部分为烟盒的盖子，约占总长的1/4，鱼身部分挖空中间作为烟丝的储存空间。鱼头部分内圈有长约0.8厘米的盖口，插入鱼腹内空处，将二者扣合在一起。烟盒鱼身左右两内侧钻孔穿麻线，并穿过鱼头从鱼嘴处穿出，将鱼头、鱼身连接，打开鱼头的盖子取用烟丝时，鱼身便不会掉落，鱼嘴处的绳套还可以将烟盒挂在腰间，随身携带。

这只牛角雕烟盒体型小巧圆润，造型生动，雕工精细。鱼头部分的装饰线条流畅灵动，疏密得当，鱼口大张，栩栩如生；鱼身部分则密布均匀规则的鱼鳞，与鱼头简练的线条装饰形成对比，鱼尾向上弯翘，显现出鱼儿可爱灵动的特性。在底部的鱼腹处，还有阳刻的水文字，汉语意译为"春夏秋冬吉"，充分体现水族特色。

鱼形牛角雕烟盒是一件具有实用价值又有较高审美价值的工艺品，就地取材、巧妙构思，体现了水族人民的精巧手艺和生活智慧。

图片来源
图一、图三、图六　潘淘洁　摄影
图二、图四至图五　古慧婕　制图

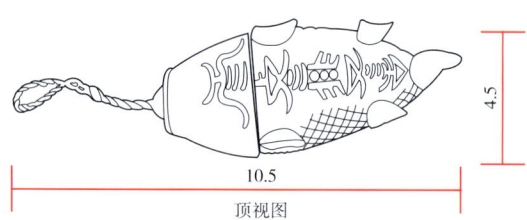

图三 三都县水族牛角雕鱼造型烟盒鱼背脊的水文字

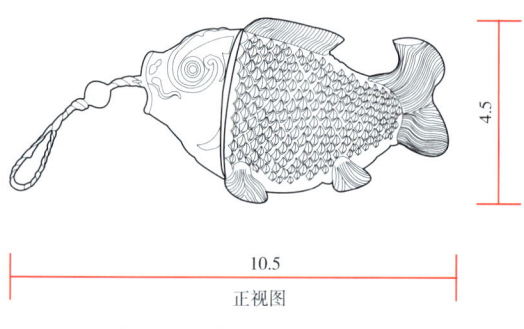

图二 三都县水族牛角雕鱼造型烟盒二视、尺寸图
（单位：cm）

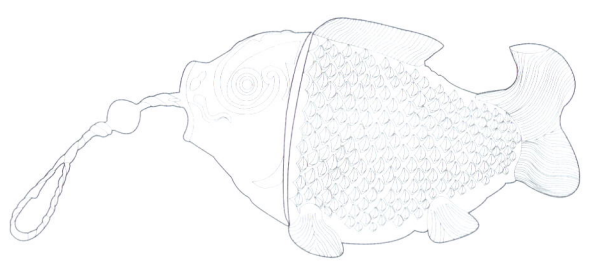

图四 三都县水族牛角雕鱼造型烟盒正面纹样图

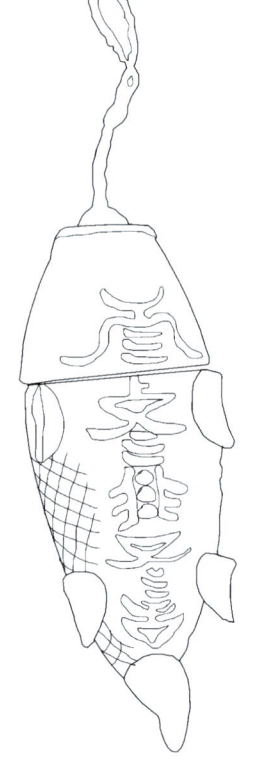

图五 三都县水族牛角雕鱼造型烟盒背面纹样图

图六 三都县水族牛角雕鱼造型烟盒使用示意图

水族剪纸工艺及工具

图一　用于背带中心图案的水族剪纸1

剪纸是用剪刀将纸剪成各种花卉、鸟兽、人物或其他图案的艺术，水族剪纸基本只用剪刀，很少使用刻刀。与汉族剪纸多用于居室及节日、礼仪装饰不同，水族剪纸多用作刺绣底稿，也有些用于祭祀和彩扎艺术。水族妇女、儿童的服装上大量采用刺绣手法装饰，这些刺绣底稿往往要用纸先剪好花样，然后将花样贴在底布上再进行刺绣，所以水族剪纸与其说是一种装饰的艺术，不如说是实现装饰目的一种中介过渡手段，但是不可否认处于这种中介过渡中的剪纸，已经具有了相当高的审美价值。

水族剪纸图案中经常出现蝴蝶图案，并且多用在背儿童的襁褓上，这是水族剪纸和刺绣最具代表性的纹样。这表达了水族人民对于蝴蝶的崇拜与感激之情。据当地传说，水族妇女们下地干农活时，将孩子放在田埂上，小孩被火辣辣的太阳晒晕过去，这时飞来一群花蝴蝶，它们张开大翅膀把太阳光挡住，结果小孩得救了，人们为了不忘记蝴蝶的恩情，便把这个故事情节剪下来，并且绣在背儿童的襁褓上，一是对蝴蝶感恩，二是借此来保佑儿童健康成长。

除了背带，剪纸作为刺绣底稿，还用于女鞋、童帽、围腰、荷包、女装等处。剪纸的题材主要是动物、植物的变形组合，造型较为写实，曲线流畅，构图随形而变，疏密相间。

图片来源
图一至图三、图五、图七至图八　潘淘洁　摄影
图四、图六　古慧婕　制图

图二　用于背带中心图案的水族剪纸2

图三　用于围腰刺绣胸牌的水族剪纸

图四　用于围腰刺绣胸牌的水族剪纸纹样

图五　用于刺绣布鞋鞋面的水族剪纸

图六　刺绣鞋面的水族剪纸纹样图

图七　背带手部分刺绣的水族剪纸

图八　用水族剪纸图案做底的刺绣背带

第六章　水族传统手工艺

水族蜡染工艺及工具

图一　水族蜡染中已染好脱蜡的图案

水族制作蜡染制品的历史悠久，世代相传，水族人民一直把蜡染作为美化、装点生活的重要手段之一。据说，水族最早的蜡染纹样来自于铜鼓鼓面的花纹，先将白布蒙在鼓面上，用蜡块在布面上拓摹，使得布面上铜鼓纹样被蜡所覆盖，然后将白布染色，脱蜡后就得到了铜鼓纹样。

水族蜡染用途广泛，如床单、被面、包袱布、盖篮帕、伞套等，不同于周边的苗族，水族蜡染几乎不用于服装。水族蜡染的题材以寓意吉祥如意、和睦幸福的具象图案以及原始图腾崇拜图案为主，造型大胆洒脱、自如变幻，构图丰满均衡，层次分明，并大量运用了装饰性的纹样如卷草纹、鱼纹、水纹、回纹等。

水族制作蜡染的材料主要是浆洗、捶打平整的白棉布，还有染料蓝靛和防染剂黄蜡（即天然蜂蜡）。蓝靛来自蓼蓝或马蓝叶，使用时取适量与石灰水、米酒一同溶于染缸内，再将画好蜡的布料放入染缸浸染，根据浸泡时间的长短和次数不同，便可得到深浅不一的蓝色。受染料和蜡染低温染色特性的限制，水族蜡染的颜色基本只有蓝色。靛蓝染色无须加温，这才使得用蜡作为防染剂成为可能。

水族制作蜡染的工具最重要的是蜡刀，水族所用的蜡刀刀头呈扇形，由多片薄铜片组成，尾部用线绳或细铜丝绑缚在竹手柄上，刀口微开，中间蓄蜡，蜡刀刀口越大，开合的缝隙越大，铜片的数量也越多，画出的线条也越粗。

蜡染的制作工程，首先是布料处理，自

家织的白棉布、麻布，用草灰漂白洗净，然后用芋头熬煮的糯糊均匀地涂抹在布匹的反面，晒干后放在石板上，用牛角板或牛骨磨平后方可使用；其次是画蜡，用蜡刀蘸着碗里溶化的蜂蜡在白布上绘制各式纹样，熟练的妇女甚至不用打草稿；第三则是染色，将画好蜡的布匹放入蓝靛染缸里浸染数次后反复漂洗干净。如果想在同一块布料上染出不同层次的蓝色，则可在晾干的浅蓝色布匹上继续用蜡绘制图样，再继续入缸染色；第四步则是去蜡，染色到位的布匹取出冲洗掉浮色，然后用清水煮沸，蜡质在这一过程中从布匹上脱离，布上就显出了蓝白分明的图案，水冷却后蜡会重新凝结浮于水面上，还可重复利用。

近些年来，随着水族民众生活习惯和环境的改变，传统用途的蜡染需求量日渐萎缩，会制作蜡染的手艺人也越来越少，但也有不少艺人积极尝试新的题材和种类，力求创新突破，开发出门帘、桌布、壁挂装饰等新品种，并且将水书用蜡染的形式创作，走出了水族蜡染发展的新路子。

图片来源
图一至图九、图十二　潘淘洁　摄影
图十至图十一　古慧婕　制图

图二　水族蜡染制作流程图1：准备制作蓝靛的原料——蓼蓝草

图三　水族蜡染制作流程图2：发酵好的蓝靛染料

图四　水族蜡染制作流程图3：用于磨平布匹的牛骨

图五　水族蜡染制作流程图4：准备蜡刀及蜂蜡

图六　水族蜡染制作流程图5：持蜡刀在白布上绘制图案

图七　水族蜡染制作流程图6：已绘制好的图案

图八　水族蜡染制作流程图7：将布匹放入染缸

图九　水族蜡染制作流程图8：将绘好图案的布匹用线串在竹竿上，方便放入染缸和提出晾晒

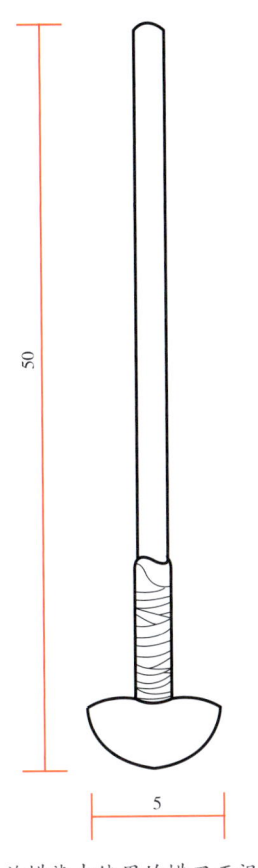 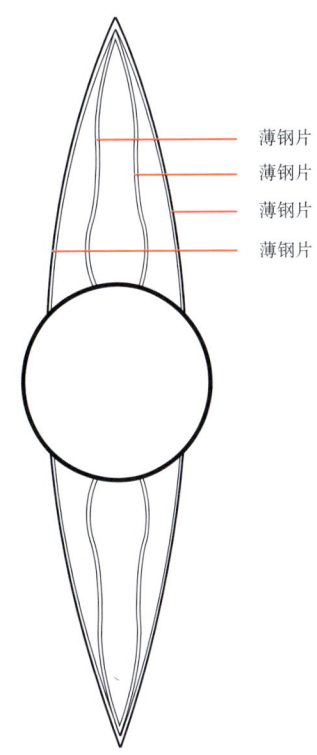

图十　水族蜡染中使用的蜡刀正视、尺寸图（单位：cm）　　　图十一　水族蜡染中使用的蜡刀结构名称图

图十二　水族妇女自创的现代蜡染作品

水族刺绣工艺及工具

图一　水族刺绣背带

水族刺绣是水族刺绣技艺、刺绣作品的统称，是普遍流行于水族地区的民间艺术，有着悠久的历史传统和广泛的群众基础，是观赏与实用并举的手工艺结晶。绣品不仅图案精美，具有极高的装饰价值，其反复绣缀的工艺还能增加衣物的耐用度。水族刺绣是漫长的农耕文化的产物，是水族现存最具有生命力的原始艺术，其作者又是绣品的使用者，水族人民至今仍喜爱制作，并视为本民族聪明智慧的结晶。

水族刺绣主要应用于背扇、妇女衣物、围腰、配饰、布鞋、鞋垫、荷包、儿童帽子、儿童衣装等处。除了背扇和翘尖布鞋之外，其他地方的刺绣大多作为点缀装饰之用，少有大面积满绣的做法。

水族刺绣的制作工具很简单，无须绷、架、桌等设备，但是针法非常丰富，有衍针、刺针、挑花、平针绣、锁绣、拉锁子绣、辫绣、打籽绣、编织绣、布贴绣、马尾绣等。通常是几种针法混合使用，而最有代表性、知名度最高的就是马尾绣。

马尾绣，水语称为"马介"，语音语义同古汉语"马介（jiè）"。马尾绣的代表作是背负婴儿的背带，亦即背扇，水语称为"袋马介"，其历史可追溯至两千多年前。东汉许慎《说文解字》释"马介"："马介，系马尾也。从马介声。"水族生息地区史称东谢蛮，《唐书·南蛮传》载："东谢蛮，其地在黔州之西数百里……丈夫衣服有衫袄，大口裤，以锦绣及布为之。"此外，该地区"有功劳者，以牛马铜鼓赏赐"。马是水族社会中重要的畜种，水族人养马、爱马、赛马，至今赛马仍是水族重要节日里不可或缺的节目。另外，水族男丧牺牲品最崇尚马匹。这些习俗在水族依旧传承，由此可见马尾原料的供给与水族的悠久历史和传统习俗有关。从出土的秦始皇兵马俑可见，马的尾巴是被束缚住的，防止挂住障碍物发生危险。《左传》中有多起"不马介而亡"，即不系马尾导致的战争惨案。水族的马尾绣就是用白线缠绕马尾制成绣线盘绕纹样轮廓的一种绣法，语音相同，语义均为"系马尾"，足见马尾绣渊源，与水族发祥于中原睢水流域的历史相吻合。

水族刺绣具有族群身份识别、表达制作者内心情感、象征财富和身份的多重功能。它不仅是水族人民不可缺少的生活实用品，而且还具有重要的艺术价值、心理愉悦的观赏价值，还具有相当高的经济价值。富有水族人民生活气息的刺绣品，其造型丰富多样、色彩浓淡相宜，风格清新质朴，是水族的"文化标本"和"文化名片"，是水族地区旅游推介的重点。

图片来源
图一至图二、图五至图八　潘淘洁　摄影
图三至图四、图九　潘淘洁　制图

图二　水族布贴绣背带局部

图三 水族刺绣工艺分析图1

图四 水族刺绣工艺分析图2

图五 水族马尾绣制作流程图1：准备原材料——白色马尾丝

图六 水族马尾绣制作流程图2：用手捻搓白丝线缠裹马尾丝

图七 水族马尾绣制作流程图3：锁绣填充

图八 水族马尾绣制作流程图4：分别制作后组合

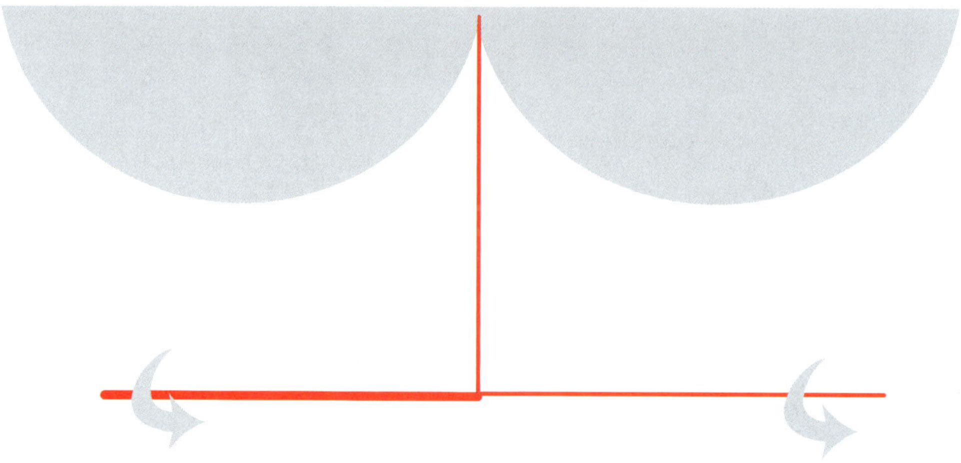

两膝中间夹住白丝线

右手持绕好的马尾线　　　　　　　　　　左手持马尾丝

图九 水族刺绣技艺中马尾线缠绕操作示意图

第七章 水族传统民俗和宗教造像

水族水书及水书习俗

图一 潘朝霖先生征集的各类水族水书抄本

水书，水语称为"勒睢"或"泐睢"，是水族古文字（水族文字或称水文字、水字）、水族书籍、典籍的汉译通称，是水族天文历法、信仰文化、民间知识杂糅的传统文化成果。

"水书是夏商文化的孑遗，属水族的精神支柱。"（国家民族事务委员会《民族问题五种丛书》编辑委员会，《中国少数民族》编写组，《中国少数民族》修订编辑委员会编：《中国少数民族》修订版，北京：民族出版社，2009年）

水书滥觞于夏商文化圈的睢水流域，辗转于百越族群之地，遗存在黔桂交界都柳江、龙江上游地带的水族山乡。其穿越了数千年漫长的历史时空，依旧鲜活地存活在水族社会中，显得特别珍贵。水文字兼容图画、象形、抽象文字的特点，是一种类似甲骨文、金文的古老文字符号系统，并与之有着悠久的渊源关系。水书是水族文化极为重要的组成部分，所载内容涵盖天文历算、信仰崇拜、民间知识诸多方面知识，尤其在天文历法、原始信仰、哲学思想、文字书法、诗歌音韵、民俗活动等方面的知识成果更为显著。

由于水文字发育不成熟，滞后于语言的发展，导致水书抄本难以独立运用。水书文化的传承需要"硬件"的抄本与"软件"的口传心授及民俗活动的有机结合来完成，才能在实践应用中发挥其广阔的作用。水族民间有"真传一张纸，假传万卷书"之俗语，存在"师师相传"的极多隐性内容。因此，2006年6月，国务院批准首批国家级非物质文化遗产名录定名为"水书习俗"。目前征集到的水书有2万余册。2002年，水书入选"中国档案文献遗产名录"，成为国家档案馆重点收藏的民族古籍之一。经国务院批准，目前已有55本水书入选"国家珍贵古籍名录"。从此，真正结束"水书系一种被压迫民族使用之文字"的历史。（岑家梧：《水书与水家来源》，《社会研究》1945年；潘朝霖、唐建荣主编：《水书文化研究》，贵州民族出版社，2009年）

水族先民诸多的民俗事项，就是水书生存的沃壤，没有神圣信仰中那浩荡的神祇队伍，肯定没有神秘水书传世。水书师口传心授的水书内容主要有各类祝词、咒语、口诀、前辞、卜辞、占辞、验辞、历法演算、祭典要义、仪礼程序、巫术用品、掌宫推遁、各类卜筮技巧、各类禁忌项目、黑白巫术技能、征战攻守防御方略、生产生活择吉、诸多经验教训实例与总结、诸多秘密内容等。与水书紧密相连的诸多活态的民俗事象主要有：年年岁岁运用水书历法选定端节、卯节、霞节、苏宁喜等节庆日期，村村寨寨那繁冗的丧葬、婚嫁、起造、祭祖等的择吉活动，世世代代的水书传承方式、拜师学习仪礼，诸多神秘的驱鬼避邪、保寨保家的黑白巫术行为。凡水族社会生产生活中比较重大的民俗事象与活动，无不与水书有紧密联系。

大约在晚清之前，水书主要是用竹签笔书写，这类硬笔，每蘸一次墨可以书写两笔至三笔。笔尖所捣成的细丝较短，不像毛笔那样均匀、修长，所以书写出来的文字没有抑扬顿挫的粗细变化。至民国之后，水书基本都用毛笔书写，笔锋清晰、富于变化。现存水书主要用三种纸张书写：绵纸、夹纸(多层绵纸)、国画纸，这几种纸吸水性好，韧性强，相比其他纸张，较为经久耐用。据说过往水书是写在竹简上的，但已无实物可考。

图片来源
图一至图八　潘淘洁　摄影
图九　古慧婕　制图

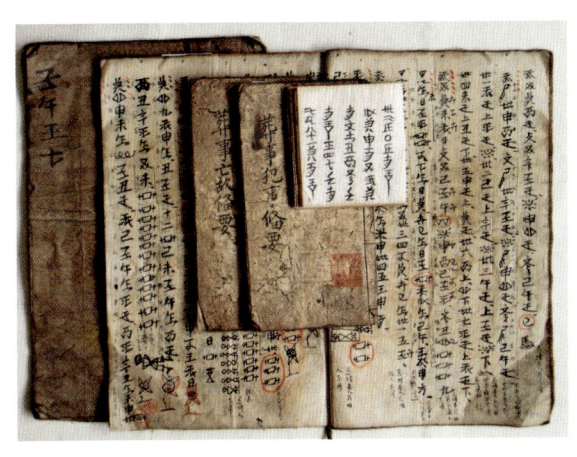

图二　各种不同开本的水族水书抄本

图三　350页卷本的水族水书珍品，带有土布书衣

图四 记载命理、占卜内容的水族水书页面

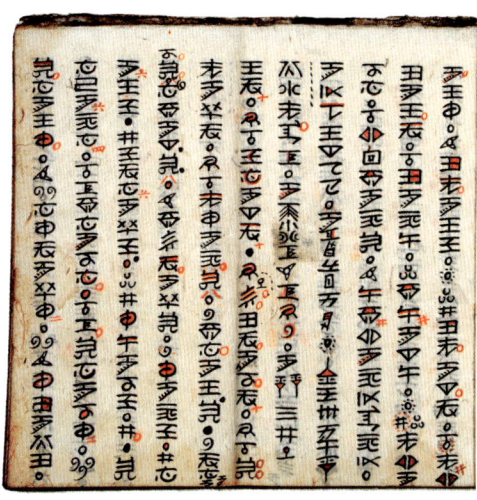

图五 水族楷书水书（韦朝想藏）

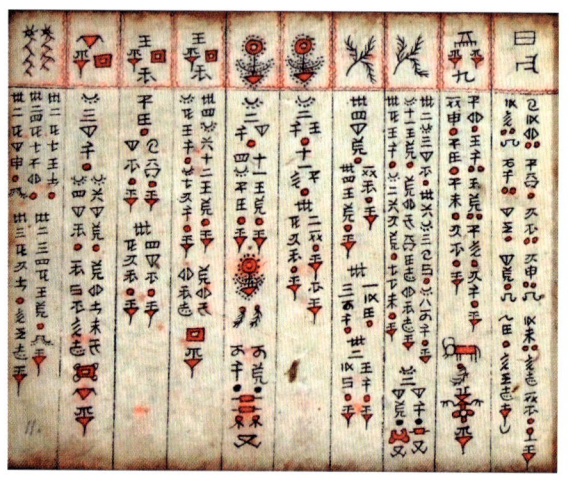

图六 竹签笔书写的水书精品，获国家图书馆认定（三都县档案馆藏）

图七 水族水书师依照水书条目解读占卜结果情境图

图八 水族水书师祭祀水书创始人——公六铎

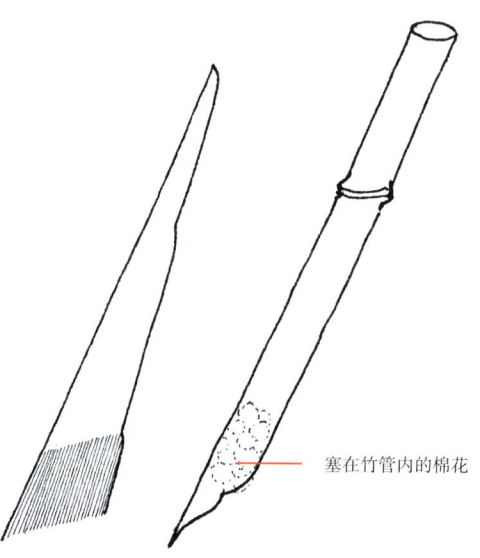

塞在竹管内的棉花

图九 早期水族水书书写所用竹签笔示意图

水族水书铜钱

图一　龙光鹏先生收藏的水族水书铜钱1

水书铜钱是在水族地区发现的、载有水书字符图画的民间私铸的铜钱币。目前发现的水族钱币，都是铸造于明代或明代以前。作为在古代中国未曾建立过少数民族政权的水族，能够铸造、留存下来如此之多种类的民俗钱币品种，这在中国少数民族的文化遗存中，堪称一绝。

水书是水族文字、水族书籍的通称，是图画文字、象形文字、抽象文字拼盘组合而成的水族文化结晶。因为水书抄本极少见到明代或明之前的实物，水书铜钱为水书传世提供了大量可靠的物证；为研究水族明代历史文化、地方建制势力提供了重要物证；同时水书钱币也为贵州的钱币铸造史研究提供了难得的、突破性的珍贵资料。

本案例所采集的五枚水书铜钱，均是民间收藏家从水族地区收集的私人珍藏，这些钱币大小不一，图案各异，它们并非历代王朝正式发行的货币，当然也不会参与市场流通，而仅仅是供民间欣赏收藏的"花钱"，也称"压胜钱"，主要用于馈赠、压邪、镇库保宅、趋吉迎福或其他重大事项的纪念等，也是古代日常生活中以钱币形式出现的文化艺术佩件。

水族的传统占卜种类多样，有蛋卜、石卜、草卜、竹签卜、巫卜、铜钱卜等，而铜钱卜就是以铜钱正反面定阴阳黑白，以五枚之数一次摇成卦象，再类比对应的水书条文一一解释，帮助求卜者化解疑难祸凶。由此可见，历代水族所铸的各种花钱，其功用不仅仅是供人把玩欣赏的艺术品，有些还可能被当作卦币使用，充当解读隐秘信息的占卜工具。

图片来源
图一、图三、图五、图七、图九　潘淘洁　摄影
图二、图四、图六、图八、图十　古慧婕　制作

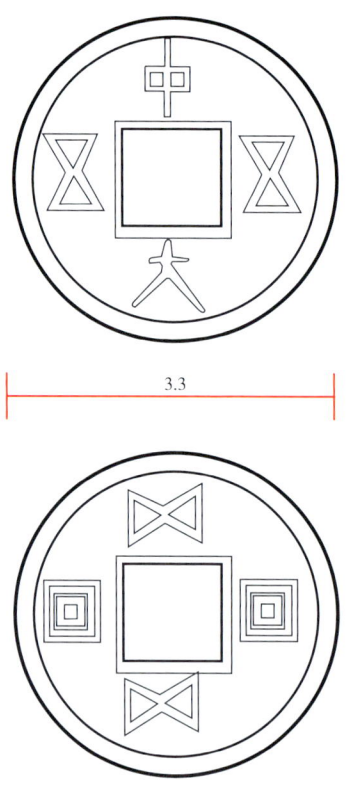

图二　龙光鹏先生收藏的水族水书铜钱1纹样（单位：cm）

图三　龙光鹏先生收藏的水族水书铜钱2　　　图四　龙光鹏先生收藏的水族水书铜钱2纹样（单位：cm）

图五　彭永忠先生收藏的水族水书铜钱1

图六　彭永忠先生收藏的水族水书铜钱1纹样

图七　彭永忠先生收藏的水族水书铜钱2

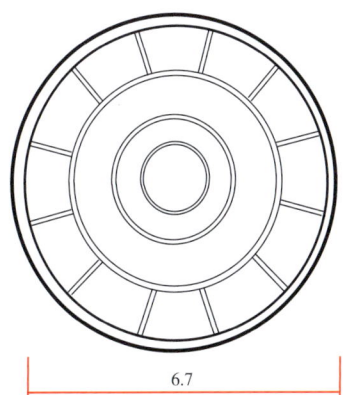

图八　彭永忠先生收藏的水族水书铜钱2纹样（单位：cm）

第七章　水族传统民俗和宗教造像

245

图九　张保黔先生收藏的水族水书铜钱　　　图十　张保黔先生收藏的水族水书铜钱纹样（单位：cm）

水族吞口

图一 三都县大河镇水族吞口主图

吞口是面具的变异,起源于图腾崇拜和原始信仰,经历漫长的岁月嬗变为一种民间文化。吞口,顾名思义,都有一张阔大的嘴巴,通常是造型狰狞、凶猛的怪兽木雕头像。水族人民将吞口挂在家庭大门的门楣之上,以期镇宅驱邪避害,庇佑常年风调雨顺。

水族吞口主要在云南省古敢水族乡,以及贵州省三都县、独山县部分村寨使用。古敢乡被誉为"水族吞口之乡"。

本案例采集自三都水族自治县的大河镇,高约30厘米,宽约20厘米,原木浅浮雕而成,涂饰有红蓝二色,时间久远,已脱落褪色。吞口与面具不同,背面是平面,并未掏空,不能戴在脸上。该吞口总体看来颇似龙头,威严而狰狞,头顶有一对短圆的犄角,浓密的胡须向后飘扬,怒目圆睁、龇牙咧嘴、上下各两颗犬齿尤其突出,鼻子短而圆润,左右两根长须飘逸至嘴角。

吞口高悬在门楣上,狰狞威严、凶猛刚毅,护佑家庭。悬挂吞口要请水书师择吉,举行类似开光的仪式,赋予吞口灵性和神力。

图片来源
图一、图四　潘淘洁　摄影
图二至图五　胡晓斐　制图

图二　三都县大河镇水族吞口尺寸图（单位：cm）

图三　三都县大河镇水族吞口色彩还原图

图四　三都县大河镇水族吞口使用情境图

图五　云南省富源县古敢乡吞口使用图

水族祭神杆

图一　三都县九阡镇水族祭神杆主图

祭神杆，或称画杆，是水族祭祀神灵的器物，用木材制作。水语的汉字谐音为"杆灵"。祭神杆选用两米余长的圆木杆为轴心，顶端削尖，在顶端约1/4处套装一个四方框架，用木条将框架固定在轴心木杆上。四方框架四周写上相关祝福字词，有的还涂油彩美化。本案例三支祭神杆采集自三都水族自治县九阡镇，轴心圆杆长220厘米，方框边长60厘米，高15厘米，圆杆顶端用旋切手法将木杆加工出橄榄形的两段装饰。方框四周写有汉字"天长地久"、"富贵长命"、"万事如意"、"风调雨顺"等心愿。

水文字的"神"字是一个象形字，其形便是祭神杆的造型。水族有自然崇拜、祖宗崇拜、神灵崇拜的传统，崇敬的鬼神有七八百种之多，水书中多有记载。竖立祭神杆大致有几种情况：一是带着祭品到认为能给自己带来福祉的树神、石神、井神处许愿，祈求神灵护佑而竖立祭神杆；二是所祈愿望实现之后首次向神灵还愿，带着许愿的祭品到现场宰杀，隆重献祭时竖立祭神杆，感谢神灵的庇佑和恩赐；三是祈愿实现之后，除了首次之外不定期地祭祀感恩，竖立祭神杆。首次还愿祭神的主要祭品，要兑现祈愿当时所许的物种，通常有猪、鹅、鸡、鸭或肉类等，祭祀和还愿的时间要依据水书师的测定而定。

图片来源
图一、图四至图五　潘淘洁　摄影
图二至图三　胡晓斐　制图

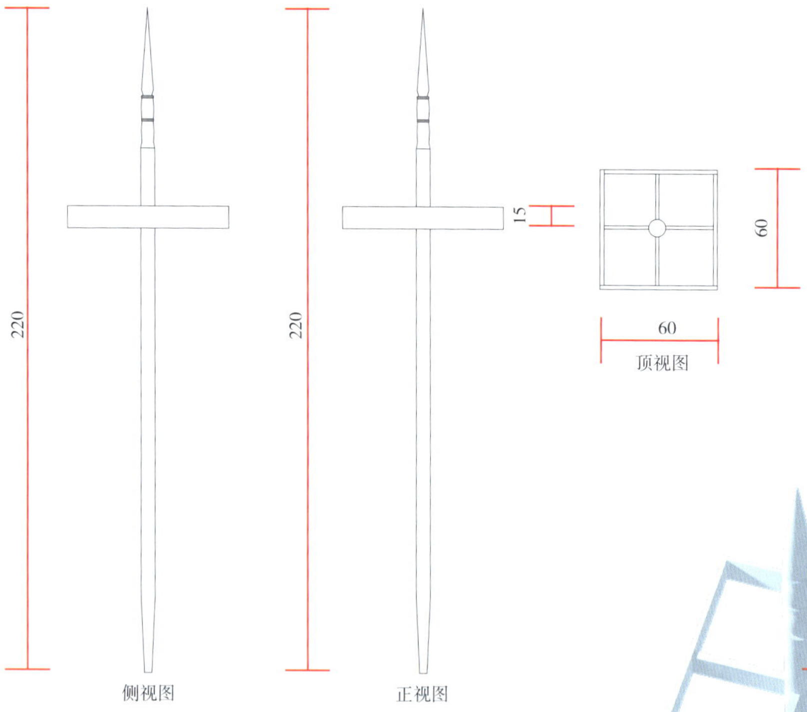

图二　三都县九阡镇水族祭神杆三视、尺寸图
（单位：cm）

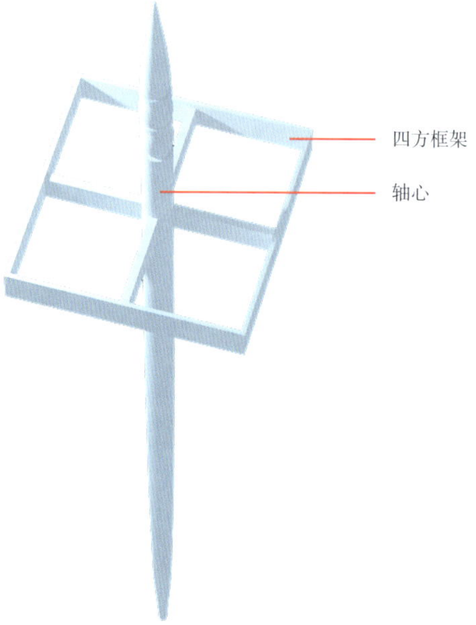

图三　三都县九阡镇水族祭神杆结构名称图

四方框架
轴心

图四　扛着祭神杆前去祭祀的水族村民

图五　位于三都县九阡大寨的水族祭神杆使用情境图

水族新式神龛（祭台）

图一　三都县水族木制新式神龛主图

神龛，水语音为"那干"，意为山洞面前，是水族祭祀家庭神灵处所。从语言发生学分析，神龛的出现源于岩居穴处时代对神灵的信仰。水族认为万物有灵，信仰的各路鬼神有七八百种之多，因此每家每户都会在堂屋设置祭祀供奉用祭台。

本案例采集自贵州省三都水族自治县民族宗教事务局陈列厅，制作年代约为20世纪末，属于做工较讲究的新式神龛。神龛整体由木板制成，总高度139厘米，中心背板是竖向长方形，上有水书文字，汉语意思：中间为"祭祖"，左右两侧对联的意思分别是"粮食满家"和"金银满仓"。上方一块木板与底板倾斜相交，外倾14度角，宽20厘米，顶部木板饰有双龙拱铜钱图案，龙身一直延伸到左右两侧的木板上，左右两侧也各有一块木板以相同角度与主板交接，宽度随龙身的动态而变化。图案采用阳刻手法，构图巧妙，线条精炼。中心背板之下连接一个扁长的供台，高度13厘米，厚度20厘米，宽度95厘米，用于放置香炉贡品等。

水族的神龛大多设在迎面大门的正堂正

壁墙上，因家居布局的不同或有差别。早期的神龛大多就是一张长条桌，少有固定式的香烛台座，施祭时临时以大碗盛白米或以瓜块、萝卜固定香烛。明清以降，一般家庭逐步在祭祀桌上方张贴"天地君亲师位"、"天地国亲师位"、"某氏祖宗神位"等神龛竖条，在其下方壁头上钉三脚架支撑一块木板，作为象征性的神台。近代，讲究的人家制作神龛装饰边框，有的还在木板上镌刻汉字对联或水文字对联，或添置陶瓷香炉，文化气息显得更为浓重肃穆。

图片来源

图一　潘淘洁　摄影
图二至图五　胡晓斐　制图

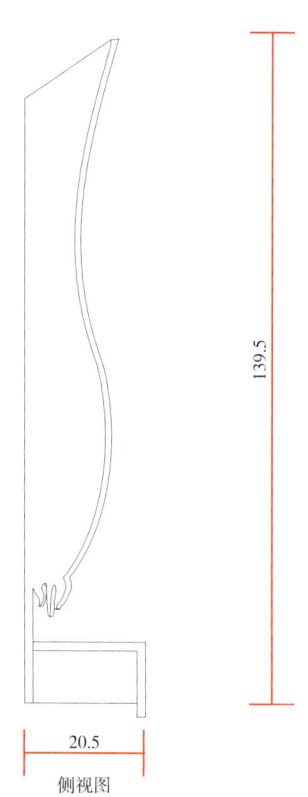
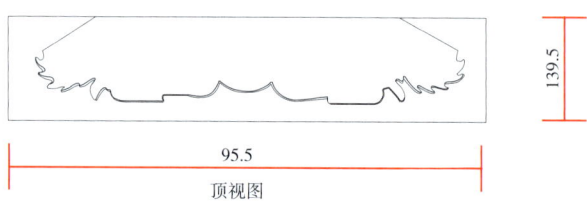

图二　三都县水族木制新式神龛三视、尺寸图（单位：cm）

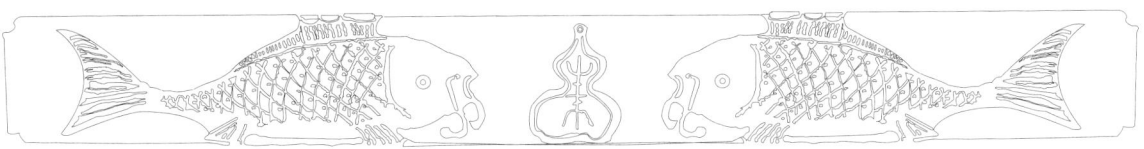

图三　三都县水族木制新式神龛底座双鱼纹样

图四　三都县水族木制新式神龛双龙拱铜钱纹样

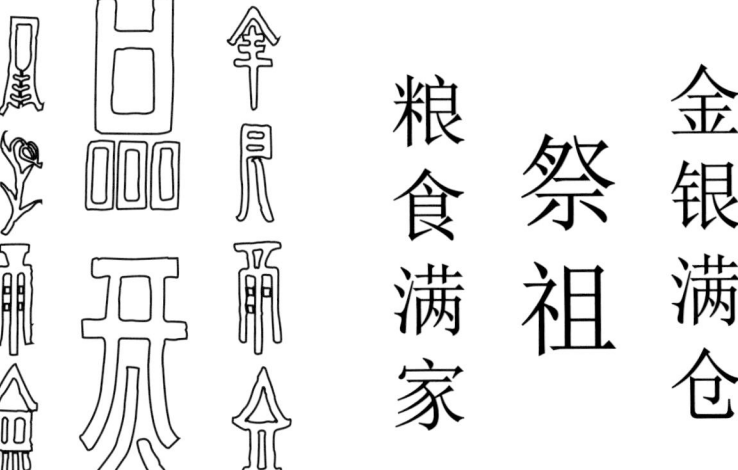

金银满仓
祭祖
粮食满家

图五　三都县水族木制新式神龛水书汉译

水族石卜及道具

图一　榕江县故衣村的石开明用秤砣石卜

石卜，水语的汉语谐音为"薅定"，通常做法是用一根草绳捆着一个被认为具有灵性的小石头或秤砣，将求卜者衣服上的几根纱线头夹于悬挂卜石的绳子上，巫师用手捏住绳头，提着卜石，口念咒词，看石头摆动的次数、方向、快慢等来判定问题的原因与吉凶，说明是何神何鬼因何事作祟，并为占卜者说明兆象反映的大致时间，以及用何物禳解。

石卜所用的石头或秤砣，是占卜师在日常生活中搜寻而来，每位占卜师各有自家的灵器。求卜者通常会自带一碗大米、一枚鸡蛋并象征性地附上少量钱财。

图片来源
图一至图五　潘淘洁　摄影

图二 水族占卜前将三炷香插在求卜者带来的米里简单祭祀

图三 榕江县故衣村潘光谷先生使用的水族石卜道具

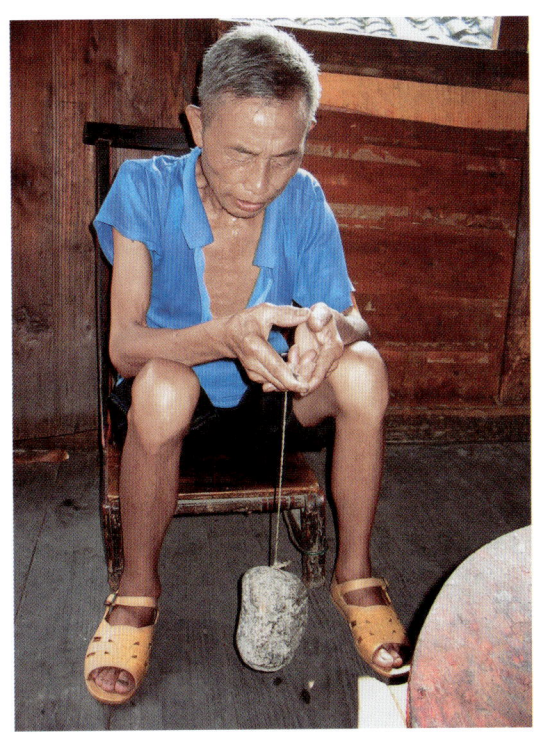

图四 三都县巫习村潘正平正在石卜

图五 潘正平使用的水族石卜、卵卜道具

第七章 水族传统民俗和宗教造像

水族卵卜及道具

图一　水族卵卜

卵卜，即蛋卜。在水族传统占卜中，卵卜是最高层次的一种占卜方式。崇拜神灵的水族，认为死去的人灵魂不灭，认为万事万物都具有灵性，这些神灵鬼怪随时都可以干预活人的生活和命运。因此，人们一遇到灾难、疾病、贫困或重大疑难，都认为与鬼神暗中活动有关。为探明鬼神的意图，于是人们便请巫师占卜，了解休咎吉凶情况，企望求得指点与解脱。但是，对于比较重大的事项，一般的草卜、石卜、巫卜等，似乎已无济于事，需要使用更高层次的卵卜。水族先人把鸡蛋当作天地，认为最初开天辟地之时，天地如鸡子，蕴涵无限的生机与神秘。因此，水族先民把鸡蛋当作蕴藏神秘信息最丰富的载体。

卵卜基本程序首先是将一枚鸡蛋，放在一碗白米上，然后卜师捧着蛋碗或用左手拿着蛋念祝词。卜师念毕用木炭或笔画蛋壳，蛋壳的画法主要有两种，一是画为鸡子形，有头、眼、双翅、双脚，这是纵向分割的画法；二是在鸡蛋壳上横画一圈如地球的赤道，再纵向均分画两圈，相当于地球经线0度、90度、180度、270度，大多又将90度弧度角均分为9等分，使"赤道"线均分为36个等分，每个等分称为一个卜口；有的画法也略有差异。之后将蛋画好之后，放在小锅内和几粒大米煮熟。卜师用刀横截鸡蛋，有的截去一边，而多数是截去一头，掏去蛋黄，取蛋白作为卜具。卜师观看蛋白的厚薄、蛋白内出现的阴影、不同色泽的条纹点状，以及其所处的方位，再对照炭笔的记号、参照水书上相对应的条目来判断吉凶、判断某神某鬼在控制事态。因此，卜师一定是懂水书的。水族卵卜大多分为36个卜口，少则12个，最多46个，每个卜口有固定的水语名称，如：岩贡、枯分、郎分、徐美、尼洛、化美等。水族有关卵卜方面的水书典籍不少，相关页面布局基本呈圆形发散状，中心部分是放置切开的蛋白的，周围根据卜口的数量均匀分布，写上该卜口的要点，向外发散。

卵卜是水族先民在科学文化知识极端落后匮乏的年代里，企图解开与自己生活息息相关的诸多疑难的一种手段，是水族先民认识世界的一种途径。

图片来源

图一至图八　潘淘洁　摄影

图二　水族卵卜的道具准备：鸡蛋、大米、求卜者的衣裳线缕和少量零钱

图三　三都县普安镇的水族主妇正在进行卵卜

图四　水族蛋壳上用木炭画好的图案

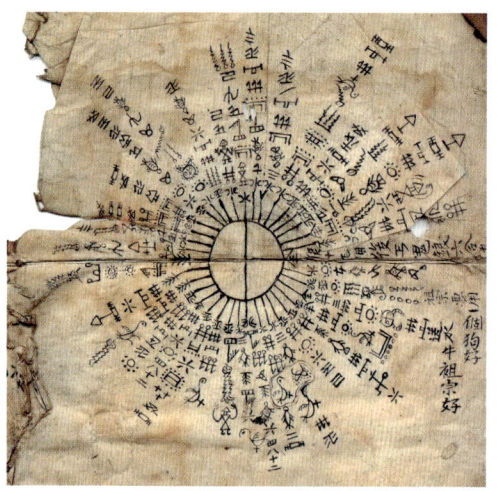

图五 水族《水书·卵卜卷》选页1

图六 水族《水书·卵卜卷》选页2

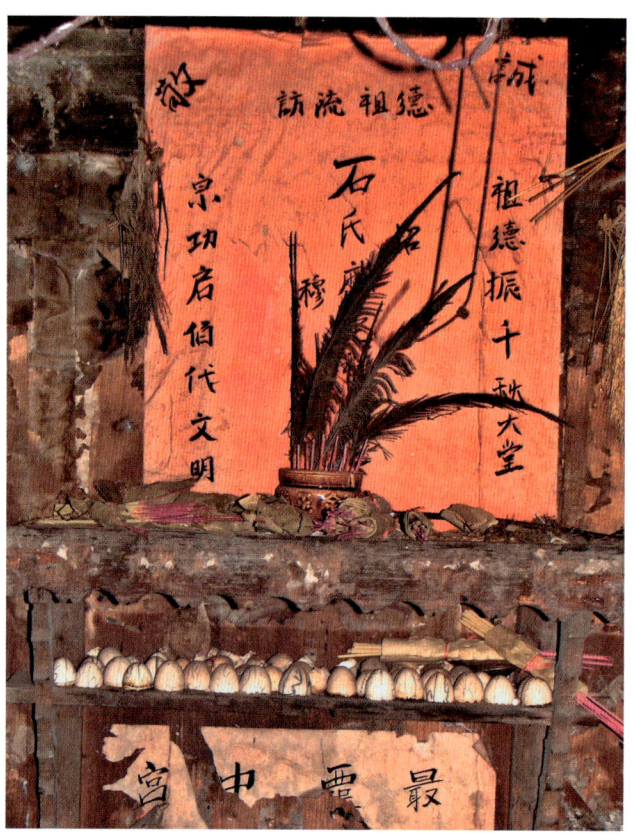

图七 水族卵卜师石开明家的神龛

图八 水族卵卜完毕后,鸡蛋壳放置在神龛上

水族草卜及道具

图一　水族草卜的主要道具——糯米稻草

　　草卜，水语汉译谐音"薅仰"，属于古代汉族蓍卜嬗变的卜类。水族草卜的主要道具是糯米稻草，因师承及地域的差异，占卜师用的糯谷草数量不等，有的用七根，有的用九根或五根。占卜时，将稻草捻做一束，将求卜者的衣襟握在手中，巫师一边口念咒词，一边将草的两头每两根打一个结。打完后，将草撒开，看稻草联结的情况判断何神何鬼作祟，是吉是凶。草卜多由男性操持，解鬼往往也由其办理。榕江县故衣村的石开明先生就通晓卵卜、石卜、草卜三种方法。

　　尽管草卜的操持与水书择吉有关，巫师要依照水书日子行事。水族先民在科学技术十分落后、生产力水平极端低下的漫长时期，对人生命运、对氏族家庭前途、对农作物收成、对疾病及灾难的防范等问题很难科学而理性地加以控制，因此对占卜就特别关注，期望能得到一些提示。《易经》云：

"天垂象，见吉凶。"这正是水家人想通过占卜，从种种迹象中去解读生活中隐含的某些信息密码，探明神灵的意旨，以便指导自己的社会行为。

图片来源

图一至图四　潘淘洁　摄影
图五　古慧婕　制图

图二　水族占卜者将糯米稻草随机捆、扎、结在一起

图三　水族占卜者整理打开扎在一起的稻草，查看占卜的结果

图四　榕江县故衣村的石开明先生卵卜和草卜的道具

图五　水族草卜不同结果图例

水族婚礼行序及用器

图一　水族准备迎亲，红伞是必备之物

水族婚姻沿袭"父母之命，媒妁之言"的传统，并讲究明媒正娶，注意门当户对。

水族很早就实行一夫一妻制，封建时代纳妾现象也极少。水族古代议定婚姻范围十分严肃，同一婚姻集团即使相隔的年代十分久远也不能随意开亲，恪守同血缘宗族不娶、异姓氏族开亲的原则。

水族地区一桩婚事大致经历探听口风、说媒提亲、小酒认亲、敬送彩礼、喜迎新娘等过程。男方基本了解女方情况认为合适后，便托与女方家信任的人前往打探消息。女方家如同意，男方家则备红糖和礼金择吉日请媒人前往提亲。获得认可之后，男方请族中德高望重、能说会道者一行带大公鸡和少量酒肉、点心前往认亲，并商议彩礼及下步交往事宜。

鱼是水族的图腾崇拜物。在婚俗中鱼常作为信物、圣物出现。缔结婚姻时，在荔波、九阡等地请媒人提亲时，男方母亲悄悄把包好的几条小干鱼置于盛着礼品的竹篮底部。新娘出阁之前的祭祖席上的鱼要吃下一口，以获得祖宗保佑。

女方允亲之后，通常要吃认亲酒、定亲酒，男方向女方家送上一头肥猪、银饰、礼金、服装及红糖等若干礼品，公开联姻消息。迎亲时，女方要看到男方带来的罩鱼笼和象征大鱼的金刚藤叶子等信物，才能发亲。迎亲进门时，要用鱼水罐祝福，即用新的小罐子盛上井水和两条小鱼，放在大门及新房门口，祝福新人如鱼得水，恩爱白头，并获得鱼类旺盛的生殖能力。为了家庭人丁兴旺，民族强盛，鱼作为联姻的信物、圣物的习俗，在水族社会中世代传承而不衰。

新娘进家时，新郎的家人全部退到屋外，虚掩大门迎候。大门外放着柴块，或放着打菜的竹篮及刀具。新娘进门，顺手抓起一件东西进家，象征靠劳动开创幸福新生活的开始。当新娘正要跨进大门时，新郎的母辈一人往往朝新娘身上喷一口水，或用一束芭茅草拂拭，或撒一把常青的树叶，借以驱除途中可能染上的邪气，纳福吉祥。水族传统婚礼，新人没有拜堂和闹新房之礼俗，当晚由伴娘陪宿，次日回娘家。过几天，新郎把新娘请回来之后开始过新婚生活。

旧社会舅爷的权力大，有优先娶姑妈女儿为媳妇的权力，俗称回娘头亲，现已逐步消失。传统婚礼，新郎一般不迎亲，而请几位未婚男女充当姨娘、舅爷的"菲、祝"代迎，大多数地区的新娘撑伞徒步行走，但有"忌踩脚印"之习俗，即遇上抬死人或有另外新娘经过的路段，女方兄弟要背新娘避让以消灾。都匀市套头地区的水族，还保留着由兄弟全程背新娘送到新郎家的古俗。

图片来源
图一至图五　潘淘洁　摄影

图二　男方代水族新郎迎亲的队伍

图三　水族新娘在众人陪同下撑伞徒步前往新郎家

图四　接新娘。抱新娘过桥避免灾祸

图五　娘家为水族新娘准备的马尾绣背带

水族丧葬行序及用器

图一　以鱼包韭菜为祭典供馔的场景

丧葬是水族信仰文化保留得最多的习俗，其程序主要有：报丧及忌荤。当人落气后，据亲戚的主次亲疏关系，分头派人通报噩耗及治丧的初步方案，大多数水族地区通知血缘家庭族内及外嫁女子一起忌荤（只忌禽兽畜油肉，不忌水产类及植物油类），安葬之后才开荤。

择日治丧。请水族水书师来家择日，并召集族人来商议治丧方案。入殓停丧。亡人落气后，对尸体进行擦洗、整容、梳妆、更衣入殓。男者剃光头，女者梳整发式包头。擦洗用水需直接从井里打来，不用家里贮存的水。若是少妇，须待外家来人勘验，才能入殓。入殓前，将亡人废弃衣物、床单等物带到寨边去焚烧，可留用的衣物，也得在这火上熏燎去邪。擦洗亡人时，要从上至下，一般不擦洗身上，只擦洗脸、手和脚。

更换寿衣坐墩。一般用炕谷子的炕箩或竹箩，有铜鼓之家则以铜鼓为坐墩，扶亡人端坐于坐墩之上进行更衣。为亡人穿戴的寿装取三、五、七、九单数。这些物品不能掉地下，否则亡人收不到。寿衣、兜单、被盖，以白、青、蓝色为主，内衣为白色。

在正堂顺梁停放灵柩供祭和吊唁，同时

等待下葬吉日良辰。过去有停棺数月或经年，现在多为1~3天。水族丧葬崇尚土漆黑棺，忌讳白棺，棺木若未上过土漆，也要用锅烟墨涂抹。（棺木以无疙瘩为上乘，因为旧时传说棺木如有疙瘩面对亡人五官部位，则会在其后代相应部位留下遗疾，如对耳部子孙聋，对嘴部子孙哑，对膝盖关节痛跛等。为化解棺木内疙瘩的弊端，可剪一点银片钉在疙瘩处化解。）

出殡，棺木要用红毯覆盖，棺材上要绑一只红公鸡引魂。出殡时，灵柩在出殡队伍中间，出殡导引者一人在出丧队伍之前，持火把，提着篮子，沿路撒纸钱引路直抵墓穴边。长孝子手托亡人牌位开路，孝子辈头包孝帕，顶着两匹白布连拼白帐前引，接着是妇女儿童拖拉着白布纤绳，其后是芦笙、唢呐、旗幡、伞盖、耍龙舞狮的队伍。

墓穴选择及方位依据水书行事。开挖墓穴，要先敬土地神并作跳井仪式，还需烧钱纸暖井。棺木校正方位之后，盖封土之前孝子踩在棺木背脊，反手拖住后衣襟，接住水书师抛来的泥土，称之为背土盖棺，后继有人。之后旁边的人才动手盖土和垒坟。水书师适机念吉利祝词。

浅葬，是一时难以选择到合适的下葬吉日，临时安埋的方法，即在棺木底部两端横放两根木条或竹片，使棺木不与周边泥土粘连。待到吉日深葬时除掉竹木片即可。

下葬后第三天复山。追悼活动分特大型"控腊"，大型"控劳"，中型"控丹"，小型"控低"等。亲戚们再次前来吊丧，孝子辈要在寨口跪迎，放铁炮回礼。根据亡人性别，分别献马杀牛宰猪为牺牲，男性则以马作祭品最显隆重尊崇。亡者的家庭会竭尽全力为亡人修墓碑，例如有水族传统特色的干栏石棺墓或新型三面碑、五面碑等。

图片来源
图一、图四至图五、图七至图八　潘淘洁　摄影
图二至图三　韦荣宪　摄影
图六　王何以　摄影

图二　都匀市归兰水族乡的孝子孝媳在村口跪迎母舅方的吊丧来宾

图三　水族孝子引灵出殡

图四　都匀市翁降村的孝子孝媳从灵堂引灵到追悼场，接受五牛一马的牺牲

图五　水族为男丧献马为最高牺牲

图六　水族出殡队伍前端举着纸扎、旗幡、祭伞，然后是奠字祭幛

图七　水族传统石棺墓，墓后为石柱"梅念"

图八　水书祭幛成为水族吊丧特有的文化现象

第七章　水族传统民俗和宗教造像

水族端节礼俗行序

图一　端节村寨盛大祭典

水族端节，或称瓜节，意为吃端。端节，包括荔波县境内的额节，均属古代血缘氏族部落谷熟庆典的遗风。水族年节不尽统一，有六个之多，端节是范围最广、参与人数最多、历时最长、批次最多的盛大的年节，属世界上历时最长、批次最多的年节。2006年"水族端节"被列入国家级首批非物质文化遗产名录。

端节是水族辞旧迎新、庆贺丰收、祭祀祖先、聚会亲友的年节，节期选择在稻谷成熟的水历每年两端、年终12月至新年2月期间过节，对应阴历八至十月。东汉《说文解字》释："年，谷熟也。"古代谷熟庆典曰过年。在现代汉语中，"年"的本义已消失，汉族过年的时令与内涵同"年"的本义相偏离，水族的水历及端节，准确诠释了汉字"年"的本义。古华夏正月称端月，端月首日称端日，水族至今依旧如此称呼。这是水族从中原南迁融入百越之后的文化遗存。

水族端节祭祖要忌荤，但鱼是至珍的祭品，鱼包韭菜是祭祖珍肴供馔。祭祖除献上丰厚食品之外，还将水书、衣物首饰、锄犁和镰刀等生产工具摆上，启迪人们珍惜文化成果，继往开来，靠劳动去开拓幸福。

端节古分九批，现分七批欢度，依据水书、水历择日，以地支亥日为主干推算节期，其间还有地支午、未、酉日过节的。端节首尾间隔，平年历时52天，闰年为64天，是世界上历时最长、批次最多的年节。首批端节，从贵州省都匀市套头、丹寨小羊昌等地开始，此后六批轮到三都水族自治县的水东、廷牌、塘州、三洞、牛场、兰领等地，独山、荔波、榕江、丹寨、雷山、从江等县的水族，则依据上述批次中亲近的血缘氏族村寨来确定过节日期。端节期间，各个地区敲起铜鼓皮鼓，吹笙跳舞唱歌，骑马打手毽娱乐，水族山乡沉浸在欢乐的氛围中。

端节"除夕"到新年"初一"上午时段，为忌荤的素食祭祖阶段，过去限家庭氏族参加，出嫁的女子最期盼这时回娘家祭祖。"除夕"祭祖，过去用簸箕在堂屋中柱下设祭席，低声话语，迁徙遗韵犹存。"初一"上午，全寨挨家逐户吃祝福年饭，开席之前有水书师念端节祝词，讲述迁徙定居的艰辛历程。孩童不入席，为他们分发糖果、炕鱼、糯米饭等食品，他们尽情呼号，在谁家门前欢闹声越大越吉利。每家在户外的楼梯边设简单祭席，置放火铲烟具，还为孩童念招魂祝词。

午饭后，上端坡赛马，即可开荤待客。端节赛马是水族先民在中原发祥地的征战遗风，南迁后逐步演化成为重大的群众性娱乐活动。当主祭人拔掉跑道草标，高呼"开端、开年、开道"之后，众骑手扬鞭奋蹄，竞相奔驰。都匀地区在赛马归来道边，母亲还带着一把水竹叶，摆上糯饭、红蛋、鱼等祭品为孩童招魂，确保他们健康成长。人们要为省亲的女子准备糯米饭、炕鱼、煎豆腐的扎包（用摘糯的谷草一束挽节，展开成网状承载食品，透气不易变味）。

图片来源
图一至图四、图七至图八　潘朝霖　摄影
图五至图六　黄晓　摄影

图二　水族端节家庭盛大祭典

图三　端节时水族村寨盛大的迎宾铜鼓队伍

图四　水族端节赛马的端坡，开赛之前，举行开端、开年、开道的祭祀仪式

图五　端节登高赛马情景

图六　水族节日扎包礼

图七　水族水书师留守家庭的端节祭祀场景

水族卯节礼俗行序

图一　水族卯节，祭师在祭坛上箇席迎请稻谷神

水族的卯节是仅次于端节的盛大年节。卯节在水历9至10月（对应阴历五六月）期间的吉利卯日，按血缘氏族村寨分四批欢度。这时段，水书认为这时是绿色生命最为旺盛的季节，吻合《说文解字》"卯者，茂也"的释义。

水历属稻作物候历。水族端节是庆祝稻谷丰收，在水历年头、岁尾两端欢度；而卯节是预祝稻作丰收，在夏收、夏种结束时段过节。追求粮食生产丰收与人口增殖，是卯节的核心内容，集中反映了"食色天性"的永恒主题。水族对卯节的崇拜，源于对生命的热爱与追求。卯节开放数日"令会男女"，并企盼运用青年男女热恋的激情和旺盛的生育能力转嫁到禾苗上，实现人口与物质的双丰收的原始巫术的期盼。

水族过卯节的地域为贵州省三都水族自治县、荔波县交界的水族村落。古歌云："第一卯，水利的卯；第二卯，洞坨的卯；第三卯，水扒水浦卯；第四卯，九阡的卯；九阡大，吃卯殿后。"1957年之前，分四批过节，历时50多天。随着社会的发展，卯节现已并为两批欢度，历时26天。第一批卯节为荔波县水利、水岩等22个村寨，第二批卯节为其余近200个村寨，三都县九阡镇水族各村成为卯节文化的典型代表村落。

卯节信仰文化的核心是祭祀祖先、敬奉生母娘娘、敬奉稻神谷神（有的称为祭祀活路的水书师陆铎公），祭祀稻田最为隆重。

过卯节的前期准备工作有：请水书师择吉利卯日定节期；节前杀猪宰牛、泡糯米、做大豆腐；洒扫庭除，准备迎接客人。卯日上午，各村寨带着祭品，结队到氏族祭卯的树下设坛举行公祭。主祭师从一丘大田中折取几篇稻叶打结置于祭坛之上，代表稻神受祭，然后念祝词祈求雨水调匀，稻作丰收。有的当场杀猪献牲，然后上熟祭祀。祭毕，主祭师将主祭坛的祭品均分给到各家的提绞中，让各户分别祭祀自家的稻田。各家自备四五尺长竹子做驱除鸟雀虫害的象征物"梅秧"，上端破开夹上几根刺条，有的夹上狼戟草、一块骨头、一点糯饭或糍粑等，插于田中，并高呼"谷神保佑，稻谷满仓"。

中饭之后，人们盛装奔上卯坡。水族传统婚姻受"父母之命，媒妁之言"的影响深重，卯节开放三天，令会男女，对歌的卯坡是爱情的公开驿站。未婚男女青年把卯坡当媒娘，用情歌作桥梁，追逐自己的理想。他们通过歌喉，寻觅知音，追逐意中人。围观的孩童在潜移默化中接受熏陶，憧憬美好明天。晚饭时各家设宴款待宾朋，未婚青年将在村里通宵达旦对歌两三天。

图片来源

图一至图九　潘淘洁　摄影

图二　水族民众抬着大猪到祭坛边宰杀，为稻谷神献牲

图三　水族民众为稻谷神献熟，供奉熟猪头、猪肉

图四　水族卯节，祭师在主祭坛均分给各户祭祀谷神的祭品

图五　水族各户从主祭坛领取祭品到自家田里祭祀稻神

图六　水族卯坡上常青神树下，青年男女对歌的场景

图七　水族人民在自家田里祭祀稻神

图八　水族卯坡下的石神菩萨像前，牵手成功的年轻人郑重许诺、许愿

图九　水族卯坡上围观对歌的人群

水族霞节礼俗行序

图一 水族霞节各宗支的祭祀场景图

"霞"是水族的雨水神,祭祀霞神祈祷风调雨顺、年岁丰稔,是水族原始信仰的稻作祭典活动。祭祀霞神的活动逐渐形成节俗,被称敬霞、吃霞、做霞等。霞者,既是雨水神名,也是参加这一活动的组织机构名称。敬霞团体大多是数十个以上血缘氏族村寨联盟,多以主村寨地名称呼,如水捞霞、杨拱霞、水枚霞等。辛亥革命之前,敬霞活动主要在贵州省三都、独山、荔波等县的水族地区举行,规模盛大,影响深远。此后逐渐简化、淡化。现在,只有三都县九阡地区保留较完整、古朴的敬霞活动。

水族传说中霞神是个通人性与神性的人形石头或猪形石头,祭祀霞神要用母猪,因此亦称母猪霞。人们认为霞神所滞留的地域就能风雨调匀、五谷丰登,倘若怠慢霞神,它会自行远遁,导致风雨失调、庄稼歉收。因此,它还演化出公开祭祀的霞神,隐秘深藏的真霞神。

敬霞时间因家族不同而有差异,有的在地支的丑未年过,间隔6年,如九阡地区扬拱霞节;大多数家族在子年过,间隔12年。敬霞的时段选择在插秧之后的水历9月~10月(对应阴历五六月),具体的日期、时辰、方位,听从水书师依据水书择定。水书中有《开霞》等章节指导敬霞活动。

每个敬霞联盟,按宗支村寨分为12股。敬霞主持人由各股推选或轮流执事,同时要选择一名精通水书、会念古老巫咒的水书师来执坛。联盟中的每一股要为敬霞活动承担相应的义务，如有的负责祭典用的公鸡、有的负责编制大祭桌等。

敬霞仪式在固定的霞井或霞潭举行，按吉利方位设祭坛。坛前立着一根高竿，竿上绑有竹折，公鸡在其上站立。祭坛正中是主祭席，其左右用松针铺成12个祭祀点，让各股摆设祭品。各股用纸绑扎长龙、鱼虾，杀猪分解大肉快（每块3斤~5斤），蒸糯饭，筹集米酒等，为防止霞神偏心赐福，不论家族兴衰，各股进入霞堂的猪肉、米酒等主祭品限定为120斤，且各宗支的肉块要堆放等高，祈祷霞神均等赐福。

祭堂供奉着公开的霞神灵石，进入霞堂时，戴着特制的四耳帽、着长衫、打着伞、摇羽毛扇，走在队首的是该股德高望重的长者。紧接着是纸扎和铜鼓、铜锣、钹、革鼓的乐队，其后是祭品队伍以及拿着厍水竹片的观众。一路敲敲打打，吆喝着前进，在指定位置摆开祭品。

祭典开始，鼓锣齐鸣，众人高呼，响声震天动地。接着由执坛的水书先生虔诚地念着敬霞祝词，祈福禳灾，期冀雨水调匀，人寿年丰。念了第一遍咒词之后主祭者就酹酒祭之，然后就举行相关的祈福巫术活动。

这时，两个赤裸上身或穿白衣服的男性，抬一头母猪在霞堂前田间绕行，有人不时用松针或菖蒲杆等刺戳母猪的阴部，使它发出嗥叫声，有的地方是让白衣青年骑着母猪在田中行走，众人逗趣。之后，水书先生又念新的咒词，当他手中的执法彩杖一挥，饲鸡者就学鸡鸣叫引着祭竿竹折上的公鸡啼鸣。这时，主祭者即向在场的人高呼："请大家关伞摘下斗笠，等待霞神降雨。"这时鼓乐齐鸣，人们纷纷关伞摘下斗笠，违抗者会被监督者把雨具捣毁。此后，水书先生又念起感激的祝词，又酹酒祭之。然后各股抬着酒坛，用酒去浇灌霞神，让它醉酒酣睡6年或者12年，使当地长期受益。

祭祀结束，各股聚拢，聚餐庆祝。天黑之后，家族长者才找个隐秘的地方将真霞神收藏起来。

敬霞是水族先民从畜牧经济、采集经济转向种植经济之后产生的。水稻种植离不开雨水，而当时人们抵御天灾的能力又十分低下，故把希望寄托在自然界的雨神上，通过各种敬霞活动祈求神灵赐福。

图片来源

图一至图七　潘淘洁　摄影
图八　古慧婕　制图

图二　水族各股寨老领队抬着祭品进入敬霞祭坛

图三　水族敬霞神竿上用作呼唤雨神啼鸣的公鸡

第七章　水族传统民俗和宗教造像

图四　敬霞祭坛水族各股堆放的等重等高的肉块。主祭师持羽扇，挥舞纸条念祝词

图五　水族敬霞时抬母猪

图六　水族敬霞时众青年与母猪戏耍

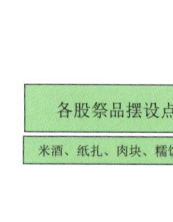

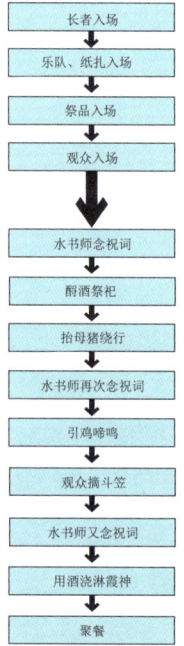

图七　水族敬霞时用酒水浇淋霞神

图八　水族霞节活动序列表

水族苏宁喜节礼俗行序

图一　水族苏宁喜节祭祀尼杭的祭坛

在贵州省三都水族自治县恒丰乡，有部分水族同胞在每年水历四月（相当于农历的十二月）丑日过着一种奇异的节日，水语称为"苏宁喜"，意为"水历四月丑日"，是当地吴姓水族的年节。苏宁喜节又被称为水族"妇幼节"，外人称为"娘娘节"。

苏宁喜节起源于人们对掌管生育大权的生母娘娘"尼杭"的崇拜，性质类似汉族的送子观音崇拜。水族的生母"尼杭"是个团体，由牙花散、牙花梨、牙花术、牙花隆四位仙女组成。每年的这一天，人们杀猪杀鸡、打粑粑、包粽子、染红鸡蛋、吃糯米饭来庆祝，妇女和孩子受到格外的尊重，孩子们提着小竹篮挨家挨户地讨花饭。四月丑日这天，相传是尼杭下凡送儿女到人间的日子，少年儿童到家来，是大吉大利的事，象征着这家将来儿孙满堂，人丁兴旺。所以他们的到来，都会大受欢迎，得到盛情接待。主人要拿出早已准备好的红糯米饭、猪肉、糖果、红鸡蛋等分发给他们。

相传古代气候炎热，瘟疫流行，许多小孩夭殇，人丁不旺，水族人口繁殖面临巨大的威胁。人们正在一筹莫展之际，生母娘娘在四月丑日这天来到凡间，用红纸剪成许多小孩模样，趁夜深人静的时候，悄悄塞进女人的怀里，使她们受孕得子。为了感谢仙女"尼杭"赐予儿女，人们便在水历四月丑日这一天摆设供品酬谢她，因袭成节。

苏宁喜节以敬奉生母娘娘尼杭为主题，要设主祭席来祭祀她，同时还要设一副祭席来款待小气的鬼婆"牙却",稍有怠慢,它就会施展法术让小孩罹患各种怪病杂症。苏宁喜节祭祀"尼杭"由家中年长的妇女主持,祭毕,所有祭品归家中妇女儿童享用,男人只能靠边站。不仅如此,平常再凶恶的男人也不在这一天打骂老婆孩子,否则就会得罪尼杭,招来祸患,甚至还可能会带来断子绝孙的严重后果。

在水族六个年节中,除苏宁喜节外,所有的祭祀活动几乎全是男性祖先。人们对生母娘娘的崇拜已经成为一种点缀。水族女性崇拜的淡化,男性崇拜的加强,意味着水族母系社会的没落,父系社会的兴起不可逆转的潮流。敬生母娘娘表面是对母性的尊重,实质是母系社会没落的挽歌。

图片来源
图一至图五　杨胜超　摄影

图二　红色剪纸小人、纸扎拱门、红鸡蛋是水族苏宁喜节不可少的道具

图三　水族苏宁喜节上女性是主角

图四　水族姑娘布置祭坛

图五　全家女性欢聚一堂共庆自己的水族节日

水族铜鼓舞行序、用器与服饰

图一　水族铜鼓舞

铜鼓舞是水族的传统舞蹈之一，是水族人民酷爱铜鼓的重要表现。铜鼓舞主要以铜鼓、革鼓为伴奏乐器，舞者着16条吊带古裙装，象征水族古代16个部落联盟。有的用白色羽毛装饰，有的不惜成本以精美的马尾绣工艺刺绣作为演出服饰，显得十分华丽。其演出多在节庆和红白喜事期间。舞蹈反映的内容有破土耕种、播种、栽插、收割和欢庆等，其中舞姿与相应的生产劳动接近。当铿锵而浑厚的铜鼓声、大革鼓声响起之后，舞者踏着雄健的步伐，应着鼓声，循着节拍，旋转跳跃，或联臂欢呼，或马步行进，或奔突冲刺，或漫步扬手，最后在急如骤雨的鼓点声中戛然结束。水族这传统的舞蹈几乎绝迹，近年来经过相关人士的努力发掘和鼓励推动，民间又有不少的铜鼓舞队在活跃。有芦笙的地方，往往还配上芦笙伴奏与女生表演，兴味浓时，有时还插入斗牛表演，更增加情趣与演出效果。

图片来源

图一至图五、图七　潘淘洁　摄影

图六　王何以　摄影

图二　水族铜鼓舞的伴奏和舞者

图三　水族铜鼓舞舞者身着水书的大披肩，应着鼓声翩跹起舞

图四　插入芦笙与斗牛表演的水族铜鼓舞

图五　有芦笙的水族铜鼓舞表演队

图六　水族铜鼓舞服饰

图七　水族墓葬中镌刻有铜鼓图案以及芦笙舞

第七章　水族传统民俗和宗教造像

水族大门挡巫术

图一　榕江县水尾乡水族王炳真家的长辈在自家大门上悬挂的挡巫术道具

大门挡巫术是水族地区常见的家庭防御灾祸的巫术方式，水语的汉字谐音为"挡堕劳"。在水书众多的"泐挡"卷本中，是比较特殊而又常用的水书种类。水语"挡"，源于古汉语，是指防御、抵挡之意。"泐挡"主要是为防御抵挡各种天灾人祸、瘟疫疾病、邪魔鬼怪的危害而专题著编的水书卷本。这是水族先民企图运用利己的超自然力的鬼神保护自己的一种精神武器。

"挡"的种类比较多，若以防御抵挡范围而论，则有个体家庭保家撑门的"挡惰"，保护村寨撑寨门的"挡幸"；若以防御抵挡的种类来划分，即有防止火灾的"挡伤玉"，防止瘟疫疾病的"挡病"，防止抢劫兵灾的"挡凶年"，防止丧葬追悼发生凶祸的"挡控"，防止岳父母死对凶日而坑害女婿女儿的"挡歹哇"，防止恶死恶伤恶疾世代遗传的"挡遗"，防止官灾口舌的"挡哄"，有人过世对重丧日为防止接连死人的"挡排"，等等。凡是对人们生产、生活、生命、生存的安全与幸福带来灾难和威胁等诸多因素，不论是来自人事的，还是来自天灾的，或是来自鬼神邪魔的，都是水族先民作为防御抵挡的对象，而有力的精神武器就是做"挡"。

大门挡巫术"挡堕劳"，即是个体家庭在大门处施行的一种巫术，当出现或可能会出现危害事项时举办。请水书师择日、念祝词、施行抵挡仪式，有的还连绑几把木刀，大多采集白刺、狼戟、雀不站、杉树叶、檬子树枝等切成小段，捆束成两小把备用，有的还备马蜂巢。另外，还要特制酸鱼、鸡、狗、肉，还有凶恶生辰的人员作为施法的侲子。在水书师的指导下主人择方位祭祀念祝词之后，掘地下一个小坑，侲子吃刺把三次，往外推移后埋一把进坑里，另一把刺把及木刀悬挂于门楣之上，认为能达到抵挡官匪、兵灾、瘟疫、火灾等灾祸的目的。水族大门挡巫术是自然崇拜、鬼神崇拜的综合产物，可以算是原始的门神。有的家庭除了悬挂驱邪的吞口、照妖镜、符箓等之外，还施行大门挡巫术，期望通过四重保险实现家庭平安幸福。

图片来源

图一至图五　潘淘洁　摄影

图二　都匀市基场乡翁降村水族韦荣锦家门楣上的挡巫术道具

图三　三都县水各村一户水族人家门楣上的挡巫术道具

图四　榕江县水尾乡一户水族人家大门上的挡巫术道具

图五　带刺的荆棘条及画有符咒的木刀是水族大门挡巫术最常用的道具

水族祭伞

图一　水族祭伞使用场景图

水族人事死如事生，水族的丧葬文化厚重而丰富，长久以来形成了神秘而独特的文化传统。在水族传统葬礼习俗中，为亡灵送行，祭伞是不可缺少的重要道具。祭伞是用纸和竹架制作而成，分为长伞、裙伞、短伞、球伞、旗伞等。一场丧葬祭祀活动，通常会使用五顶祭伞，三顶也勉强，但一定是奇数。

制作长伞、短伞、裙伞的步骤：第一是用竹子制作伞的骨架；第二是将折叠裁剪后的纸张用钉子钉在木板上；第三步用锤子敲打刻刀在钉好的纸上凿出花边；第四步则是染色，用自家酿的米酒融化红绿两种染料，先红后绿地多次反复染色，然后将其挂在通风处晾干；第五步，用稻草制成的小扫帚蘸着魔芋熬制的糨糊，将晾干的纸条粘在伞架上，这一工序极为费工费时，要保证贴得均匀牢固，送葬的队伍常常需要行走几小时甚至一天的山路，细心粘贴才能保证途中不破损。

桶伞的制作过程大致相同，其特别之处在于凿出的镂空图案十分丰富，有跳芦笙舞的场景、挑稻谷的人等，还有水文字等，希望送走的亡灵到阴间也有歌舞陪伴，五谷丰登。

制作祭伞这项古老独特的手工艺在水族地区正快速消亡，会做祭伞的老匠人越来越少，花圈则越来越多地替代了祭伞的使用。

图片来源
图一至图三、图五至图六　韦丙福　摄影
图四　胡晓斐　制图

图二　水族祭奠用桶伞

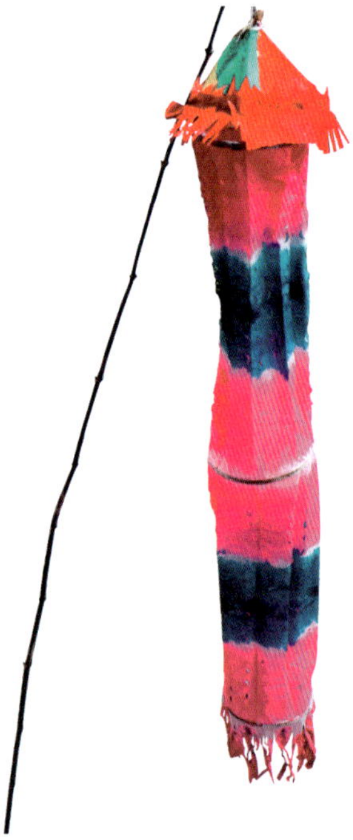

图三　水族祭奠用旗伞

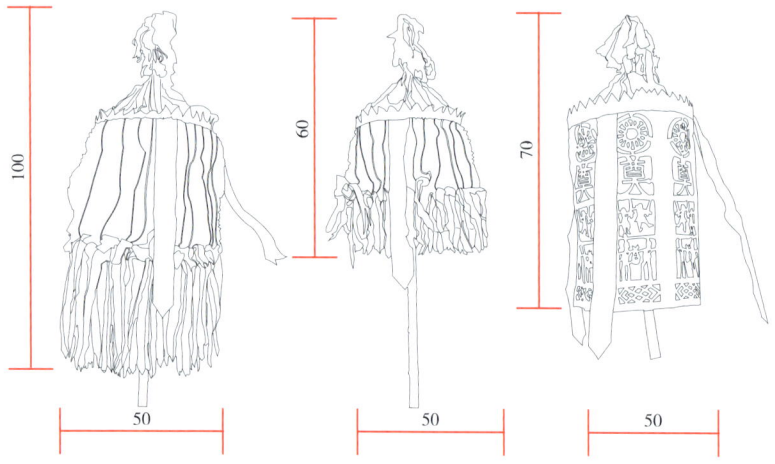

图四　水族祭伞正视、尺寸图（单位：cm）

图五　水族人民用锤子敲击刻刀在祭伞纸上凿出花边

图六　水族人民将染好色的祭伞纸条悬挂晾干

后记

　　《全国少数民族设计全集·水族》系山西人民出版社、人民美术出版社联合出版发行的大型综合性系列图书卷册之一，本卷由贵州民族大学美术学院副教授潘淘洁（水族）、贵州民族大学副校长杨昌儒教授、贵州民族大学研究员潘朝霖（水族）及北京大学政府管理学院博士后、贵安生态文明国际研究院执行院长梁盛平研究员编撰。该卷与"侗族卷"、"布依族卷"、"仡佬族卷"一同列入贵州民族大学国家民委人文社科重点研究基地"贵州世居民族研究基地"2013年度科研项目，由贵州民族大学拨出专项经费予以资助研究。历时多年，终于到了结题之际。

　　本课题的研究对于课题组是一个全新的挑战，它不同于以往以文字叙述为主的社科研究项目模式，也不同于艺术设计类的创作，需要对水族历史文化、人文风俗有深厚的了解，还要对地理分布、器物设计制作有专业性的认知，需要实地实物实际尺寸的测绘与具象描摹，不仅要配套文化含义的解读，还要有产品设计视角的专业分析。其科学性、严谨性、文化性、艺术性、民族性等诸般因素具备，难度颇大，课题组为此殚精竭虑，但仍有多处遗憾，希望来日有机会能弥补改进。

　　在前后近十次的田野考察过程中，我们走访了贵州省、广西壮族自治区、云南省水族聚居区的村寨四五十个，由于搜集资料的要求不同以往，缺乏经验，多个地方不得不重返采集，颇为耗费精力。水族的墓葬群颇具特色，尤其是水族石板墓，是贵州17个世居少数民族中唯一被列入国家珍贵文物保护名录的墓葬文化项目。但

在考察中也最为棘手，有的环境荆棘丛生，无路可循，有的已成为寨头的垃圾场，肮脏不堪，让人痛心疾首。

以水族卷的编撰为契机，第一次从设计制作的角度较为全面地梳理、审视水族的各类服饰、礼俗、手工艺、器物制品，意义重大。在历时六年的编写过程中，我们得到了贵州省三都水族自治县政府、档案局、民族宗教事务局、县文联以及荔波县、独山县、榕江县、雷山县、都匀市、云南富源县等有关单位的大力支持，得到各村各寨乡亲们的热情接待、无私配合，得到诸位专家学者的指点和帮助，获益匪浅。贵州民族大学美术学院对本书的编撰亦给予关注支持，胡晓斐、古慧婕、何晓倩等同学为本书绘制了大量图例、图片，贵州民族大学水书文化研究院的潘小慧、王炳江老师积极协助资料征集工作，在此一并致谢。

《全国少数民族设计全集·水族》作为水族文化研究在设计方面的一个开端，无疑是一次有益的尝试，但也存在遗漏和不足，希望能起到抛砖引玉的作用，为后续的深入研究打下基础。

声 明

　　本书编写时收入的个别图片，因条件所限，未能同相关著作权人取得联系，获得授权，敬请谅解。请相关著作权人及时与编者联系，以便奉上稿酬。谢谢！